融通朱子文化 夯实文明根基

第二届考亭论坛专辑

中共南平市委宣传部
南平市朱子文化传承发展工作领导小组办公室
南平市文化和旅游局 编

图书在版编目(CIP)数据

融通朱子文化 夯实文明根基:第二届考亭论坛专辑/中共南平市委宣传部,南平市朱子文化传承发展工作领导小组办公室,南平市文化和旅游局编. —福州:海峡文艺出版社,2024.3
 ISBN 978-7-5550-3706-4

Ⅰ.①融… Ⅱ.①中…②南…③南… Ⅲ.①朱熹(1130—1200)—哲学思想—文集 Ⅳ.①B244.75-53

中国国家版本馆CIP数据核字(2024)第051860号

融通朱子文化　夯实文明根基
——第二届考亭论坛专辑

中　共　南　平　市　委　宣　传　部
南平市朱子文化传承发展工作领导小组办公室　编
南　平　市　文　化　和　旅　游　局

出 版 人	林　滨
责任编辑	何　莉
出版发行	海峡文艺出版社
经　　销	福建新华发行(集团)有限责任公司
社　　址	福州市东水路76号14层
发 行 部	0591—87536797
印　　刷	福建东南彩色印刷有限公司
厂　　址	福州市金山浦上工业区冠浦路144号
开　　本	720毫米×1010毫米　1/16
字　　数	330千字
印　　张	25
版　　次	2024年3月第1版
印　　次	2024年3月第1次印刷
书　　号	ISBN 978-7-5550-3706-4
定　　价	88.00元

如发现印装质量问题,请寄承印厂调换

第二届考亭论坛开幕式

《第二届考亭论坛专辑》编委会成员

主　任　　林　斌　　张志强

副主任　　邱建彬　　刘用通　　李　琦　　兰林和　　林　湫

委　员　　陈育进　　胡海忠　　詹　勇　　王文谦　　王松雄
　　　　　丁文新　　陈温萍　　吴吉民

主　编　　兰林和　　胡海忠

副主编　　王松雄　　丁文新　　陈温萍

编　辑　　魏鹤立　　吴吉民　　叶　添　　兰林凯　　叶梦婷

代序
以时代精神激活朱子文化新的生命力
第二届考亭论坛在福建南平开幕

本报南平11月13日电（记者冯家照、高建进）第二届考亭论坛13日在福建省南平市举行开幕式，来自全国各地的相关领域专家学者和嘉宾代表聚集一堂，共赴一场朱子文化的思想盛宴。

本届论坛以"融通朱子文化，夯实文明根基，不断开辟马克思主义中国化时代化新境界"为主题，共设有1个主论坛和3个平行分论坛，近50名专家学者进行主题分享交流。

宋朝理学大师朱熹一生七十余载，有超过半世纪时间是在南平度过，朱子理学在此萌芽、发展、集大成，其中考亭书院作为其晚年生活、著述、讲学之地，在当时吸引会聚了不远千里负笈而来的学者，形成了影响深远的考亭学派，八百多年来以考亭学派著称于世的朱子学在这里广泛流传、发扬光大。

守文脉，重传承，有创新。作为朱子故里的南平创新举措，通过创建朱子文化生态保护区，实施落实"保护、研究、教化、交流、传播"五大工程，开展朱子文化遗存各项保护工作，打响"在南平看见美丽中国、文化中国"品牌。

在首届考亭论坛成功举办的基础上，本届论坛更加注重互动体验性，让与会嘉宾学者多维度、全方位、沉浸式体验，感受以朱子文化为特色的南平优秀传统文化精髓，更好地提升考亭论坛的学术影响力和国际传播力。

开幕式上，举行了国际儒学联合会朱子研修基地授牌仪式、尼山世界儒学中心与南平市战略合作签约仪式。论坛活动期间，将开展包括福建省朱子学术方法与闽派社会科学构建专家座谈会在内的学术交流会议、考亭书院学术委员会议，以及文化实地考察、精品剧目展演等多场活动。

本届论坛由中共福建省委宣传部、中国社会科学院哲学研究所主办，朱子学会、中华朱子学会协办，中共南平市委、南平市人民政府承办。

来源：《光明日报》（2023年11月14日03版）

致辞讲话

朱子文化对中华文化传承发展的意义
　　——第二届考亭论坛开幕式上的致辞　/ 朱崇实　　3

武夷山讲话对"第二个结合"的奠基性意义
　　——第二届考亭论坛开幕式上的致辞　/ 陈来　　6

朱子文化的创造性转化与创新性发展
　　——第二届考亭论坛开幕式上的致辞　/ 马援　　11

主旨演讲

创建基于中国道理和中国经验的中国理论　/ 孙正聿　　17

朱子著作的整理与再整理　/ 朱杰人　　23

深刻把握习近平文化思想的体系性，全面
　　掌握党的文化领导权　/ 张志强　　29

习近平的文化结构思想研究　/ 李景源　　34

"两个结合"是我们取得成功的最大法宝　/ 郑传芳　　43

学术研讨

"两个结合"视域下的朱子民本思想 /马照南	51
习近平总书记考察书院蕴意深远 /朱清	56
中华文明的天道理想与人民至上的核心价值 /周丹	61
从"共同富裕"看"第二个结合"的实现路径 /唐纪宇	64
为什么"第二个结合"是又一次思想解放 /赵金刚	78
朱子与朱门后学论福文化 /方彦寿	82
"两个结合"是新时代推动朱子文化传承发展的根本指引 /黎昕	99
马克思主义基本原理同中华优秀传统文化相结合的理论意蕴 /王岗锋	108
中华优秀传统文化现代化与马克思主义中国化	
——以朱子学创造性转化、创新性发展为例 /张建光	122
和谐与共生两种思维方式的比较 /孙国柱	133
朱子继往开来的精神气魄	
——以《四书集注》为例 /吴邦才	158
"天下为公"理念的哲学意蕴与现代转化 /龙涌霖	165
朱熹"天下观"与中华民族现代文明的秩序追求 /何青翰	177

从美德伦理看朱子哲学的诠释多样性　/ 李明书　　180
儒家人性论的两种模式
　　——从孟子到朱子　/ 任蜜林　　189
朱熹仁论的观念结构及其演变历程　/ 张新国　　211
朱子齐家思想的哲学建构
　　——以朱子家庭教化实践为中心的考察　/ 陈苏珍　　232
《孟子》末章诠释与理学道统论　/ 刘增光　　253
论胡炳文"明德本心"说对朱子的承继与发展　/ 何玮　　280
朱子学的中心转移说
　　——基于东亚视角的考察　/ 谢晓东　　300
儒学化的神道体系建构
　　——论雨森芳洲之"圣统"　/ 刘莹　　322
朱子《太极解义》中的"体用"观念　/ 陈睿超　　339
从邵雍到朱子："一分为二"说的演变与定型　/ 李震　　359
罗钦顺对朱子"理一分殊"说的继承和发展　/ 魏鹤立　　370

致辞讲话

融通朱子文化　夯实文明根基

朱子文化对中华文化传承发展的意义
——第二届考亭论坛开幕式上的致辞

◎朱崇实

尊敬的各位领导、各位嘉宾、各位专家学者：

大家上午好！

继两年前"首届考亭论坛"在南平成功举办之后，今日又迎来了"第二届考亭论坛"的开幕。本届论坛由福建省委宣传部和中国社科院哲学所主办，朱子学会、中华朱子学会协办，南平市委、市政府承办、国际儒学联合会给予了大力的支持和指导，极大地提升了论坛的社会影响力和学术号召力。在此，我谨代表朱子学会，对第二届考亭论坛的顺利召开，表示热烈祝贺。

朱子是中国思想文化史上极其重要的一位思想家，代表了两宋思想成就的最高峰，后人称其为"致广大、尽精微，综罗百代"。他所创立的博大而精微的思想体系，不仅接续了儒家道统，集儒学之大成，更是对儒家思想以弘扬与提升，从而对后世的哲学思想以及整个东亚的社会生活有着非常深远的影响，是中华传统文化的核心组成之一。

建阳考亭是朱子晚年的定居之地。朱子自漳州卸任后，于宋绍熙三年（1192年）筑室居此，直至庆元六年（1200年）逝世，他在考亭著述、讲学近八年之久。朱子一生创办过多所书院，考亭书院是朱子继建阳寒泉、云谷和武夷精舍之后创建的第四所书院，也是他创办的最后一所书院。朱子在此著书立说、切磋论辩、授学传道，完成了理学思想的最终体系，可以说，考亭书院对朱子思想的最终成熟具有关键作用。朱子逝世后，考亭书院的学生又继续进行朱子未完成的工作，朱子的学问在后世学者的继承和发展下延续至今。我们今日相聚于此，继承朱子的治学精神，共研朱子学问，是一件很有意义的事情。

习近平总书记十分重视包括朱子文化在内的中华优秀传统文化。2021年3月，他视察武夷山朱熹园，在听取了朱子生平及理学研究情况介绍后，强调"我们要特别重视挖掘中华五千年文明中的精华，把弘扬优秀传统文化同马克思主义立场观点结合起来，坚定不移走中国特色社会主义道路"。2023年6月，习近平总书记在北京召开的"文化传承发展座谈会"上又再次强调，要深刻把握中华文明的突出特性，深刻理解党的二十大提出的"两个结合"的重大意义，特别是"马克思主义基本原理同中华优秀传统文化相结合的重大意义"。此次论坛为深入领会习近平总书记的讲话精神，以"融通朱子文化，夯实文明根基，不断开辟马克思主义中国化时代化新境界"为主题，期待各位专家学者贡献思想和智慧，为如何更好地贯彻落实"两个结合"提出真知灼见。

我还想特别强调的一点是，朱子文化对促进海峡两岸和平发展有重大现实意义。2023年9月28日，中共中央国务院下达《关于支持福建探索海峡两岸融合发展新路　建设两岸融合发展示范区的意见》中，提及"促进文化领域融合发展"，鼓励两岸同胞共同弘扬中华文化，促进中华优秀传统文化保护传承和创新发展。朱子文化是中华优秀传统文化的重要组成部分，是推动两岸同胞心灵契合、情感认同的重要文化资源，是探索海峡两岸融合发展新路不可或缺的文化根本之一。如何发挥朱子文化在促进海峡两岸文化融通发展中的作用，这也是很值得我们认真研究的一个重要课题。

最后，我要向考亭论坛的承办方南平市委、市政府表示崇高的敬意，感谢你们为本次活动提供如此良好的条件与服务，感谢你们为传承和发展朱子文化所做出的巨大努力和贡献。

预祝第二届考亭论坛圆满成功！衷心祝愿论坛越办越好！

谢谢大家！

（本文系厦门大学原校长、中国朱子学会会长朱崇实在第二届考亭论坛上的致辞）

武夷山讲话对"第二个结合"的奠基性意义
——第二届考亭论坛开幕式上的致辞

◎ 陈 来

各位领导、各位嘉宾、各位朋友：

首先，我代表国际儒学联合会，代表刘延东会长，对这一届考亭论坛的举办，表示热烈的祝贺，并预祝论坛获得圆满成功！

南平市历史文化厚重，历史上崇安、建阳是朱子文化的发祥地，而朱子所代表的理学文化，在近一千年来的中国历史文化中占有重要的地位。

2021年3月22日，习近平总书记来到南平市武夷山，走进武夷精舍。看到墙上印有朱熹的"国以民为本，社稷亦为民而立"，总书记驻足凝视。这句话原系朱熹的《四书集注》在诠释《孟子》"民为贵，社稷次之，君为轻"时所讲，而《四书集注》是朱熹最具代表性、影响最大的一部著作。2014年10月习近平总书记在主持十八届中央政治局第十八次集体学习时曾把"民为邦本"的思想标举为我国古代治国理政的重要启示。2018年6月在十九届中央政治局第六次集体学习时他引用了朱熹的这句话。习近平总书记说：中国共产党人始终是中国优秀传统文化的忠实继承者和弘扬者。他指出，要推动中华优秀传统文化创造性转化、创新性发展，以时代精神激活中华优秀传统文化的生命力。

在武夷山，习近平总书记了解了朱熹生平及理学研究等情况，对朱熹的民本思想作为中华文明的精华表达了重视，然后他由此直接上升到文明史的高度，谈论到中华五千多年文明与中国特色社会主义道路的关系，他指出：如果没有中华五千年文明，哪里有什么中国特色？如果不是中国特色，哪有我们今天这么成功的中国特色社会主义道路？我们要特别重视挖掘中华五千年文明中的精华，弘扬优秀传统文化，把其中的精华同马克思主义立场观点方法结合起来，坚定不移走中国特色社会主义道路。

习近平总书记在这里第一次明确指出，中国特色社会主义的"中国特色"是什么？就是中华五千年文明。中华文明是中国特色社会主义的历史根源。在这里，他首次提出中华文明与马克思主义结合的问题。在这个意义上，可以说武夷山是"第二个结合"思想的首发之地。如何推进马克思主义中国化的问题、如何坚持中华文明对中国道路的决定意义、如何坚定不移走中国特色社会主义道路，习近平总书记在武夷山的讲话具有奠基性意义。

事实上，这正是在庆祝中国共产党成立100周年大会上的重要讲话和党的二十大报告要解决的根本问题之一，即深刻总结历史经验，深入把握中华文明的发展。武夷山讲话三个多月以后，2021年7月1日，习近平总书记在庆祝中国共产党成立100周年大会上的重要讲话提出："必须继续推进马克思主义中国化。……全面贯彻新时代中国特色社会主义思想，坚持把马克思主义基本原理同中国具体实际相结合、同中华优秀传统文化相结合。"这就把武夷山讲话的宗旨更明确地做了表达，正式提出了"两个结合"，而从时代的意义上讲，主要是提出和强调第二个结合，即马克思主义与中华优秀传统文化相结合。

2022年5月28日，习近平在十九届中央政治局第三十九次集体学习时强调："我们坚持把马克思主义基本原理同中国具体实际相结合、同中华优秀传统文化相结合，不断推动马克思主义中国化时代化，推进了中华优秀传统文化创造性转化、创新性发展。要坚持守正创新，推动中华优秀传统文化同社会主义社会相适应，展示中华民族的独特精神标识，更好构筑中国精神、中国价值、中国力量。"这就把坚持"第二个结合"与十八大以来有关中华文化的各种提法联系为一体了。

2022年10月，在党的二十大报告中习近平总书记指出，开辟马克思主义中国化时代化新境界，推进马克思主义中国化时代化，只有把马克思主义基本原理同中国具体实际相结合、同中华优秀传统文化相结合。他还指出："坚持和发展马克思主义，必须同中华优秀传统文化相结合。只有植根本国、本民族历史文化沃土，马克思主义真理之树才能根深叶茂。中华优秀传统文化源远流长、博大精深，是中华文明的智慧结晶……同科学社会主义核心价值观主张具有高度契合性。我们必须坚定历史自信、文化自信，坚持古为今用、推陈出新，把马克思主义思想精髓同中华优秀传统文化精华贯通起来、同人民群众日用而不觉的共同价值观念融通起来。"这不仅强调了马克思主义与中华优秀传统文化相结合，"把马克思主义思想精髓同中华优秀传统文化精华贯通起来"也是直接发展自武夷山讲话。

2023年6月，习近平总书记在文化传承发展座谈会上明确指出："'第二个结合'，是我们党对马克思主义中国化时代化历史经验的深刻总结，是对中华文明发展规律的深刻把握，表明我们党对中国道路、理论、制度的认识达到了新高度，表明我们党的历史自信、文化自信达到了新高度，表明我们党在传承中华优秀传统文化中推进文化创新的自觉性达到了新高度。"

以上回顾表明，习近平总书记的武夷山讲话对党提出"第二个结合"，具有重要的奠基性意义，可以说是党思考和表述这一重大问题的直接起点。我们要高度肯定武夷山讲话的历史意义，高扬讲话的精神，把朱子文化的传承发展推向前进。

国际儒联作为凝聚了85个国家专家学者、具有联合国咨商地位的非政府组织，作为首个把永久会址设在中国的国际学术文化组织，始终致力于文化传承创新和文明交流互鉴。近年来，国际儒联努力开创国际性非政府组织人文交流新局面，促进文化交流和文明对话，讲好中国故事，传播中华文化，与有关方面推进深度合作，成功举办了尼山世界文明论坛、和合文明论坛、博鳌亚洲论坛主题分论坛、中华文化国际传播论坛、阳明心学大会等高端学术文化交流活动；策划出版"典亮世界丛书"，深度阐释习近平主席关于中华优秀传统文化重要启示有关论述；出版《中华文化新读》丛书，充分展现中华文化的精髓和智慧；创办出版期刊《国际儒学》（中英文版），实施"国际儒联学者计划"，受到社会广泛关注；与故宫博物院签署战略合作协议，设立南孔研修基地、阳明研修基地、设立朱子研修基地，在传播传统文化精华、促进文明对话等方面开创了新格局。我们要共同落实好习近平总书记对国际儒联的主要指示精神，把中华文化传承好、宣传好、发扬光大！我们愿继续携手有识之士，为中华文化的创造性转化与创新性发展贡献力量！

考亭论坛作为朱子文化的高峰论坛，将以朱子文化为着手路径，深入研究"两个结合"重要论述的意义，研究朱子文化的时代价值，研究朱子文化与中华文化的传承创新，我相信，论坛一定会取得丰硕的成果！

最后，再一次预祝本次论坛圆满成功！谢谢大家！

（本文系清华大学国学研究院院长、国际儒学联合会副理事长陈来在第二届考亭论坛上的致辞）

朱子文化的创造性转化与创新性发展

——第二届考亭论坛开幕式上的致辞

◎ 马援

尊敬的各位领导，各位专家学者：

大家上午好！

今天，由中共福建省委宣传部、中国社会科学院哲学研究所主办的第二届考亭论坛隆重开幕。我受中国社会科学院院长、党组书记高翔同志委托，向此次论坛的召开表示热烈祝贺，向辛劳筹办本次活动的同仁表达真诚感谢，向与会的嘉宾、专家致以诚挚问候。

党的十八大以来，习近平总书记就中华优秀传统文化的内涵、范畴和现代价值发表了一系列重要讲话，作出了一系列重要指示批示，提出了许多新思想新观点新论断，将对中华优秀传统文化的重要性认识提升到新的高度，特别是"第二个结合"的提出，确立了对中华优秀传统文化、对中华文明与马克思主义关系的科学认识。2021年3月，习近平总书记来到福建武夷山朱熹园，第一次提出"第二个结合"的重大命题，他指出：如果没有中华五千年文明，哪里有什么中国特色？如果不是中国特色，哪有我们今天这么成功的中国特色社会主义道路？我们要特别重视挖掘中华五千年文明中的精华，弘扬优秀传统文化，把弘扬优秀传统文化同马克思主义立场观点方法结合起来。

此后，"第二个结合"命题在习近平总书记多次重要讲话中不断丰富成熟，尤其是今年在中国历史研究院召开的文化传承发展座谈会上，习近平总书记明确指出"第二个结合"是"又一次的思想解放，让我们能够在更广阔的文化空间中，充分运用中华优秀传统文化的宝贵资源，探索面向未来的理论和制度创新"。"第二个结合"深刻阐明了中国特色社会主义道路对于5000多年中华文明史的继承关系，实现了中国共产党对中华优秀传统文化的认识的深刻转变，意味着我们党思想理论创新达到了新的高度，开辟了马克思主义中国化时代化新境界。"第二个结合"是习近平文化思想形成的核心机理，而武夷山朱熹园则是习近平文化思想形成的关键性地标，对于新时代全体中国人民来说，武夷山朱熹园具有极为重要的文化和政治意义。

南宋大儒朱熹是中华思想文化史上的一座高峰。朱子以一生的思考与实践，为后世树立了高尚的道德楷模，为学者的工夫修养奠定了"格致诚正，修齐治平"的宏大规模。以朱子思想为代表的中华优秀传统文化，不仅承载着先辈们的智慧精髓，更是滋养当代中国人精神世界的源头活水。朱子在两宋之际——这一中华文化的创新再造时期，对传统学术作出了全面总结，择取《大学》《中庸》《论语》《孟子》四部儒家经典，以一生心力撰成《四书章句集注》，创造了一个贯通天人的义理学体系，使中华文明重焕荣光。由朱子集大成、以四书学为核心的理学体系，塑造了后世中国人的生活世界和精神追求，对12世纪以后的中国、东亚乃至世界都产生了深远影响。

近年来，习近平总书记在多个重要讲话场合援引朱子经典语录，充分体现了对朱子文化的重视。2014年1月，在第十八届中央纪律检查委员会第三次全体会议上的讲话中，习近平总书记引用朱子的言论"一心可以丧邦，一心可以兴邦，只在公私之间尔"，指出"衡量党性强弱的根本尺子是公私二字"，共产党人应当"大公无私、公私分明、先公后私、公而忘私，只有一心为公、事事出于公心，才能坦荡做人、谨慎用权，才能光明正大、堂堂正正"。2018年6月，习近平总书记在主持十九届中央政治局第六次集体学习时，引用朱子"国以民为本，社稷亦为民而立"的说法，强调加强党的政治建设，要紧扣民心这个最大的政治，把赢得民心民意、汇集民智民力作为重要着力点，始终保持党同人民群众的血肉联系。朱子的哲思，在习近平新时代中国特色社会主义思想体系中获得了新的意义空间，在习近平文化思想中实现了创造性转化和创新性发展，深刻体现了五千多年的中华文明与中国特色社会主义道路的一气贯通。

2023年6月2日，习近平总书记在文化传承发展座谈会上发出了"建设中华民族现代文明"的号召，明确提出了新时代新的文化使命，为我们在新征程上传承儒家思想、弘扬朱子文化提供了根本遵循。南平是朱子故里、理学摇篮。朱子一生以书院为阵地，开堂布道，著书立说。他晚年创建的考亭书院可谓是高徒云集、讲理成风，历经800多载而弦歌不辍，福建也因朱子理学而获誉"海滨邹鲁"。朱子文化不仅是南平的文化，也是中国的文化、世界的文化。自2005年中国社会科学院哲学所宋明理学研究中心成立以来，中国社会科学院与福建省一直致力于朱子文化的创造性转化和创新性发展，在朱子学研究和推广方面进行了多方面的合作。2021

年"首届考亭论坛"的成功召开，意味着双方的合作进入了新的阶段。相信本届考亭论坛将对我们深刻学习领悟习近平文化思想、更好担负起新时代的文化使命奠定重要的思想基础；期待在对朱子思想的研究、发明中，新时代的学者能够贯通古今、会通中外，不断激活中华文明生命力，不断开辟中华文明新境界。

最后，预祝本届论坛取得丰硕成果，也祝各位嘉宾、专家学者身体健康，工作顺利。

谢谢大家！

（本文系中国社会科学院副秘书长马援在第二届考亭论坛上的致辞）

主旨演讲

融通朱子文化　夯实文明根基

创建基于中国道理和中国经验的中国理论

◎孙正聿

在文化传承发展座谈会上，习近平总书记深刻地阐述了中华文明的突出特点和"第二个结合"的重大意义，阐明了建设中华民族现代文明的文化使命。学习体悟习近平总书记的重要讲话，我个人体会最深的，是习近平总书记的三个论断：一是"用中国道理总结好中国经验，把中国经验提升为中国理论"；二是"决不能丢弃马克思主义这个'魂脉'，决不能丢弃中华优秀传统文化这个'根脉'"；三是"提炼出有学理性的新理论，概括出有规律性的新实践"。

从这三个论断出发，我给今天的发言起了个题目：《创建基于中国道理和中国经验的中国理论》。围绕这个题目，我想谈两点体会：一是为什么必须用"中国道理"总结"中国经验"？二是怎样把"中国经验"提升为"中国理论"？

一

"中国经验"的内涵是极为丰厚的。它包括中华民族五千多年创造中华文明的实践经验，中国共产党领导中国人民百年奋斗实践和七十余年执政治国经验，特别是改革开放以来开创中国式现代化和文明新形态的实践经验。

总结好"中国经验"，不仅必须直面中国式现代化的伟大实践，而且必须回答"用什么"总结和"怎样"总结的问题。面向"中国经验"，我们需要以多维的视野、多重的向度、多种的理论模型、多样的研究方法去把握、观察、分析和阐释，但是，最为根本的，是用"中国道理"总结好"中国经验"。

"中国道理"，从根本上说，就是马克思主义同中国具体实际、同中华优秀传统文化相结合的理论结晶，就是中国共产党"从理论到实践的伟大创造"，就是中国化时代化的马克思主义。用"中国道理"总结"中国经验"，就要坚持"人民至上""自信自立""守正创新""问题导向""系统观念""胸怀天下"的立场、观点和方法，就要坚持解放思想与实事求是相统一的理论思维、坚持追求真理与实现价值相统一的实践智慧、坚持观念变革与构建体系相统一的理论创造，用深沉厚重的"中国道理"观察和解释中国式现代化，切实地总结好中国式现代化的"中国经验"。

用"中国道理"总结好"中国经验"，首要的前提，是决不能丢弃马克思主义这个"魂脉"和中华优秀传统文化这个"根脉"。

"有学理性"的"中国理论"，其根本标识和实质内容，是中国化时代化的马克思主义。"把中国经验提升为中国理论"，其首要前提，是决不能丢弃马克思主义这个"魂脉"。在纪念马克思200周年诞辰大会上的讲话中，习近平总书记强调指出，"马克思主义思想理论博大精深、常学常新"，并且明确指出要学习和实践马克思主义"关于人类社会发展规律的思想""关于坚守人民立场的思想""关于生产力和生产关系的思想""关于人民民主的思想""关于文化建设的思想""关于社会建设的思想""关于人与自然关系的思想""关于世界历史的思想""关于马克思主义政党建设的思想"。习近平总书记对马克思主义基本原理的精辟概括,不仅指明了作为"魂脉"的马克思主义的"主体内容",而且深切地"同我们正在做的事情统一起来",为我们从中国式现代化的伟大实践中提炼出哪些最为重要的"中国理论",指出了明确方向和实质内容。

"有学理性"的"中国理论",其深厚基础和独特优势,是中华优秀传统文化。"把中国经验提升为中国理论",决不能丢弃马克思主义这个"魂脉",也决不能丢弃中华优秀传统文化这个"根脉"。在文化传承发展座谈会上,习近平总书记强调:"'第二个结合'是又一次的思想解放,让我们能够在更广阔的文化空间中,充分运用中华优秀传统文化的宝贵资源,探索面向未来的理论和制度创新"。中华文明的突出的连续性、创新性、统一性、包容性、和平性,中华民族的理性思辨所形成的求索"天人之际"的人与自然之辨、探索"人已关系"的人与社会之辨、反省"理欲关系"的人与自我之辨、深究"知行关系"的认识与实践之辨、追求"修齐治平"的家国天下之辨,构成了规范和引领中国人的思想和行为的世界观、人生观、价值观。中华文明的突出特性和中华民族的理论思维,是我们"用中国道理总结中国经验""把中国经验提升为中国理论"的"独特优势"和"深厚基础"。这为我们把握物质文明、政治文明、精神文明、社会文明、生态文明的协调发展,把握创新、协调、绿色、开放、共享的"新发展理念",把握和平、发展、公平、正义、民主、自由的"全人类共同价值",提供了宝贵的辩证思维和实践智慧。我们这次论坛，以"融通朱子文化，夯实文明根基，不断开辟马克思主义中国化时代化新境界"为主题，深入研讨朱子文化所凝结的中华文明，就是要从中华优秀传统文化中凝炼出总结"中国经验"的"中国道理"，并以蕴含中华文明的思想理论和实践智慧的"中国道理"，总结好"中国经验"。

二

理论是思想中的现实。任何重大的理论问题，都源于重大的现实问题；任何重大的现实问题，都蕴含重大的理论问题。把中国经验提升为中国理论，就要捕捉、发现和提出重大现实问题中蕴含的重大理论问题。

把"经验"提升为"理论"，最主要的，是解决三大类矛盾：一是实践经验本身的矛盾；二是新的实践经验引发的与已有理论的矛盾；三是由实践经验与已有理论的"外部矛盾"引发的理论自身的内部矛盾。把"经验"提升为"理论"，首先需要直面这三大类矛盾。

"实践经验"是与历史、现实、理论纠缠在一起的，是普遍与特殊、可能与现实、经验与教训、目的性与规律性相互制约的。研究"经验"本身的矛盾，研究新的实践与已有理论的矛盾，研究理论自身的矛盾，是一个极为艰巨的过程。在"用中国道理总结好中国经验""把中国经验提升为中国理论"的过程中，理论总是与历史和现实"纠缠"在一起的。从历史说，大而化之地表述"规律"或"必然"是容易的，真实地揭示历史的复杂动因并真正地"发现"历史规律是困难的；从现实说，有选择地"统计"或"例证"是容易的，对现实"权衡利弊"并"自主于行止进退之间"是困难的；从理论说，自以为是地"编词"和"造句"是容易的，真正地"揭示"理论的"内部困难"并"赋予"理论以新的思想内涵、时代内涵和文明内涵是困难的。这个研究过程，就是"概括出有规律性的新实践"的过程，就是"揭示"已有理论的思想内涵和时代内涵的过程。在"反思"已有理论的过程中，以新的实践经验为基础形成新思想、新观点、新命题的过程，就是"提炼出有学理性的新理论"的过程。只有"提炼出有学理性的新理论""概括出有规律性的新实践"，才能创建作为中国化时代化马克思主义的"中国理论"。

把中国经验提升为中国理论，特别重要的是提升我们的理论思维能力。习近平总书记强调指出："理论思维的起点决定着理论创新的结果"，"理论创新的过程就是发现问题、筛选问题、研究问题、解决问题的过程"。理论是规范人的思想和行为的各种概念系统。理论思维是用理论把握现实、引领实践、推进文明的思维方式和思想力量。理论思维能力，主要地表现为：一是捕捉、发现和提出问题的理论洞察力；二是总结、凝练和升华问题的理论概括力；三是激活、重组和创新问题的理论想象力；四是分析、阐释和论证问题的理论思辨力；五是拓展、深化和解决问题的理论思想力。自觉地提升理论思维的洞察力、概括力、想象力、思辨力和思想力，才能坚持问题导向的学术研究，不断地在学术研究中"提炼出有学理性的新理论"和"概括出有规律性的新实践"，赋予"中国理论"以新的思想内涵、时代内涵和文明内涵。

马克思主义基本原理同中华优秀传统文化的结合，是又一次的思想解放，是我们"用中国道理总结好中国经验""把中国经验提升为中国理论"的新的"起点"。祝愿我们的论坛，在这个新的"起点"上，为把"中国经验"提升为"中国理论"，贡献出我们的思想和智慧。

（作者系教育部人文社会科学重点科研基地、吉林大学哲学基础理论研究中心主任）

朱子著作的整理与再整理

◎朱杰人

（一）

朱子是中国历史上著述最多的学者，现存的朱子著述总字数达2500万字左右。但历史上朱子的著述却未曾结集刊行。清康熙年间，大学士李光地奉敕修成《朱子全书》，虽影响很大，但却是一部不全之书。

朱子也是著述散轶最多的学者，如《易传》《礼记解》《祭仪》《二十家古今家祭礼》《论语训蒙口义》等。据束景南《朱熹著述考略》，朱子的轶著达八十余种之多。他的考证虽有可商榷之处，但朱子的著作散轶之巨是无可怀疑的。

朱子又是中国历史上著作形态最丰富的学者。从现存的朱子著作来看，大致有以下几种：（1）独立著述，如诗词歌赋、书信、散文、奏疏、论文、随笔等，这些文字主要集中在《晦庵先生朱文公文集》中；（2）合著，如《近思录》等；（3）注释，如《四书章句集注》《诗集传》等；（4）语录，如《朱子语类》等；（5）

考据，如《韩文考异》《周易参同契考异》等；（6）问答，如《四书或问》《延平答问》等；（7）图录，如《绍熙州县释奠仪图》等；（8）编纂，如《二程遗书、外书》《韦斋集》等。

1994年，华东师范大学古籍研究所开始编修《朱子全书》，2002年，《朱子全书》由上海古籍出版社和安徽教育出版社联合出版。2010年《朱子全书外编》由华东师范大学出版社出版。这标志着一部真正的朱子大全集的诞生。"全书"出版以后经过两次修订，一次在2008年，修订版在朱子诞辰880周年时出版。一次在2018年，2022年年底出版。此次修订把《朱子全书》与《朱子全书外编》归于一编，出版单位由三家归于一家（上海古籍出版社），大大地便利了读者的阅读。

《朱子全书》的出版使朱子的著作成为完帙，这是对朱子著作进行系统整理的一件划时代的事件。但是，这还仅仅是整理朱子著作迈出的第一步。

（二）

在朱子生前，即有对其著作进行整理出版的先例。绍熙年间，坊间出现了一部《晦庵先生文集》（此书现藏于台湾故宫博物院）。这是一部未经朱子授权的盗版的朱子诗文集。当朱子得知此书的出版时，书已经在社会上流传。为此，朱子致书当地政府要求毁版禁售。

朱子去世不久，立即出现了对朱子著作整理出版的热潮。最著名的是《四书章句集注》的问世。朱子对"四书"的注释工作在淳熙己酉年已基本完成，但修改却一直没有停止。他曾经把《大学章句》和《中庸章句》合刊在一起，也曾经把《论语集注》和《孟子集注》合刊，但是始终没有来得及把四本书合而为一。至于《四书章句集注》这个书名出现的具体时间，现在已经无法考订。但是现今存世的唯一宋刊本当涂郡斋本，刊刻于嘉定十年（1217），题名《四书章句集注》。据此，我们可以推测，这个书名最晚不会迟于嘉定十年。此时距朱子去世还不到20年。

《四书章句集注》显然是后人整理朱子四书注的产物，这是一次成功的朱子著作整理实践。我们现在还无法断定这是不是后朱子时代对朱子著作的第一次整理，但可以肯定的是，从此《四书章句集注》成为中国学术史、思想史、文化史上一个永远抹不去的标志性著作。

朱子逝后不久，另一个对其著述进行整理的著名案例是《朱子语类》的编修。朱子殁后，他的学生即开始了对朱子讲学及所闻言论的整理，有所谓池录、饶录、饶后录、建录等。其类编为书者则有蜀本、徽本等。其后黎靖德集其大成，分门别类而为《语类大全》，即今通行的《朱子语类》。这又是一个成功的案例，它不仅把语录体的著作发挥到了极致，而它的"类编"法则开启了日后整理朱子著述的一个新的重要的门类。如《分类标注朱子经济文衡》（宋滕珙编）、《朱子语录类要》（元叶士龙编）、《朱子五经语类》（清程川编）、《朱子语略》（清杨与立编）、《朱子礼纂》（清李光地编）等大量出现。

对朱子著述进行重新整理编订，明清两代是高峰期。其特点是：（1）出现了一批高质量的官修文本；（2）民间编修大量涌现；（3）大型与成系列的整理本形成规模。其中明永乐年间胡广等奉敕编订的《四书大全》，清周在延编《朱子四书语类》，清李光地等奉敕编《御纂朱子全书》，清朱玉编《朱子文集大全类编》可为代表。

（三）

历代整理编修的朱子著述形式多样，体式各异，方法有别，归纳起来大致有以下几种类型。

（1）秉承传统的方法编次的"文集"，以文体分类排比。如，《晦庵先生朱文公文集》。此书编者不详，成书于宋咸淳元年（1265）。据记载，朱子生前即有人编辑过他的文集，但都未得到朱子的认可或授权。朱子身后，季子在受命编次遗文，成八十八卷。黄士毅编《文公集》成百五十卷。但均未传于世。

（2）以文体并编年为序编排的"文集"，如清朱玉编《朱子文集大全类编》。此书用力甚勤，但考订失据。

（3）黎靖德创以类编次"语类"，此法为后世所袭，"语类"的各种分类编辑大量问世，如《朱子五经语类》《朱子四书语类》等。

（4）以特定主题为类编修者，如宋滕珙编《分类标注朱子经济文衡》，把朱子有关"经世致用"的文章、言论集中展示。宋辅广、张洪、齐熙等编《朱子读书法》，把朱子有关读书方法的言论编辑成书。明朱吾弼《朱子奏议》等。

（5）以地名为类者，如宋陈利用编《朱子大同集》，是朱子官同安时所作诗文的合集。

（6）为传播朱子学说思想而按照一定体系采集朱子有关论述的学术或简易读本，如《朱子学的》（明邱濬编）、《朱子学归》（清郑端编）、《朱子书节要》（朝鲜李滉）等。

以上所论的各种朱子著述的整理本，都是"五四"新文化运动以前的文本，基本上属于文献学上称为"古籍"的范畴。这些文献的编修基本上都遵循着一个约定俗成的编辑规则，即基于原稿的书写体例并遵从原稿的版面样式。

但是古人的书写习惯除了没有标点、不分段落外还有引文的起讫不明。更糟糕的是，有些对话与讨论式的文献，问答或论辩双方的言论是杂糅在一起的。这在古人也许不是问题，但在今人却成了阅读障碍。

所以我认为，时代已经需要我们"再整理"。

所谓"再整理"有两个含义：一为形式上的——主要指版式上的创新。一为内容上的——主要指对朱子著述的新整合，以适应时代的需求并为建设新文明形态，为第二个结合提供思想与传统的资源。

（四）

五四以后朱子著述的整理进入了一个长长的沉寂期。改革开放以后，随着朱子学研究的不断升温，对朱子著作的整理也开始活跃起来。一个标志性的事件就是《朱子全书》的编修与出版。进入新时代，则呈现出快速发展的趋势。《朱熹文集编年评注》《朱熹书法全集》《朱熹诗词编年笺注》《朱熹诗词选注》《朱熹师友门人往还书札汇编》《历代"朱陆异同"典籍萃编》《历代"朱陆异同"文类汇编》《近思录专辑》《新订朱子全书附外编》等相继问世。

但是从本质上说，这些依然是属于"古籍整理"，还不是"再整理"。如果说，形式上的创新还比较容易的话，那么，内容的再整合就不那么简单了。

纵观一部朱子著述的整理史，上下近八百年，每一次的"整理"高潮都与时代思潮的变迁与社会政治的变革及历史进程的演进有关。今天的中国正处于文化主体意识的重建和新文化、新文明形态再造的伟大历史进程中，如何从我们国家、民族的优秀文化传统中汲取营养、获得新的生命（其命维新），从而保持住自己民族的灵魂与根脉，是每一个从事传统文化研究的人所必须承担的历史担当与文化使命。正如习近平总书记在视察武夷山朱熹园时所说的那样："我们走中国特色社会主义道路，一定要推进马克思主义中国化。如果没有中华五千年文明，哪有什么中国特色？如果不是中国特色，哪有我们今天这么成功的中国特色社会主义道路？我们要特别重视挖掘中华五千年文明中的精华，把弘扬优秀传统文化同马克思主义立场方法结合起来，坚定不移走中国特色社会主义道路。"我想，这也就是我们今天要对朱子的著述进行"再整理"的必要所在。

可喜的是，已经有一些学者有了这样的自觉。前不久，福建师大的一批青年学人完成了一本题为《朱子全书廉洁章句辑要》，这本书爬梳了整部《朱子全书》，辑录了朱子有关廉洁问题的言论，达数百万言。实事求是地说，从文献整理的视角而言，这本书稍显疏略，还有待进一步提升，但是它的出现预示着朱子著述的再整理已经出发。

从整理到再整理，这是一个必须完成的历史过程，也是朱子学文献整理工作转化、发展的一次飞跃，任重道远但时不我待，我们要继续努力。

（作者系华东师范大学古籍研究所终身教授、中华朱子学会常务副会长、中国历史文献研究会荣誉会长）

深刻把握习近平文化思想的体系性，全面掌握党的文化领导权

◎ 张志强

党的十八大以来，习近平总书记在新时代文化建设方面提出一系列新思想新观点新论断，内涵十分丰富，论述十分深刻，特别是"第二个结合"的提出，标志着习近平文化思想的形成。习近平文化思想是新时代党领导文化建设实践经验的理论总结，是对马克思主义文化理论的丰富和发展，是对重视文化教化功能的中华文明传统的创造性转化和创新性发展。习近平总书记对文化建设的高度重视，并进而形成系统成熟的文化思想，在党的理论史上也是创举。

习近平文化思想紧扣时代发展大势，深刻认识新时代文化建设的地位和作用，充分体现了党对意识形态工作的科学把握。习近平文化思想的形成，标志着党对文化领导权的重视达到了一个新高度，标志着党对文化建设在"五位一体"总体布局中的地位和作用的认识达到了一个新高度。

习近平文化思想是一个体用贯通的理论体系，贯穿着一以贯之的主题，标举出鲜明的宗旨，由统一的原理所塑造，具有明确的实践指导性意义。下面我就如何把握习近平文化思想的体系性，谈几

点学习体会。

首先，习近平文化思想的核心要义，是牢牢把握党的文化领导权，深刻揭示了党的文化领导权对于党和国家前途命运的重要意义。对党的文化领导权的高度重视，表明我们党对意识形态工作面临的新形势新挑战有了高度的自觉，习近平文化思想对于信息化条件下社会思想文化多元多样和世界范围内文化激荡交锋带来的文化安全问题，有着深刻的体察和全面的战略擘画。对党的文化领导权的高度重视，表明我们党对牢牢掌握宣传思想文化工作主动性，形成了更加明确的认识，习近平文化思想为我们党从思想上、精神上、文化上夯实党的执政基础提供了坚实保障。

其次，习近平文化思想的一个鲜明特征，是把文化建设摆在了治国理政的突出位置。习近平总书记特别强调，文化关乎国本、国运，将文化与宣传思想并列，表明我们党充分认识到了文化建设对于宣传思想工作的基础性意义，充分认识到了通过文化建设促进精神文明的重要性。习近平总书记站在经济基础和上层建筑关系的哲学高度，深刻阐释了物质文明与精神文明协调发展的社会主义建设规律，深刻阐明了精神文明所具有的极为重要的本体论和认识论意义，高度重视精神独立对于民族发展的重要性，特别强调"人无精神不立，国无精神不强"。习近平总书记特别指出唯有精神上达到了一个高度，中华民族才能在历史潮流中屹立不倒，奋勇向前。习近平文化思想对文化建设的突出强调，深刻把握住了作为"五位一体"之一的文化建设，实际上发挥着统括政治、经济、社会、生态诸领域建设的基础性作用，由文化建设所推动的精神文明建设，保证了物质文明建设的成果具有社会主义性质，实现了经济长期发展与社会长期稳定的中国式现代化奇迹，促进了物质与精神双重共同富裕。

第三，习近平文化思想一个贯穿始终的主题，是对坚定文化自信的高度重视。习近平总书记说，"有了文化主体性，就有了文化意义上坚定的自我"。坚定的文化自我，是文化自信的根本依托，是中华民族和中国人民国家认同的坚实文化基础，是与其他文明交流互鉴的鲜明文化特性。习近平总书记高度重视文化自信，认为文化自信是更基础、更广泛、更深厚的自信，是一个民族发展中最基本、最深沉、最持久的力量。文化建设在"五位一体"工作布局中的重要意义，在于坚定的文化自我是捍卫政治经济社会生态等领域取得伟大成就的根本保证，在于坚定的文化自信使我们从根本上避免了由于丧失自我从而最终丧失对政治、经济、社会等领域的统合力的难题。习近平文化思想对坚定文化自信，树立文化主体性一以贯之的强调，深刻把握住了中华民族伟大复兴的关键一步，深刻认识到了坚定文化自信、树立文化主体性，既是实现中华民族伟大复兴的必要途径，也是中华民族伟大复兴的根本标志。

第四，习近平文化思想的一个突破性贡献，是提出了"第二个结合"。"第二个结合"的提出，是习近平文化思想形成的根本标志。"第二个结合"在习近平文化思想中具有形成原理的作用。"第二个结合"拓展了习近平新时代中国特色社会主义文化发展的道路，将新时代中国特色社会主义新文化的弘扬与繁荣，同中华文明的继承与发展结合起来，将新时代中国特色社会主义道路与中华5000年文明道路一气贯通，打开了中华文化的宝库，把保持对中华文化理想和文化价值的信心，把坚守中华文化的创造力和生命力，作为坚定文化自信、树立文化主体性的文明支撑。"第二个结合"作为习近平文化思想的首创性贡献，开辟了宣传思想文化工作的主动局面，打开了又一次思想解放的空间，在推动中华优秀传统文化创造性转化和创新性发展的同时，也为马克思主义赋予了中华文化生命，不断开辟马克思主义中国化时代化新境界。"第二个结合"让习近平文化思想成为中华文化和中国精神的时代精华，成为5000多年中华文明的时代表达，代表了中华新文化、人类新文明的发展方向。

第五，习近平文化思想确立了一个中国式现代化建设和中华民族伟大复兴的目标任务，就是建设中华民族现代文明。习近平文化思想将中国式现代化作为根本途径、将中华民族伟大复兴作为结果，将中华民族现代文明作为目标。中华民族现代文明是中华文明的现代形态，是中国式现代化的文化形态，以中国特色社会主义创造的新文化为内涵。中华民族现代文明开辟了不同于西方现代文明的新图景，从根本上解决了近代以来古今中西之间的道路之争。习近平文化思想运用马克思主义基本原理，结合中国具体实际、结合中华优秀传统文化，用中国特色社会主义新文化的创造，用中华民族现代文明的建设，同时克服古教条、洋教条和马教条，用中国式现代化克服西方现代化的教条，用中国特色社会主义克服苏式社会主义教条，用中华优秀传统文化的创造性转化和创新性发展克服复古主义的教条，提出了新起点上的新的文化使命。这个文化使命就是在"两个结合"中创造出具有中华文明和中华民族文化主体性的现代文明，创造出属于我们这个时代的新文化，创造出更加符合人类的社会和社会的人类的新文明形态。

最后，习近平文化思想是习近平新时代中国特色社会主义思想的重要组成部分，不仅与习近平经济思想、法治思想、外交思想、强军思想、生态思想一起共同构成了一个完整的理论体系，而且在这个理论体系中发挥着统括性的作用，是让这个理论体系能够凝聚为一个整体、具有体系性特征、呈现出总体性意义的关键内容。我们可以说，习近平文化思想在一定意义上承担着将习近平新时代中国特色社会主义思想凝聚成一个完整的理论体系的原理性作用。习近平文化思想在习近平新时代中国特色社会主义思想的理论体系中的地位和作用，是与习近平文化思想赋予的文化建设在五位一体总体布局的地位和作用相一致的。因此，通过习近平文化思想，我们可以更好地把握习近平新时代中国特色社会主义思想的体系性。习近平文化思想不仅为做好新时代新征程宣传思想文化工作、担负起新的文化使命提供了强大思想武器和科学行动指南，为全面掌握党的文化领导权提供了体系性指引，也为全面建设社会主义现代化国家、全面推进中华民族伟大复兴提供坚强思想保证、强大精神力量、有利文化条件，为不断巩固全党全国各族人民团结奋斗奠定了共同思想基础。

（作者系中国社会科学院哲学研究所长、研究员）

习近平的文化结构思想研究

◎李景源

2012年11月29日，习近平在参观《复兴之路》展览时，首次提出了实现中华民族伟大复兴的中国梦重要主题，之后又提出中国精神、文化自信、社会主义核心价值观、理想信念、文化"双创"、树立大历史观、历史自信和文化自信、实现"两个结合"以及科学理论创新等重大命题，形成了新时代文化结构和文化建构的思想体系，为中国式现代化和中华民族现代文明建设奠定了思想基础。

讲文化结构，是讲文化包含的多种要素的逻辑关系。文化自身有一种本体逻辑，习近平的文化观是对这一客观逻辑的把握和理解。文化是人的生命活动及其成果的总体，它不同于自然物，它是人的创造物，并为整个群体所共享。从外延上看，它是物质财富和精神财富的总和。从内涵上看，它是人们历史地形成的生活方式。所谓生活方式，既包括日常生活中的吃喝住穿、婚丧嫁娶，也包括由其形成的日用伦常观念、科学精神和审美追求。生活方式包括生产方式、交往方式、思维方式。人们往往用器物文化、制度文化、观念文化来表示这三种活动方式。说文化是"物质财富和精神财富的总和"，这是讲的文化的总体结构和存在方式。就广义文化的结构而言，物质财富和精神财富不是分离存在的。任何一种文化物品，既有形而上的精神层面，也有形而下的器物层面。作为与人类历史实践相伴随的文化，具有三种最主要的特性，即生成性、积淀性、日新性。所以，文化观、历史观、发展观是内在统一的。当我们说"中国式现代化是物质文明与精神文明相统一的现代化"，就是着眼于文化自身包含的物质与精神对立统一关系的内涵，目的是更好的处理观念文化诸要素的关系结构，推动经济社会结构的改善和人自身的发展。所以我们今天讲的文化结构观，是指狭义的观念文化的结构、功能、创新问题。唯物辩证法认为，质是一事物区别于他事物的内部规定性，事物的特殊本质取决于它的要素和结构的特殊性，要素及其结构是事物质的规定性最深刻的基础。各种现象和过程，由于其要素不同，就具有不同的质及相应的属性、规律和发展形式。就此而言，"结构分析"是对事物的本质和规律研究从抽象上升到具体的重要途径和方法。怎么研究本质、怎么研究规律？就是研究事物的要素及其关系结构。人类的观念文化活动具有复杂的结构，有意识的观念活动有多种表现形式及分科，如自然科学和人文社会科学，人文社会科学又包括文学艺术、历史地理、哲学宗教等学科。人类的文化随着实践活动是不断生成着、积淀着、日新着，如信仰形式就是从万物有灵、图腾崇拜、祖先崇拜、多神教到一神教，从中世纪之后，欧洲和中国又开启了以哲学化解宗教的进程，康德的自在之物，黑格尔的绝对精神，程朱理学、陆王心学等，都是在这一过程中取得的重要文化思想成果。

  结构就是关系，习近平关于文化结构的观点，主要有五个方面的内容和关系：即文化和精神的关系，精神和价值观的关系，价值观和理想信念的关系，理想信念和科学理论的关系，科学理论和历史实践的关系等。这几个方面是相互联系的，把这几个方面的思想搞清楚了，对习近平的文化观的理解会深入一步。

第一，文化和精神的关系。文化和精神有本质的即发生学的联系，文化是实践的创造物，实践是文化之源。但实践的目的、方案作为理想的意图和内在尺度，是实践创造活动的精神要素。贺麟先生曾经把精神因素作为区别"自然"与"文化"的重要标准。他认为，道是宇宙的规律和准则，万物皆载道。但文化与自然有区别，道之凭借人类的精神活动而显现者谓之文化，道之未透过人类精神活动，隐晦地、自发地显现者谓之自然。由于精神是文化对道的自觉显现的凭借和条件，就此而言，精神为文化之体，文化为精神之用。精神是文化的实质和本体，而文化则是人类精神的载体和显现，两者是内在统一不可分离的。习近平经常在两者一致的意义上强调文化建设的意义。例如，他指出："没有中华文化繁荣兴盛，就没有中华民族伟大复兴。一个民族的复兴需要强大的物质力量，也需要强大的精神力量。没有先进文化的积极引领，没有人民精神世界的极大丰富，没有民族精神力量的不断增强，一个国家、一个民族不可能屹立于世界民族之林。"在论述文化建设的重要性时，习近平突出强调精神力量的重要性："人无精神则不立，国无精神则不强。精神是一个民族赖以长久生存的灵魂，唯有精神上达到一定的高度，这个民族才能在历史的洪流中屹立不倒、奋勇向前。"在五千多年文明发展中孕育的中华优秀传统文化，在党和人民伟大斗争中孕育的革命文化和社会主义先进文化，积淀着中华民族最深层的精神追求，代表着中华民族独特的精神标识，是中国人民胜利前行的强大精神力量。优秀传统文化是一个国家、一个民族传承和发展的根本，如果丢掉了，就割断了精神命脉。这些论述阐明了精神因素在传统文化、革命文化、社会主义先进文化中的核心地位。精神是文化之体，一个民族的文化就是那个民族精神的体现。要把握一个地区经济社会发展奇迹背后的文化动因，首先要着眼于区域文化内涵的精神基因。2005年10月，中国社会科学院文化研究中心赴浙江调研"文化强省战略"发展的情况，老百姓抢喝头口水和永不言败的精神，深深地打动了我们，使我们一下子就抓住了总结浙江文化强省经验的突破口和关键所在。老百姓的"四千精神"就是人民群众创造历史的主体精神，这种草根精神始终是推动浙江发展的最核心的动力。2006年第四期《哲学研究》刊发了习近平署名的《与时俱进的浙江精神》一文，他在文中深入阐释了"干在实处，走在前列，勇立潮头"的浙江精神。中华文化为中华民族伟大复兴提供了强大的精神动力，这是习近平提出与时俱进的伟大的中国精神的根据所在。

第二，精神与价值观的关系。精神是文化之体，价值观是文化之魂。价值观念是人类历史活动的一个内在要素，历史必然性和自然必然性的区别在于，它把人们的价值观念和价值选择作为自身存在的精神因素的一个必要环节。价值观念随着历史实践的发展而日新，在人类的千百年亿万次实践活动中，一些重要的价值观念会不断重新显现并逐渐成为重要的精神基因和核心的价值观念凝聚起来，转化为文化活动的秩序和制度，从而规范着人类社会的发展。

文化中的思想和精神的力量称之为软实力，习近平指出，文化软实力的灵魂是什么？文化软实力建设的重点是什么？就是核心价值观，这是决定文化性质和方向的最深层次要素。一个国家的文化软实力，从根本上说，取决于其核心价值观的生命力、凝聚力、感召力。

每个时代都有每个时代的文化精神，每个时代都有每个时代的价值观念，对于精神文化而言，价值观念是文化精神中更为核心的要素。习近平指出，价值观是传承民族生存和发展的精神文化的基因，它积淀着一个民族最深层的精神追求，代表着一个民族独特的精神标识。中华文明绵延五千年，有其独特的价值体系。他还说，社会主义核心价值观是中华优秀传统文化精神的集中体现，它代表着中华民族一脉相承的精神追求、精神特质、精神脉络。对一个民族、一个国家来说，最持久的精神力量是全社会共同认可的核心价值观。核心价值观在精神文化发展中起着中轴作用，是一个民族独特的精神支柱，决定着该民族共同精神家园发展的方向。培育和弘扬核心价值观是文化建设中凝魂聚气、强基固本的基础工程，是关乎民族精神独立性的根本所在。

第三，价值观与理想信念的关系。理想信念永远构成人类精神生活的主导因素，是人们价值观念的核心。革命理想高于天。马克思主义政党不是因利益而结成的政党，而是以共同理想和信念组织起来的政党。建设坚强的马克思主义执政党，首先要从理想信念做起。在我们党一百多年的历史中，一代又一代共产党人为了追求民族独立和人民解放，不惜流血牺牲，靠的就是一种信仰，为的就是一个理想。共产主义远大理想和中国特色社会主义共同理想，是中国共产党人的精神支柱和政治灵魂，要把坚定理想信念作为党的思想建设的首要任务，教育全党牢记党的宗旨，挺起共产党人的精神脊梁，解决好世界观、人生观、价值观这个"总开关"问题。理想信念是精神上的"钙"，没有理想信念，理想信念不坚定，精神上就会"缺钙"，就会得"软骨病"。理想信念是保持党的团结统一的思想基础，全党理想信念坚定，党就拥有无比强大的力量，如果理想信念淡薄，党就会成为乌合之众，风一吹就散。理想信念不牢，地动山摇。苏联解体、苏共垮台、东欧剧变，就体现了这种逻辑。在那场动荡中，竟无一人是男儿，没什么人出来抗争。什么原因？就是理想信念已经荡然无存了。一个国家、一个民族，要同心同德迈向前进，必须有共同的理想信念作支撑。不忘初心，方得始终。坚守理想信念和初心使命，是党的红色基因的精神内核，是弘扬伟大建党精神、传承共产党人精神谱系的核心。理想信念对于革命政党而言具有永久性，它要求确立了初心使命的共产党人不可见异思迁、不可中途变节。只有理想信念坚定的人，才能始终不渝、百折不挠，坚定不移为实现既定目标而奋斗。习近平在党的十八届一中全会上指出，崇高信仰始终是我们党的强大精神支柱，人民群众始终是我们党的坚实执政基础。只要我们永不动摇信仰、永不脱离群众，我们就能无往而不胜。

第四，理想信念和科学理论的关系。横渠四句讲："为天地立心，为生民立命，为往圣继绝学，为万世开太平。"这四个"为"的主体是人，人为天地之心，为天地立心就是立人，而人是通过历史实践自我确立的。为生民立命，就是提出的价值目标和理想信念得到民众的认同并以之为自身的使命，就达到了为生民立命的境界。现在要问：理想信念是如何建立起来的？毛泽东1927年10月亲自撰写的"牺牲个人，努力革命，阶级斗争，服从组织，严守秘密，永不叛党"入党誓词，个人如何才能做到？怎样练就金刚不坏之身？习近平指出，崇高信仰、坚定信念不会自发产生。要练就"金刚不坏之身"，必须用科学理论武装头脑，不断培植我们的精神家园。对领导干部特别是高级干部来说，要把系统掌握马克思主义基本理论作为看家本领。理论上清醒，政治上才能坚定。坚定的理想信念，必须建立在对马克思主义的深刻理解之上，建立在对历史规律的深刻把握之上。马克思主义理论创新是坚定信仰信念信心、把握历史主动的根本所在。对于一个政党来说思想理论是实现其政治理想、阶级使命、政治任务的精神旗帜和行动指南。马克思主义是科学理论，具有强大的真理力量。坚定理想信念，就要深入学习马克思列宁主义、毛泽东思想、邓小平理论、"三个代表"重要思想、科学发展观，坚持不懈用习近平新时代中国特色社会主义思想凝心铸魂。习近平指出："马克思主义是我们立党立国、兴党兴国的根本指导思想。实践告诉我们，中国共产党为什么能，中国特色社会主义为什么好，归根到底是马克思主义行，是中国化时代化的马克思主义行。拥有马克思主义科学理论指导是我们党坚定信仰信念、把握历史主动的根本所在。"用党的创新理论武装全党，以创新理论滋养初心、引领使命，不断叩问初心、守护初心，不断坚守使命、担当使命，始终做到初心如磐、使命在肩。让真理武装我们的头脑，让真理指引我们的理想，让真理坚定我们的信仰。学习党的创新理论，要自觉做到学思用贯通、知信行统一，把学习成果转化为不可撼动的理想信念，转化为正确的世界观、人生观、价值观，自觉做共产主义远大理想和中国特色社会主义共同理想的坚定信仰者和忠实实践者。用理想之光照亮奋斗之路，用信仰之力开创美好未来。

2015年12月，习近平在全国党校工作会议上指出："党性教育是共产党人修身养性的必修课，也是共产党人的'心学'。"习近平的文化结构观是共产党人"心学"的理论基础。从封建时代士大夫的"心性"到共产党人的"党性"，从圣人君子的"心灵内省"到无产阶级的"阶级觉悟"，从"为生民立命"到为民族求解放、为人民谋幸福，从"内圣外王"提升到在推进伟大社会革命的同时推进伟大自我革命、以伟大的自我革命引领伟大的社会革命，习近平提出的共产党人的"心学"是基于唯物史观对传统文化的"心学"进行了创造性转化和创新性发展。

由此，我们才能理解，习近平为什么突出地重视文学艺术、新闻出版、哲学社会科学事业的发展，为什么重视党的理论创新？因为它们都与人们的文化素养、精神风貌、价值追求、理想信念的确立和坚守紧密相关。习近平为什么强调"坚定历史自信，自觉坚守理想信念"，把历史自信和文化自信连接起来？因为坚定文化自信，离不开对中华民族历史的认知和自信。中国共产党人的历史自信，既是对奋斗成就的自信，也是对奋斗精神的自信。百年奋斗历程所取得的伟大业绩，是一代又一代中国共产党人用理想和信仰书写的，是用鲜血和生命铸就的，是用拼搏和奉献赢得的。百年历史奋斗充分展现了伟大的建党精神和革命传统文化的红色基因。历史自信和文化自信源于革命实践和红色文化是融为一体的。习近平强调树立大历史观，强调历史自信和文化自信、理论自信的内在统一。学习和总结党的历史，是增强道路自信、理论自信、制度自信、文化自信的重要途径。章学诚云"六经皆史"。论与史、历史自信与文化自信、历史逻辑与理论逻辑是内在统一的，它们共同构成了习近平文化结构思想的重要基础。

第五，文化总体和文化要素的关系。一方面，精神是文化的本体、价值观是文化的灵魂、理想信念是文化建设的根本；另一方面，文化又是上述几个要素的母体，文化及其所包含的各要素是辩证统一的。讲文化的基因和要素，都是相对于文化的整体和系统讲的，精神、价值观、理想信念、理念和理论，都是文化和文化观的组成部分。我们一方面要了解文化的要素及其相互之间的关系，另一方面也要了解文化要素和文化总体之间的关系，了解文化总体对自身诸要素的影响和制约作用。二十大报告指出："坚持和发展马克思主义，必须同中华优秀传统文化相结合"，就是从文化和马克思主义中国化的总体关系上讲的。我们讲精神、价值观和理想信念，都不行脱离文化总体孤立地去看。以价值观为例，谈价值观不能落于蹈空的玄谈，即不能离开文化总体而空谈抽象的价值观，同样一句话，年青者和年长者对其含义的理解不同，究其原因是其人生历练和文化素养的深浅不同。离开深厚文化的浸润和陶冶而单讲价值观，价值观就成为空洞无内容的词句。习近平指出，中国人民的价值观和精神世界，是始终深深植根于中国优秀传统文化沃土之中的。培育和弘扬社会主义核心价值观必须立足中华优秀传统文化。牢固的核心价值观，都有其固有的根本。抛弃传统、丢掉根本，就等于割断了自己的精神命脉。对我们来说，博大精深的中华优秀传统文化是我们在世界文化激荡中站稳脚跟的根基。领导干部要不忘初心、坚守正道，必须坚定文化自信。没有中华优秀传统文化、革命文化、社会主义先进文化的底蕴和滋养，信仰和信念就难以深沉而执着。

总之，理论自觉、文化自信，是一个民族进步的力量；价值观念进步、思想观念解放，是一个社会活力的源泉。国家之魂，文以化之，文以铸之。我们要立足中国，面向世界，发展社会主义先进文化，推动中华优秀传统文化创造性转化、创新性发展，不断铸就中华文化新辉煌。

（作者系中国社会科学院学部委员）

"两个结合"是我们取得成功的最大法宝

◎ 郑传芳

习近平总书记在文化传承发展座谈会上指出，在五千多年中华文明深厚基础上开辟和发展中国特色社会主义，把马克思主义基本原理同中国具体实际、同中华优秀传统文化相结合是必由之路，是我们党在探索中国特色社会主义道路中得出的规律性的认识，是我们推进马克思主义中国化时代化的根本途径，是我们取得成功的最大法宝。这一重要论断是对党的历史宝贵经验的科学总结，为我们深入认清党的历史发展的实质与特征、把握马克思主义中国化时代化的客观规律，为在新的起点上继续推动文化繁荣、建设文化强国、建设中华民族现代文明做出新的贡献，具有十分重要的意义。

一、"两个结合"深化了对党的历史发展实质和特征的认识

一百多年来，中国共产党为人民谋幸福、为民族谋复兴的奋斗历史，也是一部不断推进马克思主义中国化时代化、不断推进理论创新和进行理论创造的历史。没有马克思主义与中国工人运动相结

合就没有中国共产党，没有中国共产党的英勇奋斗和坚强有力，就没有马克思主义在中国的坚持和发展。诞生在欧洲的马克思主义能够在世界东方中国的广阔大地上得到坚持、运用和创新发展，始终充满生机活力，发挥着指导作用，这是中国共产党人坚持把马克思主义与中国具体实际相结合、与中华优秀传统文化相结合的艰辛奋斗的必然结果。

我们党对"两个结合"也有一个探索和认识深化的过程。在相当长的一段历史时期里，我们党确实只讲马克思主义与中国具体实际相结合，这是由当时我们党内所要解决的特定的主要问题决定的，也是当时我们党对什么是马克思主义和怎样坚持、运用马克思主义在认识上的一个重大飞跃。20世纪30年代，我们党内出现了把苏联革命模式绝对化、把共产国际指示神圣化和把马克思主义书本知识教条化的错误倾向问题，给中国革命事业带来严重危害。为了解决这一问题，毛泽东提出了反对本本主义、把马克思主义与中国具体实际相结合、从中国实际出发搞革命的重要思想，坚持了马克思主义中国化的正确方向。我们党还通过延安整风运动，纠正党内存在的主观主义、宗派主义和党八股问题，分清了党的历史是非问题，认清党内"左"倾错误的严重危害，肯定了毛泽东坚持的中国革命的正确方向，为党的六届七中全会制定《关于若干历史问题的决议》和党的七大正式选举毛泽东为中央主席和确立毛泽东思想作为党的指导思想奠定了重要基础。邓小平在"文革"结束后，坚持解放思想、实事求是，支持实践是检验真理唯一标准的大讨论，重新恢复和确立了党的马克思主义的思想路线、政治路线和组织路线，强调从社会主义初级阶段的国情出发，搞清楚什么是社会主义和怎样建设社会主义的问题，阐明社会主义的本质，推进拨乱反正，实行改革开放，开辟了中国特色社会主义道路，开创了社会主义现代化建设新局面。邓小平当年坚持和强调把马克思主义与中国具体实际相结合，也是要纠正"文革""左"的错误和"两个凡是"的错误，使我们党能够从困境走出，进入改革开放新时期。当然，我们党在强调把马克思主义与中国具体实际相结合的同时，也注意传承发展中华优秀传统文化。

党的十八大以来，习近平总书记进一步总结党的历史经验，深入探索马克思主义中国化时代化的客观规律，提出了"两个结合"的重要论断。2021年3月22日，习近平总书记在考察福建南平武夷山"朱熹园"时提出要以时代精神激活中华优秀传统文化的生命力、把弘扬优秀传统同马克思主义立场观点方法结合起来。随后，习近平总书记在庆祝建党百年的讲话中明确提出"两个结合"，并在党的二十大报告中做了深刻的阐述。2023年6月2日，习近平总书记在文化传承发展座谈会上又进一步阐述了"两个结合"的历史必然性和重大意义，指明新时代坚持"两个结合"是开辟和发展中国特色社会主义的必由之路，是探索中国特色社会主义道路中得出的规律性的认识，是我们取得成功的最大法宝；强调"第二个结合"是又一次的思想解放，让我们能够在更广阔的文化空间中，充分运用中华优秀传统文化的宝贵资源，探索面向未来的理论和制度创新；还指明"第二个结合"是我们党对马克思主义中国化时代化历史经验的深刻总结，是对中华文明发展规律的深刻把握，表明我们党对中国道路、理论、制度的认识达到了新高度，表明我们党的历史自信、文化自信达到了新高度，表明我们党在传承中华优秀传统文化中推进文化创新的自觉性达到了新高度。

习近平总书记强调"两个结合"具有重大的意义。第一，更加全面客观反映了马克思主义中国化时代化的全貌，深化了对党的历史发展实质和特征的认识；第二，体现了我们党不仅对马克思主义科学理论负责，也对中华民族优秀传统文化负责；第三，揭示了我们党不仅对坚持和发展马克思主义做出贡献，也对弘扬中华优秀传统文化做出贡献；第四，说明了党的指导思想的理论创新成果不仅是马克思主义理论性质的，也是中国文化和中国精神的时代精华；第五，表明了党的指导思想的创新成果不仅在马克思主义理论宝库中有重要地位，也在中华文化和中国精神的宝库中有重要地位；第六，有利于回击在马克思主义中国化时代化方面存在的各种错误思潮，坚定中国特色社会主义的"四个自信"；第七，深化了对马克思主义中国化时代化客观规律的认识，指明了马克思主义中国化时代化继续前进的正确方向。

二、"两个结合"是坚持马克思主义中国化时代化的根本途径

党的二十大报告指出，中国共产党为什么能，中国特色社会主义为什么好，归根到底是马克思主义行，是中国化时代化的马克思主义行。这深刻揭示了党的事业成功的根本原因和基本经验。中国化时代化的马克思主义，就是中国共产党人坚持"两个结合"，用一系列全新的独创性的理论成果丰富和发展了马克思主义理论宝库，不断实现马克思主义的新飞跃，推动马克思主义符合中国国情和时代潮流的新发展，形成中国的马克思主义、当代的马克思主义。中国化时代化的马克思主义行，就是中国共产党人坚持"两个结合"，从中国国情和时代特征出发搞革命、建设、改革开放和现代化强国建设，坚定守住马克思主义的魂脉和中华优秀传统文化的

根脉，将马克思主义的思想精髓同中华优秀传统文化的精华、人类文明发展的成果有效贯通起来，实现马克思主义指导作用在空间与时间上的进一步拓展与强化，推动了中国社会的繁荣发展，改变了中国人民的命运，提高了中华民族的国际地位，为人类进步事业和世界和平发展做出了贡献。我们党在一百多年的奋斗历程中，领导中国人民历经种种艰难曲折，经受惊涛骇浪考验，成功开辟中国特色的农村包围城市武装夺取政权的革命道路和中国特色的社会主义建设道路，不断夺取了民族解放和民族复兴的新胜利。我们党能够从小到大、转弱为强，能够不断化险为夷、从失败中崛起、从挫折中奋进、不断开创全新的局面，根本的原因，也在于我们坚持了"两个结合"，使马克思主义科学真理在中国大地上实现本土化、现代化，发挥了科学理论的巨大的指导威力。

我们党在革命战争年代形成和运用了统一战线、武装斗争和党的建设这三大法宝，战胜了强大敌人，推翻了三座大山反动统治，建立了新中国。这三大法宝至今仍然发挥其重要作用。在改革开放新时期以来，我们党又先后提出解放思想、基本路线、改革开放、保持党群血肉联系、严肃认真的党内政治生活是我们的重要法宝。我们党充分运用了这些重要法宝，克服了前进道路上的重重困难，战胜了面临的各种惊涛骇浪，有效应对了各种风险和挑战，经受了考验，开创了改革开放和中国式现代化建设的全新局面，取得了历史性的成就和发生了历史性的变革，迎来了中华民族从站起来、富起来到强起来的伟大飞跃。我们党的这些重要法宝，都是在坚持"两个结合"的历史过程中形成、发展、运用和发挥其巨大威力的。同时，"两个结合"造就了一个有机统一的新的文化生命体，筑牢了中国特色的道路根基，打开了创新空间，掌握了思想和文化主动，巩固了文化主体性，让马克思主义成为中国的，中华优秀传统文化成为现代的，让经由"结合"而形成的新文化成为中国式现代化的文化形态，让中国特色社会主义道路有了更加宏阔深远的历史纵深，让我们能够在更广阔的文化空间中充分运用中华优秀传统文化的宝贵资源，探索面向未来的理论和制度创新。"两个结合"是我们坚持马克思主义中国化时代化的根本途径，也是我们取得成功的最大法宝。

（作者系中央马克思主义理论研究和建设工程首席专家，福建省习近平新时代中国特色社会主义思想研究中心特约研究员）

学术研讨

融通朱子文化　夯实文明根基

"两个结合"视域下的朱子民本思想

◎马照南

朱子文化是中华优秀传统文化的重要组成部分。朱子民本思想是其"致广大、尽精微、综罗百代"理学体系的精神内核。

朱子在孟子民本思想的基础上提出"国以民为本,社稷亦为民而立"的思想。习近平总书记在十九届中央政治局第六次集体学习时发表的重要讲话中指出:"'国以民为本,社稷亦为民而立。'加强党的政治建设,要紧扣民心这个最大的政治,把赢得民心民意、汇集民智民力作为重要着力点。"2021年习近平总书记考察武夷山朱熹园,又一次加以肯定和强调,认为朱子民本思想与中国共产党"以人民为中心"有很多一致的地方,要从这些优秀的传统文化中汲取营养,增强文化自信。

朱子继承发展中华文化民本思想。《周易》认为:有天地然后有万物,有万物然后有男女,有男女然后有夫妇,有夫妇然后有父子,有父子然后有君臣,有君臣然后有上下,有上下然后礼义有所错(措,安排)。这指出天地万物、人类的产生、构成人类社会的原始因素。广大民众是人类社会的初始主体。"天生烝民",

"民"与"天"的关系是原初性、内生性、根本性。与西方神造人类的观点不同。中华文化认为，人民是家庭、国家、社会的真正创造者，民在中华文化论述中具有根源性。应该说，民本思想是多层面与维度结合的综合性思想形态，是为先秦诸子与后世历代思想家所共享的中国思想文化基因。《诗》《书》有"天生烝民，有物有则。民之秉彝，好是懿德""天佑下民，作之君，作之师，惟其克相上帝，宠绥四方"等，《尚书》提出"民惟邦本,本固邦宁""天视自我民视，天听自我民听"。古圣先贤认为民意就是天意，天意就是民意。这样的民本理念体现在神农尝百草、尧舜禹身先士卒、吃苦耐劳、率先垂范、广纳民意、服务人民、民主推荐等治国理政实践中。朱子《四书集注》根本着眼点，主要就是如何培育"先天下之忧而忧，后天下之乐而乐"的"君子"。

朱子提出民本是立国的基础。民本是国家存在的合理性、合法性的来源。朱熹虽是士人，但长期生活在社会中下层，生活在农村，深知民众疾苦，从小就蕴藏着助贫救困、忧世为民的思想。朱子明确提出"天下者，天下人之天下。"认为国家之本在于民，以民为本是立国的基础，

朱子认为民本是治国理政的出发点和归属。他的经典论述"国以民为本，社稷亦为民而立"，深刻说明了国家存在的合理性、执政合法性的来源。他还提出"民之所好好之，民之所恶恶之"。天命是由民心决定的，"得众则得国，失众则失国"。要"以民心为己心"，为民服务。

朱子的重民、贵民、安民、恤民、爱民、为民的论述，把民本思想提到新高度。

朱子是积极践履民本思想的典范。他从政的七年，每到一地，

都首先深入基层，格物致知。他做到孔夫子说的"每事问"，以民为师，查问民间疾苦。他深入民间，了解民情风俗，阅读地方志书。在查清实情民意的基础上，提出发展经济，"正经界"，恤民抚民，改善民生，兴办书院，移风易俗的实际举措。他清正廉洁、一心为民，千方百计为百姓多办事，受到各地百姓衷心爱戴。他在武夷山创立"五夫社仓"被誉为民间救济事业的创举。

朱子非常重视"民心"所向。在民本思想的基本思维逻辑和实践结构中，历代思想家和政治家对民情舆论往往都有极高的重视。秦汉以下，主要针对皇权的谏议制度在中国文明史上之发达而完善，几为人类之古代文明所仅见，其中端的，似乎正在于此。另外，为了让草根"民"音可以上达，历代往往都还设置了一些"直通车"式的普通人谏议制度，如谤木、登闻鼓等。这些制度，几乎可以说是传统中华文明立足于民本思想来保障人民"言论自由"的主要制度。

朱子民本思想还将寻求善治的眼光关注社会基层。朱子对社会善治所同样作出的最大贡献，即是发展出了良好的基层自治系统即乡族自治。传统中国基层乡族自治的起点，是一个又一个家庭的合理化；而家庭的合理化，就其所关涉之儒家教化结构而言，关键又在于一家之主"修身"的文化教养与合理行为方式，以及由此所逐渐推进的家庭结构的理性化。朱子对"家礼""家范""家仪"申明强调，形成朗朗上口的"朱子家训"，是在"修身"基础上对家庭合理化的具体推进。由家庭而扩展以至于家族宗族。

朱子清正廉洁，坚定肃贪。淳熙八年,朱熹任浙东常平茶盐公事,他"日与僚属寓公，钩访民隐，至废寝食"。经过深入调查核实，把一批在抗灾中玩忽职守、贪赃枉法、发国难财的贪官污吏，如绍兴府兵马都监贾佑之、衢州知事李峄、江山知县王执中、宁海知县王辟纲都予以弹劾。台州知州唐仲友依仗与丞相王淮为姻家，肆无忌惮违纪违法、贪污淫虐。朱子以无畏的勇气，与其展开激烈较量。"六劾贪官唐仲友"，轰动朝野。朱子无私无畏、不惧强豪、铁腕灭腐。

以上可见，朱子民本思想，是朱子文化，也是中华优秀传统文化最精华、最闪光的部分。为人们正确认识中华五千年文化主流主脉，认识中华文化的独特性，提供了一个窗口。

朱子民本思想，为马克思主义基本原理同中华优秀传统文化相结合提供丰富资源。马克思主义立场就是无产阶级和劳动人民的立场，它代表的是工人阶级和劳动人民的根本利益，反映的是最广大人民对共同富裕、公平正义的价值追求。民本思想积淀着中华民族家国一体、爱国爱家、民主民生的精神基因，凝聚着中华民族的强大精神力量；民本思想根植在中国人内心，潜移默化影响着中国人的行为方式。马克思主义传入中国，立刻与民本思想结合，成为人民谋求解放的强大思想武器，成为党的初心使命。马克思主义中国化的历史逻辑告诉我们，正是绵延5000多年的民本思想文化精神渗润，让中国化的马克思主义更加具有底气和活力，更加喜闻乐见、更加润物细无声，很快融入中国社会，成为中国人民自己的思想。从毛泽东"人民，只有人民才是创造历史的动力"等一系列的结合为马克思主义中国化营造出一种熟悉的文化氛围与亲和力。中华优秀民本思想经过创造性转化和创新性发展，集注在习近平新时代中国特色社会主义思想中，体现在习近平新时代中国特色社会主义思想的世界观和方法论之中。

5000多年的中华优秀传统文化，朱子文化经过创造性转化和创新性发展，与马克思主义基本原理相结合，在21世纪展现出新的文明光辉。中国共产党始终坚持弘扬民本思想，以人民立场作为根本立场，把"为中国人民谋幸福、为中华民族谋复兴"作为党的初心和使命。习近平总书记深刻指出"人民就是江山，江山就是人民"。我们的一切工作的出发点和目的，就是要让人民过上好日子。党的百年历史证明，中国共产党真正把民本理想转变为强大的政治力量，切实贯彻到治国理政实践中，受到人民衷心拥护。

我们党汲取民本思想精华，结合时代需求，实现对传统民本思想继承与超越。时刻铭记"全心全意为人民服务"这一党的根本宗旨，形成了"从群众中来，到群众中去，一切为了群众，一切依靠群众"的群众路线，成为攻无不克战无不胜的法宝。中国共产党以人民为中心，尊重群众、维护群众，服务群众，坚持民本为大、民生优先，创造性提出"全过程民主"等一系列新理念新思想新创造。秉持"人民立场"这一根本政治立场，永远以人民为中心，是中国共产党执政智慧的体现，是对朱子民本思想的最好继承和发展，必将为中华民族的伟大复兴凝聚起磅礴伟力。

（作者系福建省炎黄文化研究会常务副会长）

习近平总书记考察书院蕴意深远

◎朱 清

中国古代史上，书院为培育华夏经世安邦人才和传承、传播中华优秀传统文化发挥着不可替代的重要作用。书院复兴无疑是传承中华优秀传统文化的题中之义和必然要求。党的十八大以来，习近平总书记多次考察书院，深涵蕴意。

蕴意一：书院是中华文化的窗口，同世界文明美美与共。

习近平总书记以其构建人类命运共同体的世界眼光和开阔胸襟，为书院复兴聚势赋能。2017年9月，金砖国家领导人第九次会晤在厦门举行。习近平总书记选在筼筜书院主持此次峰会的首场会晤。

"渔火筼筜"是古厦门八大景之一。特区初创时期，习近平同志从冀中平原来到厦门工作。他负责制订《1985年—2000年厦门经济社会发展战略》，把"保护和传承历史文脉"列为重大命题，并且主抓筼筜湖的综合治理。30年来"筼筜胜景"日日新。2009年，厦门市在筼筜湖畔创办书院，传播优秀传统文化，开展中外文明对话，吸引了中外学者前来讲学论道，受到社会各界的欢迎。2016年12月，第三届中国书院学会年会在厦门举行，对筼筜书院建设"传统文化、现代表达"的经验做法予以肯定，映照了习近平总书记擘画的特区全面发展宏图。

习近平总书记在闽工作时，就明确要求"突出厦门特区的窗口作用和龙头地位"。金砖会晤选址筼筜书院，意味着让书院复兴在对外开放和世界文明互鉴的过程中灿然发光。

9月3日，习近平总书记与俄罗斯总统普京一同参观在筼筜书院展陈的福建非物质文化遗产。习近平总书记如数家珍地介绍闽南文化历史渊源和展品特色；普京总统高度赞扬中国传统艺术美妙绝伦。隔日，与会各国元首夫人也莅临筼筜书院茶叙和观赏茶艺，对中华文化精彩纷呈赞叹不已，期冀进一步拓展中外文化交流。

"筼筜会晤"书院生辉。书院在重大主场外交活动中炫丽亮相，倾注着习近平总书记对书院造福人类、文明与共的期许和用心。

蕴意二：书院以立德树人为要旨，为民族复兴锻造栋梁。

2020年9月17日，习近平总书记考察湖南，专程来到岳麓书院。南宋时期，这里孕育了湖湘学派；朱熹、张栻两位大儒在此论辩"中庸""太极"，首开书院"会讲"之先河。

培育人才，是书院的根本任务。"书院应当培养什么样的人？"朱熹题书"忠孝廉节"，张栻立此为"院训"。他们一致主张"立德树人"，即是培养护国济民、遵行伦常、清廉处事和具有气节的仁人志士。

习近平总书记称赞"岳麓书院在历史上培养了一代又一代经世济民之才。"仅近代，这里就涌现出一大批改革派、教育家和早期共产主义者。千百年来，书院先贤们为中华兴盛和复兴矢志奋斗，功载千秋，彪炳史册。

习近平总书记凝望讲堂檐前匾额上"实事求是"四个大字。此句出自东汉史学家班固所著《汉书》，意在宣扬传承文化、求索真知。中国共产党缔造者毛泽东早年求学长沙曾寓居岳麓书院，"实事求是"对他的性格塑造和文化养成影响重大。中国共产党成立后，毛泽东将"实事求是"转化为马克思主义同中国具体实际相结合，形成党的思想路线，领导革命和建设不断从胜利走向胜利。习近平总书记深情诠释"实事求是"的文献意涵和党的思想路线的脉络与发展，阐明马克思主义中国化的重要意义。

习近平总书记观摩思政课教学，谆谆教导："思政课是落实立德树人根本任务的关键课程，要好好办"，要"培养一批具有家国情怀的青年。"

"岳麓考察"心开目明。书院复兴要把中华优秀传统文化、革命文化、社会主义先进文化贯通起来，造就出千千万万建设中国特色社会主义的优秀人才。

蕴意三：书院要致力于创新理论，再续中华文明集大成。

2021年3月22日，习近平总书记考察福建，专程来到武夷山朱熹园。武夷精舍是该园的核心建筑，当年朱熹在此授徒讲学、撰著《四书集注》，造就了理学集大成。中华五千年文明从未中断，离不开儒学的创立创新。习近平总书记在这里详细了解朱熹生平和理学研究情况。

南北宋之交,权贵腐败,儒学式微,外强入侵、生灵涂炭。朱熹等一批救国图存的儒者奋力振举书院,阐发孔孟义理;重整儒家伦常,重塑中华精神,维护社会秩序和国家一统,主导了宋末以降七百余年中国的走向。朱熹守儒学正统,融百家之说,直至影响到近现代中国对世界各种先进思潮的引进吸收。故史学家钱穆说:"前古有孔子,近古有朱子""恐无第三人可与伦比",称赞孔子、朱子二位圣人是古代中国最杰出的文明集大成者。习近平总书记说:"我到山东考察时专门去看了孔府孔庙,到武夷山也专门来看一看朱熹。"这句话,表达他对朱熹的礼敬,也肯定了中华文明发展中"孔朱并立"的历史地位。

正逢党史学习教育铺开之际,习近平总书记在武夷精舍纵论党史同中华文明史的逻辑关系,深刻指出:"我们走中国特色社会主义道路,一定要推进马克思主义中国化。如果没有中华五千年文明,哪里有什么中国特色?如果不是中国特色,哪有我们今天这么成功的中国特色社会主义道路?"

习近平总书记注视武夷精舍墙上贴印的"国以民为本"等朱子名言,感慨言之:"朱子民本思想与我们党强调的许多地方相通,要很好汲取其中的营养","要特别重视挖掘中华五千年文明中的精华,把弘扬优秀传统文化同马克思主义立场观点方法结合起来,坚定不移地走中国特色社会主义道路。"

三个月后,习近平总书记在建党百年纪念大会上阐论:"把马克思主义基本原理同中国具体实际、同中华优秀传统文化相结合"。"两个结合"写入党的二十大报告和党章修正案,开辟了马克思主义中国化时代化新境界，创造了人类文明新形态。

"武夷纵论"，思想飞跃；书院复兴，继往开来。习近平总书记正引领中国共产党人，谱写中华民族现代文明又一次"集大成"的历史辉煌新篇章！

（作者系中国朱子学会顾问、厦门大学国学研究院客座教授、原中共福建省委宣传部副部长）

中华文明的天道理想与人民至上的核心价值

◎周 丹

中国共产党既是马克思主义的坚定信仰者和践行者,又是中华优秀传统文化的忠实继承者和弘扬者。马克思主义与中华优秀传统文化彼此存在高度的契合性,从价值观基础看,两者拥有共同的价值理想。五千多年的中华文明涵养出以"仁"为核心的价值体系,突出表现为天人合一、天下大同的理想境界。马克思主义传入中国,立足中国实际不断中国化时代化,不断激活中华文明力量。以马克思主义为指导,以中华文明为根基,从天道理想到人民政治,从天下大同到构建人类命运共同体,从"民本""爱民"到以人民为中心,在新的时代条件下凸显人民至上的根本立场和核心价值。

一、以孔子为文化代表的中华文明:"仁"为价值本位、"礼"为社会秩序

在儒家价值体系当中,价值规范很多,譬如,仁、义、礼、智、信、孝、悌、忠、诚等,而"仁"居于最核心的位置,是以孔

子为代表的儒家学说的价值本位。其一,"仁"是人的本性。孔子曰:"仁者,人也。"仁是人的内在根据,是儒家价值观的根本原则,也是中华文明的核心价值理念。其二,"仁"是做人的原则。一为"己所不欲,勿施于人";二为"己欲立而立人,己欲达而达人"。其三,"仁"是首要的价值选择。孔子认为,"当仁,不让于师",仁人志士"无求生以害仁,有杀身以成仁"。仁是最高尚的价值选择和道义选择。"仁"作为价值本位,需要现实化为社会规范和社会秩序。儒家对社会结构、秩序和运作方式的设计,主要是通过"礼治"来实现的,所谓"礼也者,理也"。其一,"礼"由仁义而生。礼是"成己""成人"的必要条件。其二,"礼"是现实仁的途径。礼以仁为思想内容,仁以礼为实现路径。其三,"礼"的实行关键在"和"。就社会治理来说,"和"既是目标,也是方法,以和谐实现礼治。

二、以朱子为文化代表的中华文明:仁本体论

从孔子开始,"仁"便有关切天下众生的核心面向;程颢以身体知觉为基础,建立了万物一体之仁的命题;程颐则突出了"仁"的公天下面向;朱熹在二程的基础上,运用理学的理气架构,为"仁者以天地万物为一体"(二程)的命题打牢了宇宙论—本体论基础,即发明了仁本体论。其一,仁者以天地生物之心为心。朱子认为仁是天地用以生物之心,又是人心的来源,人禀受天地生物之心而成为自己的心。这一天心—人心的结构,是朱子学仁说的基础结构。其二,仁是自身德行全面发展的根据。孔子强调仁者应当全面发展自身的德性,故"仁"有"全德之名";到宋明儒学尤其是朱熹那里,"全德之名"得到了进一步的本体论—宇宙论奠基。其三,人(仁者)是天地

宇宙间的独特存在。人之为人，在于仁之德行。"仁"本身也包含着个体与他人的联结关系，互相关爱，和谐共生。

三、人民至上的根本价值理念

马克思主义与中华文明源流互质，坚持和发展中国特色社会主义，必须坚持马克思主义为指导，必须立足中华优秀传统文化立场和中华文明根基。两者之所以能够深相融合，从价值观上说，都是以人民至上为根本价值理念的。

习近平总书记指出，中华文明具有"讲仁爱、重民本、守诚信、崇正义、尚和合、求大同"的精神特质和发展形态。习近平新时代中国特色社会主义思想是中华文化和中国精神的时代精神，是对这一文化主体性的最有力体现。这集中反映在构建人类命运共同体与人民政治。天下大同、人类命运共同体、共产主义，是不同话语叙事的同一个内容。中国共产党的属性和使命成就人类命运共同体的人民性。中国共产党是为中国人民谋幸福的政党，也是为人类进步事业而奋斗的政党，始终把为人类做出新的更大贡献作为自己的使命。五千多年的中华文明始终强调"仁"的突出地位，无论是价值本位，还是仁本体论，作为其日常功用来说，大抵一个词可以概括"仁者爱人"，落实到一套政治运行体系和话语结构，在古代就是"民本""爱民"，传承到当代中国就是"人民政治"。习近平总书记强调："全党同志要把人民放在心中最高位置，坚持全心全意为人民服务的根本宗旨。"坚持人民至上，以人民为中心，不断满足人民美好生活需要，为实现中华民族伟大复兴而不懈奋斗。

（作者系中国社会科学院哲学研究所研究员）

从"共同富裕"看"第二个结合"的实现路径

◎唐纪宇

提要：新时代之"新"意味着我们从一个经验指导实践的时代进入了理论指导的时代，"第二个结合"正是在这一背景下提出的，我们比以往任何一个时代都更需要正确理论来指导现实的发展。没有统一的思想就会直接影响意识形态安全，进而给整个国家造成混乱。而意识形态宣传的本质是"讲道理"，这就要求我们既要讲好中国故事，更要讲明中国道理。围绕"第二个结合"就是要讲清必要、可能和实现等诸问题，以"共同富裕"为切入点可以帮助我们探索实现"第二个结合"的现实路径。

关键词：第二个结合； 自明吾理； 共同富裕

一、"第二个结合"的提出及其背景

习近平总书记在庆祝中国共产党成立100周年大会上的讲话中首次提出了两个结合：坚持把马克思主义基本原理同中国具体实际相结

合、同中华优秀传统文化相结合，用马克思主义观察时代、把握时代、引领时代，继续发展当代中国马克思主义、21世纪马克思主义。

"两个结合"，特别是"第二个结合"，即"把马克思主义基本原理同中华优秀传统文化相结合"的提出，不仅是对现实的描述，更是对未来的一种要求，这一要求本身表达了某种需要（现实的、长远的）。为何会有新的需要？因为我们身处的时代有了新的变化——新时代。

十九大报告在全面总结和深刻阐述过去五年的成就和历史性变革基础上，明确指出："经过长期努力，中国特色社会主义进入了新时代，这是我国发展新的历史方位。"

中国特色社会主义进入新时代，不是一个简单的新概念表述，而是具有实实在在的思想内涵和实践内涵。这就是十九大报告里说的"五个时代"，即这个新时代是承前启后、继往开来、在新的历史条件下继续夺取中国特色社会主义伟大胜利的时代——讲的是新时代的历史线索；是决胜全面建成小康社会、进而全面建设社会主义现代化强国的时代——讲的是新时代的实践主题；是全国各族人民团结奋斗、不断创造美好生活、逐步实现全体人民共同富裕的时代——讲的是新时代的人民性；是全体中华儿女勠力同心、奋力实现中华民族伟大复兴中国梦的时代——讲的是新时代的民族性；是我国日益走近世界舞台中央、不断为人类作出更大贡献的时代——讲的是新时代的世界性。

而进入新时代的意义，则有"三个意味着"：一是意味着近代以来久经磨难的中华民族迎来了从站起来、富起来到强起来的伟大飞跃，迎来了实现中华民族伟大复兴的光明前景；二是意味着科学社会主义在二十一世纪的中国焕发出强大生机活力，在世界上高高举起了中国特色社会主义伟大旗帜；三是意味着中国特色社会主义道路、理论、制度、文化不断发展，拓展了发展中国家走向现代化的途径，给世界上那些既希望加快发展又希望保持自身独立性的国家和民族提供了全新选择，为解决人类问题贡献了中国智慧和中国方案。

"五个时代"和"三个意味着"对于我们理解新时代的内涵与意义无疑起着非常重要的作用。但从另一个角度来看，新时代之"新"意味着我们从一个经验指导实践的时代进入了理论指导的时代。因此，如今我们对于新理论新思想的渴求超过以往任何一个时代。也正是在这个意义上，我们才能真正地领会"两个确立"的决定性意义，而这又是做到"两个维护"的理论基础。

简单说来，经验指导实践，就是做别人做过的事情。新中国成立之初，我们主要依靠苏联经验，从政治体制上的人民民主专政到经济体制上的计划经济，都是苏联模式的体现。即便是苏联解体，其警示作用也成为中国防范风险的宝贵经验。改革开放之后，西方发达国家、亚洲四小龙的发展方式，为我们提供了丰富的发展样本，市场经济、私有化改革，各种创新型高科技企业，都浮现着先进国家发展模式的影子。在以往的发展中，我们都有经验可以遵循，这也为中国平稳快速的发展提供了重要的依据。

中国的发展，从望尘莫及到望其项背，再到并驾齐驱。这固然是伟大的成就，但同时也带来了新的问题，即发展再没有现成的道路可以参考，同时又没有足够的试错空间。因此，用卓越的理论来指导现实发展就变得异常紧迫。我们比以往任何一个时代都更需要正确理论的指导。

二、意识形态安全与自明吾理

没有卓越的理论,就没有明确的发展方向,而没有了明确的发展方向,思想上就可能产生混乱,进而给整个国家造成难以估量的危害。早在两千年前,伟大的实践者墨子就曾明言:

> 古者民始生,未有刑政之时,盖其语"人异义"。是以一人则一义,二人则二义,十人则十义,其人兹众,其所谓义者亦兹众。是以人是其义,以非人之义,故交相非也。是以内者父子兄弟作怨恶,离散不能相和合。天下之百姓,皆以水火毒药相亏害,至有余力不能以相劳,腐臭余财不以相分,隐匿良道不以相教,天下之乱,若禽兽然。[1](《墨子·尚同上》)

在这里,我们可以看到当每个人都秉持着自己的道德标准时,这个社会必然是混乱且充满危险的。对于我们这个幅员辽阔、人口众多的国家更是如此。这也是近些年,我们国家越来越重视意识形态安全的原因。

《环球财经》前副社长彭晓光在《自由派:百年边缘》一文中对于苏联解体的原因有一段精彩的分析:"归根到底,超级大国苏联没遭受军事侵略,也没遭受全面经济封锁(虽然美国动用了粮食战争、石油战争等手段),它是完全败在了意识形态传媒这个决定性战场了。"[2]因此,无论从历史经验,还是现实经验(几年前的香港暴乱),为了维护国家的稳定,我们都必须牢牢守住意识形态安全这一主阵地。

那什么是意识形态呢?马克思曾在它的巨著《德意志意识形态》中有过这样一段描述:

因此,道德、宗教、形而上学和其他意识形态以及与它们相适应的意识形态便失去独立性的外观。它们没有历史,没有发展;那些发展着自己的物质生产和物质交往的人们,在改变自己的这个现实的同时也改变着自己的思维和思维的产物。不是意识决定生活,而是生活决定意识。

在以往人们引用这段话时,往往关注最后一句("不是意识决定生活,而是生活决定意识")。但之前的话同样重要,因为他向我们描述出何为"意识形态"。在马克思的描述中我们可以了解到,"意识形态"就是"意识形式"。意识本无形式,不可见闻、不可触摸,而意识要想在现实中发挥作用,它就必须获得某种现实的形式或形态。因此,它会以道德、宗教、形而上学或其他的形式出现。这时我们就会发现人类社会中的种种安排都反映或者传递着某种观念,比如奥林匹克运动会,就在传递"更高、更快、更强"的观念,它引导人们不断突破自身的极限,达致更高的境界。

由此我们也可以了解到意识的一个重要特点——绝对的开放性,即现实中的种种安排都会对人的意识构成影响。在古代,儒家一直在思考一个问题,即如何通过现实的物质安排构建起人的精神世界。比如《论语》中只提及一项体育活动——射箭,因为在孔子看来,射箭类似于君子的修身活动(反求诸己),即凡事不去埋怨外在的条件,而从自身寻找原因。此外,射箭可以有效地引导竞争活动,让参与者追求德行而非力量("射不主皮,为力不同科,古之道也。"[3])这与今天的奥林匹克精神是有着根本性的不同。

意识的另一个特点,正好与此相反,即绝对的封闭性。在国安干警的核心价值观里有一个概念,叫"慎独"。慎独这一概念,既在《大学》中出现过,亦在《中庸》中出现过。朱熹将"独"释为

"人所不知而己所独知之地也"[4]，一方面指人独处之时，另一方面则指人的内心世界。人内心中的真实想法，如果自己不肯吐露，别人无论如何是无法真正获知的。这恰恰是意识封闭性的体现。

正是由于意识这两个方面的特点，使得意识形态宣传工作困难重重。它的开放性意味着不能仅仅通过某个教育阶段、某几门课程来影响被宣传的对象，所以才有了"大思政"观念的出现。它的封闭性则意味着通过灌输或其他强制的方式终究难以达到真正的效果。意识形态宣传最终的目的是要统一思想，本质上是要获得对象的认同（对党、国家以及中华民族的认同）。而人的认同大概有两种方式：一种是情感上的认同；一种是理念上的认同。

而相比于情感上的认同，理念上的认同更深刻、更持久，也更稳定。因此，习近平总书记在人民大学考察时，一语道破思政课的本质：

> 思政课的本质是讲道理，要注重方式方法，把道理讲深、讲透、讲活，老师要用心教，学生要用心悟，达到沟通心灵、启智润心、激扬斗志。

情感上的认同就是共情，这往往是通过对对象经历或历史的了解产生的。而理念上的认同这是通过明理的方式达成的。如果借用北宋时期程颢提出的口号，也就是"自明吾理"（或作自立吾理）[5]，即讲好中国自己的道理。因为今天很多大家耳熟能详的说法，其实并没能从道理上讲清楚，比如葛剑雄教授就曾写文章探讨"怎样理解'自古以来就是中国领土'？"因此，人文学者的职责就是要在理论层面上有说服力地阐明中国道理。[6]这也是习近平总书记在最近的中共中央政治局第六次集体学习时所强调的，"（要）不断深化对党的理论创新的规律性认识，在新时代新征程上取得更为丰硕的理论创新成果。"作为理论工作者，我们既要讲好中国故事，更要讲明中国道理。

三、"结合"之必要、可能和实现

讲明中国道理就是要做好理论创新的工作，而理论创新绝不是空中楼阁，它既要立足于中国的具体实际，还要充分吸收古今中外优秀的理论成果，这正是"两个结合"的内在要求。在"两个结合"中，"第二个结合"是首次出现，因而围绕着"第二个结合"有诸多问题有待进一步说明。第一，为什么要结合，即结合的必要性问题；第二，二者能否结合，即结合的可能性问题；第三，怎么结合，即结合的实现问题。

首先，为什么要结合呢？从思想资源看，除却中华传统文化与马克思主义外，近代以来大量的译介活动，为我们积累了相当丰厚的西方思想资源。那为什么不是中西马相结合，而仅仅是马中的结合呢？因为以西方哲学为基础的现代性生活发展到今天已经出现了诸多的问题（异化、虚无等等[7]），中国式现代化所代表的人类文明新形态一定是建立在对以自我为中心的西方现代性的扬弃之上的。所以指导中国式现代化的新理论必定是马克思主义与中华优秀传统文化之间的结合。那为什么不能以单独的某一思想作为基础，而一定是两者的结合呢？因为马克思主义和中华优秀传统文化都不能独自解决当下所面临的问题。作为马克思主义理论基础的由马克思、恩格斯共同创立的理论受限于当时的条件其理论并不是完整的，马克思虽然揭示了资本主义发展的基本规律，并指出在资本主义生产方式下人的异化问题，但并没有对异化状态下个人的自我拯救与安顿提出明确的解决方案。而以儒家为代表的中华传统文化则缺少关于发展生产力的相关论述，这将使我们在当下激烈的国际竞争下无法实现有效的自我保存。因此，二者需要结合起来。

其次，二者可以结合到一起吗？作为两种异质的理论，其产生的背景不同、针对的问题不同、论述的思路也不同。在历史上，中国也遇到过文明冲突的问题，比如佛教传入中国，西方对中国的侵略。我们会发现，在佛教的刺激下宋明理学（新儒学）产生了，佛教也逐渐本土化。但在面对西方文明时，无论是全盘西化，还是"中学为体西学为用"都遭遇了失败。究其原因，是因为佛教是旁支性的思想形态，即产生于对印度教的否定；而西方哲学则是整全性的思想形态，通过这种理论可以构建起生活的方方面面。这就如同树木一样，树枝可以嫁接到主干之上，但是两个主干之间是无法结合的。而马克思主义作为西方文化的反动，是可以与作为中华文明主干的传统文化相结合的。

最后，就是二者如何结合的问题。固然有学者指出了马克思主义与中华传统文化之间的相似性，比如郭建宁在《用马克思主义真理力量激活中华文明》一文中就曾谈到二者的相通之处，"儒家讲的'知行合一'与马克思主义的实践学说之间，传统文化论述的'天下兴亡，匹夫有责'与马克思主义强调的改造世界之间，中国哲学讲的'一阴一阳谓之道'与马克思主义的辩证法之间，传统文化中的'大同社会'与马克思主义的共产主义理想社会之间，都有某种契合和相通之处。"[8]但不能忽略的是二者之间也存在着诸多的不同，比如在历史观方面，马克思五段论的历史观带有西方鲜明的目的论色彩。而中华传统的历史观念则是孟子所说的"一治一乱"生生不穷。在历史发展中，马克思主义重视生产力的决定性作用，而中华传统则强调文明的生命周期。[9]因此，在结合的过程之中如何处理好彼此之间的差异也是需要在实践中进一步去思考的问题。当然，我们可以预先构想出两种理论相处的方式，但从中西文化交锋的经验上来看，这种预先的构想会引出更多无谓的理论层面的争论。而一种可能的有效结合方式就是针对当下的理论难点问题，发挥各自的理论优势提出解决方案，即在实践中探索和实现二者的结合。

四、以共同富裕为例

在二十大报告中，习近平总书记明确提出"中国式现代化"的概念，并对其所蕴含的丰富内涵做了具体的说明：

> 中国式现代化是人口规模巨大的现代化，是全体人民共同富裕的现代化，是物质文明和精神文明相协调的现代化，是人与自然和谐共生的现代化，是走和平发展道路的现代化。

在这五个内涵中，应以"共同富裕"作为核心。因此，选取"共同富裕"作为探索"第二个结合"的切入点似乎是一个不错的选择。

在2021年2月25日举行的全国脱贫攻坚总结表彰大会上习近平总书记庄严宣告，中国历史上第一次消灭了绝对贫困，这是前所未有的伟大成就。接下来，我们面临的更大的挑战是消除相对贫困，实现共同富裕。但相比于绝对贫困，相对贫困本身就蕴含着巨大的理论难题，因为相对贫困是没有明确标准的，它无法用一个确定的数字去衡量。庄子在《齐物论》中曾言："天下莫大于秋毫之末，而泰山为小；莫寿于殇子，而彭祖为夭。"[10]这是说大小夭寿并没有一个统一的标准，而是根据所比较对象的不同随时发生变化的。相对贫困就是如此，如果我和最富有的人比，我永远都会觉得自己是贫困的。因此，要想实现共同富裕首先要解决标准问题。对此，我们可能要借助孟子论王道政治时候的思想，即"养生丧死无憾，王道之始也。"这不是一个数字化的定量标准，而是以人民的生存感受作为标准，所以具有普世性。当然不同时代养生丧死无憾的标准也是千差万别的，孟子在他的时代确定的标准是七十食肉五十衣帛和乐岁终身饱凶岁免于死亡。但这个标准在今天显然是不适用，今天要做到"养生丧死无憾"，恐怕要让百姓在住房、医疗、教育等方面没有后顾之忧。当然，在具体的内容上可以做进一步的探讨，但将"养生丧死无憾"作为共同富裕形式上的标准似乎是合适的。

接下来就是如何去实现这一目标的问题。对此，南宋思想家郑伯谦在其《太平经国之书》中提出了几个富有启示的观念，他以民生为标准来衡量不同的治理方式。他认为最好的治理是与民为生，其次是任民自为生，最糟糕的治理是民众无以为生。其中，"与民为生"就是政府想方设法帮助百姓创造各种收入来源这确实为我们提供了某种实现共同富裕的途径。[11]但是在今天这种生产方式下要如何实现与民为生呢？这就要借助于马克思的相关理论了，在巴黎时期马克思曾给我们留下一部非常重要的手稿，即《1844年经济学哲学手稿》。这部手稿由三个笔记本组成，在笔记本I中马克思用两道竖线将整个笔记本分成三个栏目，然后分别写上工资、资本的利润和地租作为每个栏目的标题。

马克思这一并列本身就极富洞见，因为它向我们揭示了生活在今天这个世界中所有人的收入来源，也使我们认识到造成人与人之间巨大贫富差异的根源并不在于工资，而是在于由资本与土地所带来的收益上。

接着马克思在每个专栏下，向我们描述了拥有不同收入来源的群体迥异的生存状况。首先，是"工资"。在这一专栏下，马克思首先界定了何谓工资。

> 工资决定于资本家和工人之间的敌对的斗争。胜利必定属于资本家。资本家没有工人能比工人没有资本家活得长久。资本家的联合是很通常而卓有成效的，工人的联合则遭到禁止并会给他们招来恶果。此外，土地所有者和资本家可以把产业收益加进自己的收入，而工人除了劳动所得既无地租，也无资本利息。所以，工人之间的竞争是很激烈的。[12]

接着，他向我们描述了在三种社会状态下——财富增长、财富饱和以及财富衰退——拿工资的人的生存境遇。非常明显，由于工资水平受社会对劳动供需关系的影响，所以在财富饱和和财富衰退的社会状态下，依靠工资为生的人的命运是非常悲惨的。只有一种状况对

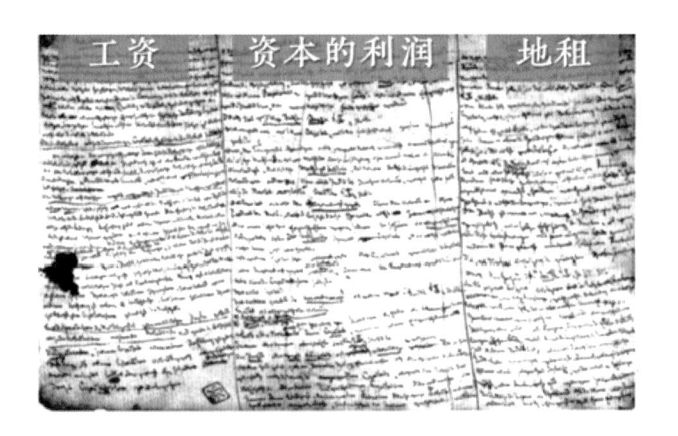

拿工资的人有利，即社会财富高速增长的时候，因为此时对劳动力的需求是大于供给的。但工人要想拿到更高的工资，则要付出更多的时间，有的时候甚至是自己的健康。因此，最后的结论是"在社会的衰落状态中，工人的贫困日益加剧；在财富增进的状态中，工人的贫困

具有错综复杂的形式;在达到繁荣顶点的状态中,工人的贫困持续不变。"[13]

而资本则是"对劳动及其产品的支配权。资本家拥有这种权力并不是由于他的个人的或人的特性,而只是由于他是资本的所有者。他的权力就是他的资本的那种不可抗拒的购买的权力。"马克思进一步对资本的本质及其特征做了说明:

> 什么是资本?资本就是积累的劳动……资金只有当它给自己的所有者带来收入或利润的时候,才叫作资本。[14]

在马克思看来,金钱并不直接等同于资本,只有不断寻求自身增值的钱才是资本。因此,资本必然以营利作为目标。但营利包括合理利润率和超额利润率的差别,资本会想方设法追求超额利润的,于是马克思在《手稿》中列举了几种实现超额利润率的方式,比如通过商业秘密,把产品限制在特定的产区等等,但最有效的还是通过垄断。这些方式在实现超额利润的同时,必然会对消费者产生损害。而要想减少资本的利润,唯一有效的方式就是竞争。这与我们今天的常识并无矛盾,但马克思立即指出在何种情况下竞争才是可能的,他写道:"只有当资本增加而且分散在许多人手中的时候,竞争才有可能。"但竞争绝不是终点,因为竞争总要分出胜负,那结果是怎样的呢?马克思在《手稿》中向我们展示了那个令人绝望的结果:大的资本必然会战胜小的资本,"竞争的必然结果是资本在少数人手中积累起来,也就是垄断的更可怕的恢复;最后,资本家和靠地租生活的人之间、农民和工人之间的区别消失了,而整个社会必然分化为两个阶级,即有产者阶级和没有财产的工人阶级。"[15]

最后,马克思向我们描述了土地所有者的生存状况,他说:

"在这三大阶级中，土地所有者是这样一个阶级，他们的收入既不花劳力也不用劳心，而是所谓自然而然地落到他们手中的，并且用不着进行任何谋算和计划。"[16]

通过马克思的描述，我们了解到现今社会造成贫富差异的直接原因就在于收入来源之不同，有些人仅仅依靠工资而活，而有些人则拥有资本的利润和土地的收益。对于这一点，今天有些经济学家已经有所察觉，并提出应该在劳动所得税之外，加征资本和土地的收益税，以减小贫富差异。但后来马克思通过唯物史观的创立将这一问题继续深入推进至生产的领域，分配环节的差异实际上在生产环节就已经被决定了，所以马克思后来将《手稿》中提及的分配环节的三个概念：工资、资本的利润和地租，转化为生产环节的概念：资本、土地所有制和雇佣劳动。[17]所不同的是，按照其在社会中所起的作用，将资本排在了第一位，这也是马克思优先撰写《资本论》的原因。而中国作为社会主义国家的制度优势就在于资本（部分）和土地这些生产资料都是掌握在国家手中（全民所有），而非掌握在私人手中。这为国家实现"与民为生"提供了必要的所有制基础和条件，即可以将国有资本和土地的收益向全民共享，也为我们最终实现共同富裕提供了理论和现实两个层面的支撑。

（作者系国际关系学院公共管理系教授）

注释

[1]《墨子校注》，吴毓江撰，孙启治点校，中华书局，1993年10月，第109页。
[2]彭晓光：《自由派：百年边缘》，《环球财经》2011年第二期。
[3]《四书章句集注》，中华书局，1983年10月，第65页。
[4]《四书章句集注》，中华书局，1983年10月，第7页。

〔5〕《二程集》"河南程氏遗书卷第二上"，中华书局，1981年7月，第38页。

〔6〕关于说服力的问题，并不是本文探讨的重点，但这一问题在言说道理时至关重要。可参考陈来先生的《仁学本体论》（生活·读书·新知三联书店，2014年6月，第23页）

〔7〕关于"异化"，可参见马克思《1844年经济学哲学手稿》；关于"虚无"，可参见诺伦·格尔茨《虚无主义》。

〔8〕郭建宁：《用马克思主义真理力量激活中华文明》，《北京日报》2021年12月13日。

〔9〕参见张志强：《为什么说中国不会成为另一个西方国家？》。

〔10〕《庄子集释》，中华书局，1961年7月，第79页。

〔11〕[宋]郑伯熊、郑伯谦撰：《二郑集》，周梦江点校，上海社会科学出版社，2006年3月，第133页。

〔12〕《马克思恩格斯全集》（第二版）第三卷，人民出版社，2002年10月，第223页。

〔13〕《马克思恩格斯全集》（第二版）第三卷，人民出版社，2002年10月，第230页。

〔14〕《马克思恩格斯全集》（第二版）第三卷，人民出版社，2002年10月，第238—239页。

〔15〕《马克思恩格斯全集》（第二版）第三卷，人民出版社，2002年10月，第266页。

〔16〕此是马克思引亚当·斯密之语，《马克思恩格斯全集》（第二版）第三卷，人民出版社，2002年10月，第253页。

〔17〕参见《政治经济学批判》（第一分册）"序言"部分，《马克思恩格斯全集》（第二版）第三十一卷，人民出版社，1998年12月，第411页。

为什么"第二个结合"是又一次思想解放

◎ 赵金刚

解放思想是马克思主义的精髓,马克思主义发展的历程本身就是不断解放思想的产物。人们在一定时期的实践,会不自觉地产生"路径依赖",而具体的社会政治经济形势则在不停地变化,这就需要通过思想解放打破"路径依赖",思考新理论、新方法;同样地,面对一定情势下的社会问题,人们由于自己立场、处境的不同,也会产生对未来的不同看法,出现思想上的争衡,这也需要通过思想解放,把握方向、寻求共识、推进实践。当前中国正处于"百年未有之大变局",正处在从"第一个百年"历史使命的完成转向"第二个百年"新征程的关键时期,迫切需要一次思想解放,引领未来,"两个结合"特别是"第二个结合"的提出,正当其时。

习近平总书记强调,"经过长期努力,我们比以往任何一个时代都更有条件破解'古今中西之争',也比以往任何一个时代都更迫切需要一批熔铸古今、汇通中西的文化成果"。这是站在中国近现代历史纵深、立足中国现代化成就所做出的重要论断。自鸦片战争中国打开国门，开启现代化的历程之日起，中国的思想界就面临着"古今东西之争"这一思想困局；中国共产党人带领中国人民所开展的"第一个百年"的历史实践，也是努力超越"古今中西之争"，走出中国式现代化道路的奋斗历程。如今我们开启"第二个百年"新征程，也面临着思想领域上的"古今中西之争"，而要化解"古今中西之争"就需要以"第二个结合"为思想引领，这是"第二个结合"作为又一次思想解放的重要意义。

现代化本身亦意味着对自身传统的扬弃，而非西方国家的现代化，首先就要面对自身文化主体和西方文化之间的关系，非西方国家的现代化，在物质层面上讲，不得不以"西方化"为参照。中国的现代化，就是从学习西方的器物文明开始的。"西方经验"成为解决"中国问题"的重要"路径"，当我们面对现实的各种问题时，似乎各种各样的"西方经验"总可以成为我们的"灵丹妙药"。在"有用"的西方经验的面前，一部分知识分子甚至主张"全盘西化"，而当我们的现代化面临挫折时，总有人认为是中国自身的思想因素在"作祟"，必须通过不断的以西方为标准进行启蒙，才能解决我们现代化的问题。还不够西方、还不够现代成为他们面对困局时的"路径依赖"，时至今日持此种主张者依旧有人在。

但西用不一定总有用，学习西方现代化的同时，也会产生种种现代病，西方自身也面临着现代性的危机。近代以来，已经有知识分子看到这一处境，并主张应用中国传统解决现代病，"要现代化，不要现代病"成为这些知识分子的主张，但是如何能够实现这一目标，对于很多当时中国的知识分子来说，依旧迷茫。而随着中国现代化的成功、随着现代性问题的突显，则产生了与"全盘西化"同样极端的"复古"思潮，认为现代中国的种种问题，是因为丢弃了传统造成的，他们心中有一传统的理想国，认为只要恢复传统，似乎能马上解决当下中国的各种问题。这一思想倾向，在新世纪传统文化复兴的背景下，在对西方现代性反思的潮流中，赢得了一部分人的青睐。

其实无论是全盘西化，还是复古思潮，在面对持续推进的中国现代化时，都有急功近利、"短平快"的心态在其中。而这两种心态，"西式启蒙"与"神话传统"的交织，也是"第二个结合"作为思想解放所要直接对峙的"心态"。

马克思主义之所以能在中国落地生根，一个重要原因就在于马克思主义的基本理论，特别是唯物史观，对解决中国近现代的古今中西问题具有重大的理论引领意义。马克思主义不断中国化的过程，本身就是化解古今东西之争的思想历程。马克思主义基本原理并不否认民族文化对于一个国家现代化的意义，中国马克思主义更是强调民族形式、民族价值对于丰富马克思主义原理的重要意义，不预设古今东西的刻意对立，而是用辩证法合理的处理各思想文化的关系，因时、因世、因势的解决文化问题。当今，人类的现代化面临着未来道路的选择，新冠疫情更使得人们反思西方现代化模式的有效性，中国的发展也不能够依赖过去的路径，而需要用新的理论引领中国未来的发展。"第二个结合"申明了，中华民族现代文明，既不能走全盘西化的路向，也不能走复古的老路，防止在"西式启蒙"与"神话传统"之间走极端，我们要用发展的马克思主义解决实际问题，而不是用教条的理论面对变动的实践。第二个结合强调马克思主义基本原理同中华优秀传统文化相结合，即强调用马克思主义激活中华优秀传统文化，又强调以中华优秀传统文化丰富马克思主义的内涵，这阐明了马克思主义与中华文化的关系，指明了中华文明发展的未来方向。"第二个结合"是破解古今中西之争的必由之路，通过落实"第二个结合"必将能够形成指导中国式现代化的新的理论，推动21世纪中国马克思主义的新发展。

习近平总书记在"朱熹园"考察时特别指出，"如果没有中华五千年文明,哪里有什么中国特色?如果不是中国特色,哪有我们今天这么成功的中国特色社会主义道路?"这是"第二个结合"理论下的道路自信与文化自信，指明了我们自信的双重来源。"第二个结合"何以能解放思想？正因为这一理论直面中国当下思想问题，面对中国人在世界变局中的思想困惑，而又能鲜明地指出一条"执中用中"的思想道路。我们相信，在"两个结合"，特别是"第二个结合"的指引下，我们必将有足够的自信，在破解"古今中西之争"的前提下，实现中华民族的伟大复兴。

（作者系清华大学哲学系副教授）

朱子与朱门后学论福文化

◎方彦寿

摘要："五福"文化是上古先儒治国理政的基本原理《洪范九畴》的重要组成部分。朱子及其后学蔡沈、真德秀和黄道周等，在前贤孔颖达的基础上，对其重新进行了解读，从而形成了独到的见解。从社会教化和社会治理的角度，将五福以及与其对应的六极，打造成限制君权、教化民众，造福或惩戒、恩威并举的利器，体现了朱子学社会治理恩威并举的思想和福泽遍斯民的造福精神和民本情怀。

关键词：朱子，蔡沈，真德秀，黄道周，福文化。

福文化的理论源头，最早可以追溯到儒学典籍《书经·洪范九畴》。《洪范九畴》是上古先儒治国理政的基本原理，"五福"是其中一个重要组成部分。五福的基本内容："一曰寿，二曰富，三曰康宁，四曰攸好德，五曰考终命。"其基本含义就是通过寿、富、康宁、好德、善终此五福，来劝导人向善。与五福对举的是"威用六极"。其基本内容："一曰凶短折；二曰疾；三曰忧，四曰贫，五曰恶，六曰弱。"[1]其基本含义是通过夭折、多病、忧愁、贫穷、丑恶、懦弱此"六极"，来警示和劝阻人们不要从恶。

唐孔颖达以"大中之义"来概括九畴的主旨，要求"人主"以"大中之道"来教化民众，九畴因此成为教化民众的道德范畴。孔颖达指出，此大中之义、大中之道，与《中庸》所谓"从容中道"，《论语》的"允执厥中"，有着相辅相成的作用。孔颖达的正义，在书经学上，对后儒产生了很大的影响。尤其是他把"皇极"解读为"大中"，视为"施政教，治下民"的"大中之道"。[2]此说在南宋朱子之前，一直在史上占据了主导地位。

一、朱子论五福文化

在书经学的研究，对洪范九畴、五福的理论研究和福文化的实践等方面，朱子都有其重要的贡献。

朱子对九畴与五福的基本认识："皇"为君主，"极"为标准。朱子认为："《洪范》一篇，首尾都是归从'皇极'上去。盖人君以一身为至极之标准，最是不易。又须'敛是五福'，所以敛聚五福，以为建极之本。又须是敬五事，顺五行，厚八政，协五纪，以结裹箇'皇极'。又须乂三德，使事物之接，刚柔之辨，须区处教合宜。稽疑便是考之于神，庶征是验之于天，五福是体之于人。这下许多，是维持这'皇极'。"[3]所谓"首尾都是归从皇极"，是将"皇极"视为《洪范》九畴的纲领，在九畴中，皇极居于统领和中心的地位。其余若干包括"五福"等范畴，都围绕"皇极"而展开，并且维持'皇极'的中心统领地位。

他不同意"孔氏传训'皇极'为'大中'"，并对"诸儒皆祖其说"的现象提出不同的看法。除了在各地讲学中，反复强调这一观点之外，还专门撰写了著名的《皇极辨》一文。本文开篇，即对以"《洛书》九数而五居中，《洪范》九畴而皇极居五"来论证"皇极"为"大中"的传统学说提出质疑。舍此之外，他另辟蹊径。他说："余独尝以经之文义语脉求之，而有以知其必不然也。盖皇者，君之称也；极者，至极之义，标准之名，常在物之中央，而四外望之以取正焉者也。故以极为在中之准的则可，而便训极为中则不可。"〔4〕

通过对《洪范》经之文义语脉的分析和解读，朱子认为，"皇极"中的"皇"是指君主而言，"极"是指标准。他说："若箕子之言，有曰'皇建其有极'云者，则以言夫人君以其一身而立至极之标准于天下也。"〔5〕这对传统的以"大中"来解读"皇极"，可以说是一个根本的颠覆。陈来认为：

> 首先，"皇极"中的"皇"是指君主而言，皇权本身并不能成为标准，君主只有按儒家思想修身正身，他的行为才能成为天下的根本标准。所以朱熹的皇极思想是对皇权的道德限制，而不是对皇权的无条件声张，这是朱熹皇极说的政治思想本质，与后世鼓吹皇权的皇极说不同。其次，作为标准的极常常树立在物的中央，四方周围都以它为标准而取正。所以，极的位置常常在中央，但极的意思并不是中，极的意思是根本标准；特别是，如果照孔安国的说法，用大替代皇，用中替代极，下文的"惟皇作极"就变成"惟大作中"，文义就完全不通了，因此以"大中"解释皇极是不正确的。总之，在概念上，朱子认为"中"是"极"所矗立的位置，不是"极"的本义，极的本义只能是最根本的标准。反对以中为极是朱子的基

本立场。[6]

皇极与九畴其他方面又是什么关系？朱子认为，皇极"既居天下之至中，则必有天下之纯德，而后可以立至极之标准。"[7]诚如陈来所言，朱子在此所强调的是，"极"是最根本的标准，而"立"此"至极之标准"的，必须要有"天下之纯德"，此纯德何在？即在九畴之中。故朱子说："故必顺五行、敬五事以修其身，厚八政、协五纪以齐其政，然后至极之标准卓然有以立乎天下之至中，使夫面内而环观者莫不于是而取则焉。"[8]何谓"面内"？即面向九畴之内；何谓"环观"？即立足皇极，依次将列于皇极之前的五行、五事、八政、五纪，和列于皇极之后的三德、稽疑、庶征、五福环绕着皇极这一中心运行。按朱子所要求的"敬五事，顺五行，厚八政，协五纪，以结裹箇'皇极'。又须乂三德，使事物之接，刚柔之辨，须区处教合宜。稽疑便是考之于神，庶征是验之于天，五福是体之于人。这下许多，是维持这'皇极'。"由此可知，所谓"面内而环观"，其目的是为了"结裹箇皇极""维持这皇极"。

具体到皇极与五福的关系，朱子认为可以从以下两个方面来认识。

（1）从君与民的互动来说，五福是"敷锡"与"锡保"的关系。他说："其（指箕子）曰'敛时五福，用敷锡厥庶民'云者，则以言夫人君能建其极则，为五福之所聚，而又有以使民观感而化焉，则是又能布此福而与其民也。其曰'惟时厥庶民于汝极，锡汝保极'云者，则以言夫民视君以为至极之标准而从其化，则是复以此福还锡其君，而使之长为至极之标准也。"[9]

"敛"是聚集；"锡"通"赐"。"敷锡"即施赐。

一方面，从君与民的角度来说，朱子将箕子所言"歛时五福，用敷锡厥庶民"，解读为"人君能建其极则，为五福之所聚，而又有以使民观感而化焉，则是又能布此福而与其民也。"此为君对民的"施赐"。

另一方面，从民与君的角度来说，朱子将箕子"惟时厥庶民于汝极，锡汝保极"，解读为"民视君以为至极之标准而从其化，则是复以此福还锡其君，而使之长常为至极之标准也。"此为民对君的"锡保"。即通过对皇极的认同，接受其教化，并且以五福回馈其君，以保持和稳固皇极标准的常态性和永久性。

（2）从社会教化的角度来说，五福以及与其对应的六极，又是人君教化民众、造福或惩戒、恩威并举的利器。

当有学生问五福与六极的关系，朱子答曰："民之五福，人君当嚮之；民之六极，人君当畏之。"[10] "人君所嚮用五福，所威用六极，此曾南丰所说。诸儒所说，惟此说好。"[11] 所谓嚮，朱门后学真德秀解读为"慕"，即向慕。人君以福泽浸润天下，引导万民追求五福；所谓威，是"畏"，即以六极、六种惩罚手段加以惩治，使人君产生敬畏和恐惧。

二、朱门后学论五福文化

1.蔡沈阐释皇极与五福的辩证关系

朱子的嫡传弟子蔡沈阐释皇极与五福的辩证关系，认为"极者，福之本；福者，极之效。极之所建，福之所集也。"皇极，作为人君治理天下的最根本标准，也是推行五福的根本；而是否能福泽天下，福润苍生，则是检验人君治理天下的得失成败之效。所以

"人君集福于上，非厚其身而已，用敷其福以与庶民，使人人观感而化，所谓敷锡也。当时之民，亦皆于君之极，与之保守，不敢失坠，所谓锡保也。言皇极君民，所以相与者如此也。"〔12〕

众所周知，《书集传》一书，朱子生前来不及完成，晚年托付给弟子建阳蔡沈。嘉定二年（1209），蔡沈不负师望，在庐峰书院圆满地完成了这部书的写作。该书继承了朱子的理学传统，在解说中摒弃了汉唐以来的烦琐考据，而立足于义理，注重于以浅明的文字解经。该书对《洪范》九畴的解读，也是完全继承和弘扬了朱子的思想。其中对"皇极"的解读是："皇，君。建，立也。极，犹北极之极，至极之义；标准之名，中立而四方之所取正焉者也。言人君当尽人伦之至。"〔13〕此"人君当尽人伦之至"，与上文陈来所说的"最根本的标准"，其实就是一个意思，即为人君治理天下和社会设立一个最高的标准。

在《书集传》中，蔡沈对五福六极的基本内容有一个解读，实际上也是将朱子散见于《朱子语类》《朱文公文集》以及其他著述中的相关观点，做了一个集中的表述。其中对五福和六极的解读如下。

五福：一曰寿，二曰富，三曰康宁，四曰攸好德，五曰考终命。人有寿而后能享诸福，故寿先之。富者，有廪禄也。康宁者，无患难也。攸好德者，乐其道也。考终命者，顺受其正也。以福之急缓为先后。

六极：一曰凶短折，二曰疾，三曰忧，四曰贫，五曰恶，六曰弱。

凶者，不得其死也。短折者，横夭也。祸莫大于凶短折，故先言之。疾者，身不安也。忧者，心不宁也。贫者，用不足也。恶者，刚之过也。弱者，柔之过也。以极之重轻为先后，五福六极，在君则系于极之建不建，在民人则由于训之行不行，感应之理微矣。[14]

2. 真德秀论皇极与五福及其"德寿观"

对皇极与五福、六极的关系，朱子后学、私淑弟子真德秀将此纳入其所建构的大学之道帝王之学之中。他说："皇极建则举世之人皆被其泽而五福应之，故尧舜之民无不仁且寿者，此人君之所当向慕也，故曰向用五福。皇极不建则举世之人皆蒙其祸，而六极随之，故桀纣之民无不鄙且夭者，此人君之所当畏惧也，故曰威用六极。《洪范》九畴，六十有五字尔，而天道人事无不该焉，原其本皆自人君一身始。此武王之问箕子之言，所以为万世蓍龟也。"[15]真德秀此说，与先儒诸如宋初胡瑗的说法有所不同。胡瑗是以五福之道劝民向善，使民众慕而归之，天下就能趋于治；以六极之道威民远恶，使民众畏而惧之，天下就能避其乱。真德秀将胡瑗的劝民向善、威民远恶的主语"民"，转变为"人君"，无形之中，已将传统的"五福六极"之说，融入他所精心建构和"衍义"的"帝王之学"思想体系之中。这对朱子的"正君心"的政治学说，是一个拓展和有益的补充。

同时，他还提出，作为人君，推行福文化要讲"絜矩之道"，提倡公平正义和道德规范。他说："故为人君者，处宫室之安，则忧民之不足于室庐；服绮绣之华，则忧民之不给于缯絮；享八珍之味则忧民之饥馁；备六宫之奉则忧民之旷鳏。以此心推之，使上下尊卑贫富贵贱各得其所欲，有均齐而无偏颇，有方正而无颇邪，此即谓絜矩之道。"[16]

针对历代帝王都希望能长命百岁的福寿观，真德秀有针对性地提出了"德寿观",并于端平元年(1234)十二月上奏宋理宗时,系统性提出了他的"德寿观"即帝王长寿之道。

其大旨有五:"一曰无逸则寿。"所谓"无逸",即作为帝王,不能贪图安勉。他引用上古的史料说:"昔周之成王盛年嗣位,周公恐其不知稼穑之艰难而乃逸也,则为书以戒王。……盖百圣相传,同此一敬。曰严恭,曰寅畏,曰祗惧,无非敬也。敬与逸豫相为消长,三宗、文王之所以能无逸者,以其敬也。"[17]以此敬畏之心,克制贪图安逸之心。何者为敬畏的对象?他提出"上敬天,下敬民,则游田不敢盘,酒德不敢恔,培养厚而根本强,持守严而心志定,是固辑福之源、曼寿之基也。"[18]敬天与敬民,儒家的天道与民本,在此得到有机的融合。

二曰亲贤则寿。亲贤臣远小人,与帝王长寿有何关系?真氏认为,其关系甚为密切。《诗经·卷阿》有言:"有冯有翼,有孝有德,以引以翼",真氏认为,"有如是之人日侍左右,然后迪其君于道而受天之福也。"[19]以故,这种关系即以贤臣迪君于道而受天之福。

三曰以孝奉先则寿。在此,真德秀提出了"王者以孝事其先,而祖宗亦以寿祉遗其后人也"。[20]

四曰仁则寿。他说:孔子论知、仁之别,而曰"仁者静",又曰"仁者寿",惟静故寿也。仁者之心,纯乎天理而无私欲之扰,故其体安定而正固,其效悠久而绵长。然静非兀然枯槁之谓也。[21]

五曰有德则寿。他说:"《中庸》称舜之孝,以为'大德者,必得其寿'。"此大德,并非生而有之,须"栽者培之",即"天之生物,因材而笃,栽培倾覆,惟所取焉。"[22]

真氏将此五条称为是儒学"圣经之格言,万世人主之药石。"

此药石，主要针对的就是"人君不知圣贤致寿之道，而溺于神仙方士之术，故汉有文成、少君，唐有柳泌、赵归真辈，皆以荒忽诞幻蛊其君，至于饵药以长年，未有不为所误者。"[23]碍于其所处的时代，真德秀只能批评汉唐的君主"溺于神仙方士之术"，其实，两宋帝王类似的现象亦层出不穷。

3. 黄道周论五福与六"殛"

在元明时期的理学家中，大多继承了朱子的皇极五福思想，而罕有新解。值得一提的是明末的黄道周，著有《洪范明义》。其中对前人习以为常的六极提出质疑。他认为，六极之极，"极，疑'殛'之讹也。经传无以'极'为咎者。"[24]黄道周的说法，的确有道理且具有说服力。在本书中，黄道周还用《易经》和中医《素问》的理论，对五福六"殛"作了深度的阐述，提出了"五福之命，得于五行。六殛之命，受于六气。"的见解。

三、朱子及其后学的造福理论与实践

1. 造福于民的朱子文化

朱子文化，是一种造福于民的文化。"国以民为本，社稷亦为民而立，"[25]出自朱子的《孟子集注》。说的是为民谋福、为民造福的民本思想。又说：

> 丘民，田野之民，至微贱也，然得其心，则天下归之；天子，至尊贵也，而得其心者，不过为诸侯耳，是民为重也。[26]

天子之心与"丘民"之心相比，孰轻孰重？朱子肯定的是后者，这是朱子民本思想的最高表述，也是对孟子"民为贵，社稷次之，君为轻"和《尚书·五子之歌》"民惟邦本，本固邦宁"思想的继承和发展。

作为地方官的朱子，他的民本思想落实在政事中，就是"恤民省赋"造福万民的民本实践。早在淳熙七年（1180年），他《庚子应诏封事》中，就已向宋孝宗提出"天下国家之大务莫于恤民，而恤民之实在省赋"，[27]把恤民省赋提到"国家之大务"的高度，这与其"国以民为本"的政治哲学思想是完全一致的。

南宋时期赋税苛重，各地的"杂派"可谓多如牛毛。朱子对此极为反感，指责"古者刻剥之法，本朝皆备。"他指出，这些与儒家民本思想背道而驰的苛政，是造成民力"重困"的根本。朱子的主要政事之一，就是要在这些苛捐杂税的包围之中杀出一条血路来，以落实其薄赋、省赋的政治主张。在南宋的士大夫中，朱子第一个提出了罢免"民所不当输，官所不当得，制之无艺，而取之无名"的苛赋；对那些"巧为科目以取之于民"的"无名之赋"，朱子主张"悉除"，即全部蠲除。

落实在荒政实践中，朱子早年在五夫，为救济乡亲，力主并亲自策划建社仓；首创了以民间储粮和社会救济的方式为特点的"朱子社仓法"，后经总结和推广，成为南宋以降荒政的一项重要制度。

两宋时期，福建以及南方不少地区都有溺婴、弃婴的恶习。从洪范九畴中"五福六极"的内容来说，五福之首是寿，通过福寿绵延等五福来劝导人向善；六极之首曰凶短折，通过夭折等"六极"警示和劝阻人们从恶。而溺婴等的恶习，凶残地剥夺了无辜婴儿的生存权，显然完全违背了先儒所传授的五福之理。以故许多儒家学者像陈襄、刘彝、朱松、朱子都写过或印过《戒杀子文》，禁止各地的这种恶习。

朱子的弟子廖德明在莆田侨知县，建仁寿庐，朱子为之书写《书廖德明仁寿庐条约后》，称赞这项举措以"先朝已坠之典，以活中路无告之人，固学道爱人之君子所乐闻而愿为者"，是造福于民之举，所以值得为之书写和推广。文末注庆元二年（1196），这一年，朱子自身处于庆元党禁的旋涡之中，却将自身置之度外，能够造福于民的事，不管什么情况，他都会去做。

朱子晚年在漳州行经界，因为得罪了利益集团，最后没有成功。为什么会得罪利益集团？行经界是针对"贫者无业而有税""富者有业而无税"的社会不公现象而采取的一项政策。"业"，在此指的是田产和土地，行经界就是丈量土地，其目标很明确，就是抑制豪强、造福百姓，故遭到了利益集团的强烈抵制。

2. 朱子福文化的义理评判标准及其若干表现

朱子认为，祸福利害、是非曲直，有一个义理的评判标准。这是朱子在书院讲学中，对他的学生灌输的一个重要观点。其最主要表现在敬与福、仁与福、孝与福等若干方面。

（1）敬与福。来自浙江永嘉的钱木之问："东莱《大事记》有续《春秋》之意，中间多主《史记》。"曰："公乡里主张《史记》甚盛，其间有不可说处，都与他出脱得好。如《货殖传》，便说他有讽谏意之类，不知何苦要如此？世间事是还是，非还非，黑还黑，白还白，通天通地，贯古贯今，决不可易。若使孔子之言有未是处，也只还他未是，如何硬穿凿说？"木之又问："《左氏传》合如何看？"曰："且看他记载事迹处。至如说道理，全不似《公》《谷》。要知左氏是简晓了识利害底人，趋炎附势。如载刘子'天地之中'一段，此是极精粹底。至说'能者养以之福，不能者败以取祸。'便只说向祸福去了，大率《左传》只道得祸福利害底说话，于义理上全然理会不得。"

这段话的大意是，祸福利害、是非曲直，首先要从义理上加以理会，不能像《左传》那样，只讲祸福利害，不讲义理。评价世事的是与非，黑与白，也要以义理为准则，以义理来评判，不能穿凿附会。

朱子认为，此义理标准，首要的是一个"敬"字。朱子批评《左传》"于义理上全然理会不得"，主要就是批评其于"敬"字上全然缺失。众所周知，朱子理学强调："敬字工夫，乃圣门第一义。彻头彻尾，不可顷刻间断了。""圣门"，指的是传统儒学阵营，第一义，是说"敬"是儒学最重要的道德修养方法。必须长驻心中，"不可顷刻间断"，所以是居敬。这是理学家最为重视的修身功夫。它讲究"内无妄思，外无妄动"，是一种端正诚实的人生态度。所以，朱子认为，评判祸福利害、是非曲直，断然离不开此"第一义"。

史载，鲁成公十三年三月，鲁成公与晋侯朝拜周简王，会同刘康公、成肃公准备一起伐秦。其时，成肃公在社庙祭祀，不敬王室，受到刘康公的批评说："吾闻之，民受天地之中以生，所谓命也。是以有动作礼义威仪之则，以定命也。能者养以之福，不能者败以取祸。是故君子勤礼，小人尽力，勤礼莫如致敬，尽力莫如敦笃。敬在养神，笃在守业。国之大事，在祀与戎。""祀"即祭祀活动，仪式庄严而隆重。"戎"是军事行动。作为"国之大事"，"敬"在礼仪中，显得特别重要，是"养以之福"或"败以取祸"的重要环节。故刘康公说"勤礼莫如致敬""敬在养神"。刘康公对成肃公的批评，就是因为在"祀与戎"两件大事上，都因这位成肃公的不敬而遭受挫折。朱子列举这个例子，批评《左传》对刘康公的"民受天地之中以生"的大段议论，只看到其中所言祸与福、利与害，却对"敬"的义理价值视而不见。这是朱子作为一个理学家，在对春秋史实的历史评判中，所不能容忍的。

（2）仁与福。仁，是孔孟儒学所提倡的最重要的道德理念。是以民为本思想在道德领域的落实，是为民造福的理论指导。朱子有一首诗说："在昔贤君子，存心每欲仁。求端从有术，及物岂无因？恻隐来何自，虚明觉处真。扩充从此念，福泽遍斯民。"

其主题就是以孔子的仁学思想为基础，扩展孟子的四端之说，特别是孟子的"恻隐之心，仁之端也"，以此扩充福泽，善待万民。

先圣有言"知者乐水，仁者乐山。知者动，仁者静。知者乐，仁者寿。"二程将此解读为"乐，喜好也。知者乐于运动，若水之流通；仁者乐于安静，如山之定止。知者得其乐，仁者安其常。"在《洪范九畴》中，寿为五福之首，朱子将此解读为"人有寿而后能享诸福，故寿先之"。对于仁者本身来说，因施行仁义，乐于安静，就能达到自身长寿的功效。朱子认为，"仁者安于义理而厚重不迁，有似于山，故乐山。动静以体言，乐寿以效言也。动而不括故乐，静而有常故寿。"仁者之福，体现在何处？体现了长寿的功效上。从五福的观点来说，这既是一种功效，也是一种福报。同时，也是儒者推行仁义思想的一种动力。

（3）孝与福。孝是儒家伦理思想的核心，是千百年来中国社会维系家庭关系的道德准则，也是中华民族的传统美德。儒家主张养生送死，是为人之子应尽的孝道，同时也是家人亲情之表现，所以自古备受重视。

《孝经》是儒家专讲孝道的典籍，相传为孔子、曾参所著。全书共十八章，主要内容教臣民行孝道，并由孝而劝忠，有利于维护封建统治，因此被历代统治者所重视。这里讲"历代统治者"，但是有一个朝代是例外，就是秦王朝。我们知道，秦始皇焚书坑儒，包括《孝经》也在被焚之列。他认为，天下百姓都是我的子民，只要对我一个人效忠就可以了，不必讲什么孝道，这样，他就把孝与忠对立了起来。秦王朝为什么会成为中国历史上最短命的王朝，不讲孝道，破坏了社会和谐的基础，是其中一个非常重要的原因！家庭是社会的细胞，而孝道则是维系一个家庭和穆最基本的道德准则，家庭不和谐，社会也就不稳定！这是必然的现象。一个不讲孝道的社会，这个社会不可能长治久安！这是秦王朝给我们的历史的警示和教训！

　　《孝经·开宗明义》就讲"夫孝，始于事亲，中于事君，终于立身"，是说，养成一个健全充分之人必须要从家庭开始，培养孝道是更好地走向社会的开端。

　　除了以上的基本认识之外，孝与福与也有密切的关系。在《仪礼经传通解》卷四中，朱子提出"婚姻，祸、福之阶梯也"的观点。也就是说，无论男女，在择婚时，首要的，就是要选择孝悌之人。选择孝悌之人，伴随的是福；否则，随之而来的是祸。在同书中，朱子指出，"《易》曰：'正其本，万物理。失之毫厘，差之千里。'故君子慎始也。《春秋》之元，《诗》之关雎，《礼》之冠、婚，《易》之乾、坤，皆慎始敬终云尔。""谨为子孙娶妇，必择孝悌世世有行义者，如是则其子孙慈孝，不敢淫暴，党无不善，三族辅之。"

　　朱门后学真德秀有诗云："鞠育当知父母恩，弟兄更合识卑尊。孝心尽处通天地，善行多时福子孙。"在此，真德秀对朱子以上所说，做了一个诗意的表达。由此可知，有福之人要从孝悌始。

"孝"是传统儒家文化的核心内容，千百年来一直作为伦理道德之本、行为规范之首而倍受推崇。《孝经》中的孝亲敬老思想具有普遍的价值，既可以成为封建社会治国安邦的良策，同样也可以为构建社会主义和谐社会提供借鉴。

朱子提倡的孝道，不仅有助于家庭和睦，而且有助于维护社会的稳定。家庭是社会的细胞，只要我们身上每一个细胞都是健康的，也就不容易得病。对于社会来讲，也是这样。在家庭教育中灌输给子女长幼尊卑的孝亲之道，培养他们一种尊敬长上、服从秩序的精神，走向社会，就也会遵守各种制度、法规的约束。

正是基于以上的认识，朱子提出，"福之兴，莫不本乎室。"也就是说，国家的振兴，民族的复兴，都要从齐家开始。他说："天下之本在国，国之本在家，故人主之家齐，则天下无不治；人主之家不齐，则未有能治其天下者也。……《书》曰：牝鸡之晨，惟家之索。《传》曰：福之兴，莫不本乎室；家道之衰，莫不始乎阃内。"

总之，朱子及其后学蔡沈、真德秀和黄道周等，在前贤孔颖达的基础上，对其重新进行了解读，从而形成了独到的见解。一方面，朱子从限制君权，为皇权立标准来解读"皇极"；在此基础上，蔡沈则作了进一步发挥，认为福泽天下，福润苍生，是检验人君治理天下得失成败的关键，所以，"人君集福于上，非厚其身而已，用敷其福以与庶民。"从而将皇极与造福万民的儒家民本思想紧密地结合起来；真德秀提出福文化要讲"絜矩之道"，提倡公平正义和道德规范；并借助五福文化，系统性提出了他的"德寿观"。朱子及其后学，从社会教化和社会治理的角度，将五福以及与其对应的六极，打造成限制君权、教化民众、造福或惩戒、恩威并举的利器，体现了朱子学社会治理恩威并举的思想，也体现了朱子学"福泽遍斯民"的造福精神和浓厚的民本情怀。

（作者系中国朱子学会常务理事，福建炎黄文化研究会副会长）

注释

〔1〕（宋）蔡沈：《书集传》卷四，《朱子全书外编》，第153页。
〔2〕（唐）孔颖达：《尚书注疏》卷十一，《钦定四库全书》本，叶16A。
〔3〕（宋）黎靖德编：《朱子语类》卷七十九，中华书局1986年版，第2048页。
〔4〕（宋）朱熹：《晦庵先生朱文公文集》卷七十二《皇极辨》，《朱子全书》第24册，第3454页。
〔5〕（宋）朱熹：《晦庵先生朱文公文集》卷七十二《皇极辨》，《朱子全书》第24册，第3454页。
〔6〕陈来：《一破千古之惑——朱子对〈洪范〉皇极说的解释》，《北京大学学报》(哲学社会科学版)2013年3月第50卷第2期。
〔7〕（宋）朱熹：《晦庵先生朱文公文集》卷七十二《皇极辨》，《朱子全书》第24册，第3454页。
〔8〕（宋）朱熹：《晦庵先生朱文公文集》卷七十二《皇极辨》，《朱子全书》第24册，第3454页。
〔9〕（宋）朱熹：《晦庵先生朱文公文集》卷七十二《皇极辨》，《朱子全书》第24册，第3455
〔10〕（宋）黎靖德编：《朱子语类》卷七十九，中华书局1986年版，2051页。
〔11〕（宋）黎靖德编：《朱子语类》卷七十九，中华书局1986年版，第2041页。
〔12〕（宋）蔡沈：《书集传》卷四，《朱子全书外编》，华东师范大学出版社2010年版，第147—148页。
〔13〕（宋）蔡沈：《书集传》卷四，《朱子全书外编》，华东师范大学出版社2010年版，第147页。
〔14〕（宋）蔡沈：《书集传》卷四，《朱子全书外编》，华东师范大学出版社2010年版，第153—154页。
〔15〕（宋）真德秀撰、朱人求点校：《大学衍义》卷二，华东师范大学出版社2010年版，第35页。

〔16〕（宋）真德秀：《西山文集》卷十八《讲筵卷子·大学絜矩章》，明张文麟、黄巩正德十五年刻本，叶18B。

〔17〕（宋）真德秀：《西山文集》卷十四《十二月奏已见札子》，同上，叶9B。

〔18〕（宋）真德秀：《西山文集》卷十四《十二月奏已见札子》，叶A。

〔19〕（宋）真德秀：《西山文集》卷十四《十二月奏已见札子》，叶10A。

〔20〕（宋）真德秀：《西山文集》卷十四《十二月奏已见札子》，叶10B。

〔21〕（宋）真德秀：《西山文集》卷十四《十二月奏已见札子》，叶11A。

〔22〕（宋）真德秀：《西山文集》卷十四《十二月奏已见札子》，叶11B。

〔23〕（宋）真德秀：《西山文集》卷十四《十二月奏已见札子》，叶11B。

〔24〕（明）黄道周：《洪范明义》卷上之下，《钦定四库全书》本，叶30B。

〔25〕（宋）朱熹：《孟子集注》卷十四《尽心章句下》，《四书章句集注》，中华书局1983年版，第367页。

〔26〕（宋）朱熹：《孟子集注》卷十四《尽心章句下》，《四书章句集注》，中华书局1983年版，第367页。

〔27〕（宋）朱熹：《朱文公文集》卷十一《庚子应诏封事》，《朱子全书》第20册，第581页。

"两个结合"是新时代推动朱子文化传承发展的根本指引

◎ 黎昕

习近平总书记在文化传承发展座谈会上指出："在五千多年中华文明深厚基础上开辟和发展中国特色社会主义，把马克思主义基本原理同中国具体实际、同中国优秀传统文化相结合是必由之路。"并强调"'第二个结合'是又一次的思想解放"。习近平总书记关于文化建设的新思想新观点新论断，内涵十分丰富，思想极为深刻，对于我们深刻理解和把握中华文明的突出特性，深刻理解和把握"两个结合"特别是"第二个结合"的丰富内涵和重大意义，更好担负起新的文化使命具有重要的指导意义，是新时代推动朱子文化传承发展，建设中华民族现代文明的科学指南。

"两个结合"是基于实践和历史经验深刻总结的"规律性的认识"，是我们取得成功的最大法宝。

2021年3月22日，习近平总书记在考察武夷山朱熹园时，鲜明指出："如果没有中华五千年文明，哪里有什么中国特色？如果不是中国特色，哪有我们今天这么成功的中国特色社会主义道路？我们要特别重视挖掘中华五千年文明中的精华，把弘扬优秀传统文化同马克思主义立场观点方法结合起来，坚定不移走中国特色社会主义道路。"2023年6月2日，习近平总书记在文化传承发展座谈会上又进一步阐释，"我们的社会主义为什么不一样？为什么能够生机勃勃充满活力？关键就在于中国特色，中国特色的关键在于'两个结合'。"

"两个结合"是习近平总书记从坚持和发展马克思主义的战略和全局高度，创造性提出的重要思想，"是我们在探索中国特色社会主义道路中得出的规律性的认识，是我们取得成功的最大法宝。"我们党之所以能够领导人民在一次次求索、一次次挫折、一次次开拓中不断取得胜利，根本在于坚持把马克思主义基本原理同中国具体实际相结合、同中华优秀传统文化相结合，不断推进马克思主义中国化时代化。

中国特色社会主义是科学社会主义理论和中国社会发展历史逻辑的辩证统一，是根植于中国大地和中华文化沃土，反映中国人民意愿，适应中国和时代发展进步要求的科学社会主义，深受中华优秀传统文化的滋养。习近平总书记指出："坚持和发展马克思主义，必须同中华优秀传统文化相结合。只有植根本国、本民族历史文化沃土，马克思主义真理之树才能根深叶茂。"马克思主义和中华优秀传统文化来源不同，但彼此存在高度的契合性。"结合"的前提是彼此契合，所谓"契合"，就是两者之间存在着内在的一致性，相互契合才能有机结合；"结合"的结果是互相成就，造就了一个有机统一的新的文化生命体，让马克思主义成为中国的，中国优秀传统文化成为现代的，让经由"结合"而形成的新文化成为中国式现代化的文化形态；"结合"筑牢了道路根基，让中国特色社会主义道路有了更加宏阔深远的历史纵深，拓展了中国特色社会主义道路的文化根基；结合打开了创新空间，特别是"第二个结合"是又一次的思想解放，让我们能够在更广阔的文化空间中，充分运用中华优秀传统文化的宝贵资源，探索面向未来的理论和制度创新。

中华优秀传统文化是我们党创新理论的"根"。"结合"巩固了文化的主体性，习近平新时代中国特色社会主义思想将马克思主义同中华优秀传统文化融会贯通，开启了新时代的又一次思想解放，这一理论创新既是文化主体性的最有力体现，也为锻造中华民族现代文明的主体力量提供了思想法宝。

把马克思主义同中华优秀传统文化相结合，是我们党对马克思主义中国化时代化历史经验的深刻总结，是对中华文明发展规律的深刻把握，表明我们党对中国道路、理论、制度的认识达到了新的高度，表明我们党的历史自信、文化自信达到了新的高度，表明我们党在传承中华优秀传统文化推进文化创新的自觉性达到了新的高度。新征程上，只有把马克思主义基本原理同中国具体实际相结合、同中华优秀传统文化相结合，坚持运用辩证唯物主义和历史唯物主义，才能正确回答时代和实践提出的重大问题，始终保持马克思主义的蓬勃生机和旺盛活力。"两个结合"拓展了马克思主义中国化时代化的丰富内涵，为在新起点上推动文化传承和繁荣昌盛，为建设中华民族现代文明和社会主义文化强国提供了根本遵循。

朱子文化鲜明体现了中华文明的突出特性，其中许多思想观点与科学社会主义核心价值观主张具有高度的契合性。

中华文化源远流长，中华文明博大精深。习近平总书记指出：

中华优秀传统文化有很多重要元素，共同塑造出中华文明的突出特性。即突出的连续性、突出的创新性、突出的统一性、突出的包容性、突出的和平性。中华文明的这些突出特性，是中华民族的文化基因，是我们国家和民族的精神血脉和价值导向。

朱子文化是中华优秀传统文化的重要组成部分，鲜明地体现了中华文明的突出特性。朱子文化的核心是朱子思想。朱子作为我国古代继孔子之后最重要的思想家，接"斯文"、续"道统"，"继往圣""开来学"是其一生的精神抱负和使命担当。他从其所处的时代条件和社会需求出发，"致广大，尽精微，综罗百代"，以孔孟思想为主干，以《易》《大学》《中庸》为理论基础，在广泛继承、吸收周敦颐的太极说、二程的天理论、张载的气论，并加以创造性转化的基础上，对孔子以下的学术思想也作了批判性地综合，融合儒佛道，不仅集理学思想之大成，而且集儒学以至中国学术思想之大成，把自然、社会、人生、思维等方面的问题熔于一炉，构建起一个包括理气、心性、修养、教化为主要内容的广博精微的思想体系，不仅使先秦儒学精神在新的历史条件下得以弘扬和复兴，而且给传统的学术思想注入了新鲜血液，在孔孟思想的基础上锻造出适应时代需要的新原理，达到了当时理论思维的高峰。他着眼于当下思想文化的创新发展，注重思想文化的根源性、连续性，通过对尧舜、孔孟至周程道统的重建，把儒家的道统奠定为中华传统文化一脉相承、生生不息、持续发展、内含丰富价值意涵的一种精神传统，并从本体论方面把孔孟以来的儒家圣人之道提到了天理天道的高度，从而使儒家文化在学术上以及政治上的正统地位得以确立。他在充分肯定"六经"历史地位的同时，通过对儒家经典系统的重新整理和评述，倾注毕生精力完成了《四书章句集注》，在

"六经"的基础上确立了《四书》的新经学，不仅使儒家文化的思想精神得到更为集中的体现，而且对推动儒学的制度化和社会化的双重转化起到了关键性的推动作用。正是由于朱子文化自身始终是处在一种继承、发展、创新的动态之中，与时迁移，应时变化，在与各种文化样式的交流交融中，始终坚持文化的主体性和统一性，以开放包容的姿态，不断地吸收各种思想的源头活水，并进行创造性的转化和创新性的发展，在兼收并蓄、博采众长中不断发展自己，所以才能有持久的生命力和广泛的普适性，对12世纪以后的中国、东亚以至世界产生重要和深远的影响。

朱子文化是我国南宋以后社会的主流思想和主体文化，蕴含着认识世界、改造世界、治国理政、道德建设等思想智慧，其中的许多思想观念与科学社会主义核心价值观主张高度契合。

如在治国理政方面，朱子强调"国以民为本，社稷亦为民而立"，"王道以得民心者为本"的民本思想与我们党提出的坚持以人民为中心的思想；朱子强调"民富，则君不至于独贫，民贫，则君不能独富"，"天下国家之大务莫大于恤民"，"与民同乐者，推好乐之心行仁政，使民各得其所也"的惠民利民、安民富民的思想与社会主义共同富裕的本质要求；朱子强调"明明德""公天下"，主张"德治与重刑并用"的思想与坚持依法治国与以德治国相结合；朱子认为"平易近民，为政之本"，"大抵守官以廉勤爱民为本"，"官无大小，凡事只是一个公，若公时，做得来也精彩，便若小官，人也望风畏服。若不公便是宰相，做来做去也只得个末下梢"。强调为官要平易近民、清廉自守、秉公办事与我们党倡导的密切联系群众，清正廉洁、秉公用权的要求等，都存在许多相通的地方。

又如在道德建设方面，朱子重视道德教化，提倡内在修养和外在功业完美结合的人格自觉，强调"地位清高，日月每从肩上过，门庭开豁，江山常在掌中看"的天下兴亡、匹夫有责的使命担当与中国共产党为人民谋幸福，为中华民族谋复兴，也为人类谋进步，为世界谋大同的使命追求；朱子的理欲观、义利观主张要以道德理性、道德原则来节制、规范个人物质欲求和利益，认为只有用人的社会属性来规范人的自然属性才能达到人性的完善等与社会主义核心价值观的要求也有许多契合之处。

再如，朱子以"天人一理"解述"天人合一"的古老命题，揭示了宇宙万物、自然法则与社会伦理、自然秩序与社会和谐、宇宙运行与人类使命之间的化育共生关系，强调人在自然的关系中要"顺时爱物"，把追求人与自然的和谐作为最高目的的生态智慧与马克思主义关于人与自然关系的思想，特别是人与自然和谐共生的生态文明价值理念；朱子主张"贵和谐，尚中道"，倡导"天下平""大一统天下"的儒家思想与我们维护国家统一，反对分裂的坚定意志；朱子用"理一分殊"理论来阐明世界万物普遍与特殊，统一与差异的关系的思想与构建人类命运共同体等也都具有高度的契合性。

这些思想智慧，对于我们在新的时代条件下，提高治国理政能力、涵养社会主义核心价值观，建设生态文明社会，增强台湾同胞文化认同、促进祖国和平统一，构建人类命运共同体等都具有重要的启发作用。

在"两个结合"中推动朱子文化传承发展，为建设中华民族现代文明夯实历史文化根基。

深入把握时代特征，以马克思主义真理的力量激活朱子文化的生命力。创新创造是文化的生命所在。中华文明之所以历经沧桑而不辍，成为世界上唯一没有中断的文明，一个极为重要的原因就是其具有突出的创新性。习近平总书记指出：文明永续发展，既需要薪火相传，代代守护，更需要顺时应势，推陈出新。世界文明历史揭示了一个规律：任何一种文明都要与时偕行，不断吸纳时代精华。习近平新时代中国特色社会主义思想是坚持"两个结合"的典范，是当代中国的马克思主义、二十一纪的马克思主义，是中华文化、中国时代精神的精华。在中国特色社会主义新时代，推动朱子文化传承发展，必须坚定自觉地以习近平新时代中国特色社会主义思想为指导，用马克思主义观察时代、把握时代、引领时代，牢牢把握创造性转化和创新性发展这一新时代传承发展中华优秀传统文化的基本原则，把握好"守"与"变"的关系，继承和发展的关系，坚持守正创新，坚持古为今用，推陈出新，顺就新时代发展潮流和发展趋势，不断赋予新的内涵和现代表达方式，做到守正不守旧，尊古不复古，以守正创新的正气和锐气，赓续历史文脉，谱写当代华章。

抓住融通与契合之处，深化朱子文化丰富内涵的挖掘、研究和阐释。习近平总书记指出：中华优秀传统文化是中华文明的智慧结晶和精华所在，是中华民族的根和魂，是我们在世界文化激荡中站稳脚跟的根基。坚持和发展马克思主义，必须同中华优秀传统文化相结合。朱子文化博大精深，蕴含着丰富的思想精华。新时代推动朱子文化传承发展，要立足中华民族伟大历史实践和当代实践，坚持问题导向，以提炼马克思主义与朱子文化的相互融通和内在契合之处为着力点和切入点，运用马克思主义的立场、观点和方法，深入挖掘朱子文化的思想精华，把马克思主义思想精髓同中华优秀传统文化精华贯通起来，同人民群众日用而不觉的共同价值观念贯通起来，充分吸收其中蕴含的治国理政的思想智慧、格物究理的思想方法、修身处世的道德理念，推动二者有机结合，不断夯实马克思主义中国化时代化的历史基础和群众基础，拓展中国特色社会主义道路的文化根基，使马克思主义呈现出更多中国特色、中国风格、中国气派，不断推进马克思主义的中国化时代化，让马克思主义在中国牢牢扎根，更好地指导中国实践。

聚焦新时代新的文化使命，进一步打响朱子文化品牌。习近平总书记强调：在新的起点上继续推动文化繁荣、建设文化强国、建设中华民族现代文明，是我们在新时代新的文化使命。福建是朱子理学的重要发源地，朱子文化是福建最靓丽的文化名片之一。新时代推动朱子文化传承发展，要紧紧围绕新时代新的文化使命，坚定文化自信，不断深化对文化建设规律性的认识，把进一步打响朱子文化品牌作为文化强省的重中之重。在加大朱子文化遗产保护，深化朱子文化精髓研究和阐释的基础上，坚持以社会主义核心价值观为引领，与当代文化相适应，与现代社会相协调，把弘扬优秀传统文化与发展现实文化有机统一起来，使之与现实文化相融相通。按照时代特点和要求，对朱子文化中适合于调理社会关系和鼓励人们向上向善的内容，结合时代条件加以继承，对至今仍有借鉴价值的内涵和陈旧的表现形式加以改造、补充、拓展、完善，赋予其新的时代内涵和现代表达形式。扎根百姓日常生活，以人们喜闻乐见、具有广泛参与性的方式，加强朱子文化的宣传推广，适应传播领域移动化、社交化、可视化的趋势，创新朱子文化传播方式，讲好"朱子故事"，增强其影响力和感召力，做到被人民群众日用而不觉。坚守中华文化立场，推动海峡两岸朱子文化交流，增强台湾同胞对中华文化的认同，拓展国际性的朱子文化交流，深化文明互鉴，推动中国文化更好走向世界，探索文化与经济发展融合的路径，促进朱子文化与文旅等产业相融共促，打造立体的朱子文化产业链。

不忘本来才能开辟未来，善于继承才能善于创新。我们只有始终不渝地坚持"两个结合"，才能不断地激活朱子文化的内在生命力，让包括朱子文化在内的中华优秀传统文化成为中国现代人类文明新形态的重要底色，为中华民族的伟大复兴提供源源不断的精神动力和文化滋养，夯实历史文化之基，建设中华民族的现代文明。

（作者系福建社会科学院原副院长、研究员，省闽学研究会会长）

马克思主义基本原理同中华优秀传统文化相结合的理论意蕴

◎王岗峰

摘要："两个结合"原本一体，相互融合，在哲学最高层面概括马克思主义中国化内涵，我们党内最早提出马克思主义中国化的思想，就是在处理马克思主义与中华文化关系时提出的。马克思主义基本原理同中华优秀传统文化相结合具有历史必然性，在中国文化发展史上，发生三次重大的外来文化的中国化过程：汉代以来的佛教中国化，晚清以来的西方文化中国化和五四运动以来的马克思主义中国化。"第二个结合"是又一次的思想解放，是在更广阔的文化空间守正创新。

关键词："两个结合"，理论创新。

党的二十大把"两个结合"看着是"开辟马克思主义中国化时代化新境界"："中国共产党人深刻认识到，只有把马克思主义基本原理同中国具体实际相结合、同中华优秀传统文化相结合，坚持运用辩证唯物主义和历史唯物主义，才能正确回答时代和实践提出的重大问题，才能始终保持马克思主义的蓬勃生机和旺盛活力。"

"第二个结合"是又一次的思想解放，是对党的理论的又一重大创新，开创了我们党理论创新的新格局。

一、"两个结合"原本一体，相互融合，在哲学最高层面概括马克思主义中国化内涵

我们党内最早提出马克思主义中国化的思想，就是在处理马克思主义与中华文化关系时提出的。1938年10月，毛泽东在中共六届六中全会做的政治报告《论新阶段》中，在强调学习时首先指出，我们党必须要对革命理论、历史知识和实际运动三个方面深刻了解，才能取得胜利。在谈到第二方面，即学习历史遗产时，毛泽东谈得最多。毛泽东同志指出："今天的中国是历史的中国的一个发展；我们是马克思主义的历史主义者，我们不应当割断历史。从孔夫子到孙中山，我们应当给予总结，承继这一份珍贵遗产。这对于指导当前的伟大的运动，是有重大的帮助的。"紧接着，毛泽东又说："但是马克思主义必须和我国具体特点相结合并通过一定的民族形式才能实现……离开中国特点来谈马克思主义，只是抽象的空洞的马克思主义。因此，使马克思主义在中国具体化，使之在其每一表现中带着必须有的中国的特性，即是说，按照中国的特点去应用它，成为全党亟待了解并亟须解决的问题。"[1]

毛泽东同志的这段话，首先，把我们现在从事的伟大运动看作是历史的中国的一个发展，是数千年中华文化的延续，这种观念对于指导当前的伟大的运动同样具有重要作用。毛泽东思想、中国特色社会主义理论不是与中华文化截然不同的两种文化，而是从孔夫子到孙中山的中华文化的发展。其次，这是在我们党内最早提出马

克思主义中国化的思想。"中国的特性"是什么？概括起来关系到两个方面：一是包括中国革命在内的实际问题，这是具体实践；二是源远流长、博大精深的中华文化，一定的民族形式，这是间接实践。这才能涵盖马克思主义在中国具体化的每一表现。

这是在哲学最高层面概括马克思主义中国化内涵。根据唯物辩证法对立统一规律核心矛盾普遍性和特殊性辩证关系原理：矛盾的普遍性和特殊性相互联结，特殊性离不开普遍性，普遍性寓于特殊性之中。矛盾的普遍性和特殊性在一定条件下相互转化。马克思主义普遍真理寓于各国社会历史发展的特殊性之中，各国的社会主义革命与建设实践的总结，又丰富和发展马克思主义。马克思主义中国化是把马克思主义普遍真理和中国具体特点相结合，解决中国革命、建设和改革的实际问题，并把其实践提升为理论，为丰富和发展马克思主义做出自己的贡献。

中国具体特点体现在两个方面存在：一是中国现实运动的实际问题，这是中国现代人经历的具体实践；二是中国优秀传统文化，这是历史上中国古代人经历的间接实践。依据实践与认识关系原理：实践是认识的基础，认识源于实践，实践对认识具有决定作用，并强调人的认识是一个不断深化的能动的辩证发展过程。中国现代人经历的伟大运动，正在马克思主义理论指导下，不断地依据实践与认识关系原理，继续发展当代中国马克思主义、21世纪马克思主义。在这过程中，我们把马克思主义植根于中国的优秀文化之中，用中华文化诠释马克思主义并与现代人生活紧密相结合。因为中国的优秀传统文化本质上也是源于实践，而且是几千年中国人民实践的总结，并历经无数次实践的检验而保留下的珍贵文化遗产，它无意识地潜藏在人们生活的方方面面。离开这两个中国特点来谈马克思主义，必然走向教条主义和历史虚无主义。对于第一个特点，自延安整风运动以来，我们党确立了实事求是的思想路线，克服了长期盛行的把马克思主义教条化、把共产国际指示神圣化和绝对化的错误倾向，扫清了马克思主义中国化的障碍，极大地推动了它的历史进程。对于第二个特点，我们的认识也在不断地深化中。

二、马克思主义基本原理同中华优秀传统文化相结合的历史必然性

我们在吸收包括马克思主义在内的外来文化中，绝不能抛弃我们自己的中华文化，反而，必须使外来文化与中国优秀传统文化相结合。在中国文化发展史上，发生三次重大的外来文化的中国化过程：汉代以来的佛教中国化，晚清以来的西方文化中国化和五四运动以来的马克思主义中国化。

在佛教中国化过程中，汉代，佛成为中国传说中的天地神仙。魏晋，佛经译家僧肇"格义佛学"糅合了当时的"贵无"与"崇有"两派思维并以此诠释般若学，提出了"契神于有无之间"的观点，其将佛教玄学与魏晋玄学的思维做了总结性的融通。隋唐，佛教与儒教、道教相互交流、融合，共同发展，达到了鼎盛时期，出现中国化佛教——天台宗、三论宗、法相唯识宗、律宗、华严宗、密宗、净土宗、禅宗等并传播到日本、朝鲜，并在那里又产生了新的流派。宋代，主要流传的是禅宗，这一时期，中国佛教各宗派已走向融通。与印度佛教相比，简易性成了中国佛教的基本特征：东晋慧远大师创立的净土宗提出了"称名念佛"的易行道，唐代禅宗六祖慧能提出"不立文字，教外别传；直指人心，见性成佛。"禅

宗的丛林制度和清规的建立，尤其一天不劳动就一天不得食规定，使寺庙行为方式与中国自给自足的社会生产方式和生活方式一致起来，佛教完全中国化了。当印度佛教因为内部的密宗化和外部伊斯兰教的入侵而消亡，而中国成了世界佛教的中心，它的信仰深入民间，"家家阿弥陀，户户观世音"正是其忠实的写照。

晚清以来的西方文化中国化，有被梁启超称之为"中体西用"的"最乐道之"者、新洋务派领袖张之洞，他在《劝学篇》的《会通》章中，罗列了近代西方学术、技艺、教育、风俗习惯等，甚至中国还无法实行的议院制，都与中国古代典籍经义有相通之处。除了"改制"这敏感问题，他关于中西文化义旨相通的议论，与康梁"新学"几乎没什么差别。康有为认为，西方文化还是来自中国，与中国经义相通："政治学最美者，莫如吾六经也。尝考泰西所以强者，皆暗合吾精义者也。"〔2〕张之洞西方文化中国化避开西方政治文化中国化，康有为是借孔老夫子旗号进行西方政治文化中国化。

被康有为称为"西学第一人"的严复则是"中体西用"观的批判者。他结合中国国情，创造性引进西方现代思想，力图使西方现代思想文化的中国化。严复译著《天演论》从翻译到正式出版，经过3年时间，即1895年翻译到1897年12月《国闻报》登出《天演论》导言部分，1898年6月全书出版。《天演论》改变了以儒家为核心中国思想文化传统"天不变，道亦不变"和历史循环论世界观，开辟了中国思想史上堪称现代性质的进化论时代。这时，"物竞天择，适者生存"成为社会常识，"合群保种"深入人心，救亡图强成了全民族的自觉。严复《天演论》的进化论思想成了戊戌变法的指导思想。严复把斯宾塞思想与中国传统文化，如荀子"群"

的思想，尤其是朱熹理学经义紧密联系起来。对《社会学研究》（《群学肄言》）一书，严复"窃以为其书实兼《大学》《中庸》精义，而出之以翔实，以格致诚正为治平根本矣。每持一义，又必使之无过不及之差，于近世新旧两家学者，尤为对症之药。"[3]他发现了该书一些显然可以和《大学》《中庸》等中国古代经典的经义相印证的观点，并用《大学》《中庸》等中国古代经典的经义来解析斯宾塞观点。称严复是思想家，自己是实行家的孙中山，力图使西方现代思想中国化。孙中山声称他的革命，就是要使尧、舜、禹、汤、文、武、周公、孔子的道统发扬光大。他三民主义思想中的民族主义，提出以恢复"忠孝、仁爱、信义、和平"等儒家伦理道德，作为复兴民族基础。在民权主义中提出以儒家"圣贤才智平庸愚劣"的观念讲解真平等和假平等的分野。在民生主义中提出的"天下为公"系出自儒家《礼记·礼运·大同篇》，以儒家倡导的大同主义作为民生主义和社会主义同义语。

  黑格尔曾在致沃斯的信中说："路德让圣经说德语，您让荷马说德语，这是对一个民族做出的最大贡献，因为，一个民族除非用自己的语言习知那最优秀的东西，否则这东西就不会真正成为它的财富，它还将是野蛮的。"[4]毛泽东在七十多年前召开的党的六届六中全会报告时说的"马克思主义必须和我国具体特点相结合并通过一定的民族形式才能实现"。其"通过一定的民族形式"就是号召全党要致力于马克思主义说"汉语"，用中华文化诠释马克思主义，才能使马克思主义与中国间接经验相结合，才能使马克思主义中国化。

  中华文化与马克思主义相结合，让马克思主义说"汉语"，必须有自我批判的精神，抛弃那些落后、保守、糟粕的东西，弘扬先进、创新、精华的东西。用中国文化典籍中的某些言简意赅的词句和丰富的思想资料加以引申、发挥或改造，以表述马克思主义的某些重要的原理、原则，使之成为中华民族认同的东西。

马克思主义是世界观、方法论，但它不是包医百病的灵丹妙药。马克思对于旧社会现象批判的多，但对于像中国这样古老的东方大国文明了解相对少了，他并没有为当时和现代中国设计具体的人们行为规范。中国共产党在长期艰苦斗争中形成的伦理道德规范多是针对共产党人，对于中国复杂的社会关系和伦理关系，其相对应的、能为绝大多数人接受的伦理道德规范体系尚未健全。相反，能为绝大多数人接受的，并且深入人们血脉的中国传统道德体系在大批判中被解构。正如西方人在批判现代性时，希望从中华文化中寻找药方良剂，我们完全可以近水楼台先得月，在马克思主义的世界观、方法论指导下，改造中国传统道德体系，充分利用和发挥中国文化典籍中丰富的思想，从小开始进行公民道德教育，循序渐进，有一个长远持久的运用中华文化改造国民素质工程计划。可以把中国文化的精华深入人心，如人与人交往的底线道德"己所不欲，勿施于人"；保持矛盾双方的和谐"君子和而不同，小人同而不和"；处理家庭关系，孝悌是仁的根本"孝弟也者，其为仁之本"；博爱思想"老吾老以及人之老，幼吾幼以及人之幼"；自强不息、奋发进取的精神"天行健，君子以自强不息"；海纳百川、包容万物的宽厚胸怀"地势坤，君子以厚德载物"；珍视尊严的崇高气节"三军可夺帅也，匹夫不可夺志也"；深切的民族忧患意识"乐以天下，忧以天下"等等。

三、马克思主义基本原理同中华优秀传统文化相结合是又一次思想解放

1978年《实践是检验真理的唯一标准》文章引发的一场关于真理标准问题的大讨论，冲破了"两个凡是"的严重束缚，推动了全国性的马克思主义思想解放运动，为我党重新确立马克思主义思想路线、政治路线和组织路线，做了重要的理论准备。

马克思主义思想路线是：一切从实际出发、理论联系实际、实事求是、坚持实践是检验真理的唯一标准。这场思想解放运动坚持了马克思主义与中国具体实际相结合的优良传统，用实践标准来检验社会主义，促进了中国特色社会主义理论体系的形成。邓小平关于社会主义本质的论述开启了建设中国特色社会主义的序幕，"三个代表"重要思想指出了党赢得人民群众拥护的本源所在，科学发展观回答了新世纪实现怎样发展的问题。它推动我国经济和社会发展，使我国经济总量跃居世界第二，社会空前繁荣兴盛。随着经济和社会发展，人们对于文化和精神需求的追求日益增强，什么样文化才是我们精神食粮？我们民族的血脉，人民的精神家园在何处？我们守正，是否只是坚持马克思主义基本原理？如何看待中国优秀传统文化问题日益突出。

2010年5月16日，《中国经济周刊》发表裴钰的一篇文章，说："一个朱熹，四个故里，40多亿元的盘子，圣人气象真是威武、宏大。今年10月22日，是理学大师朱熹诞辰880周年纪念日。朱圣人的大寿，引得两省四地——福建的尤溪县、建阳市和武夷山市，以及江西婺源市以'朱熹故里'为名。各自倾注地区和省域之

力，汇聚总量超过40亿元的资本项目，以作圣人'寿礼'。"〔5〕

且不说用40亿元作为朱熹寿礼是子虚乌有的事，从他"圣人气象真是威武、宏大"愤愤不平的语气中，可以看出他对于朱熹在中国思想文化史上的历史贡献缺少认识。难怪当天重要媒体就做了节目，把裴钰所谓两省四地争朱熹故里（也是子虚乌有的事），与争西门庆故里等混为一起上电台，网络上一片附和的声音。

2010年11月16日，张建光在《朱子文化》发表《子虚乌有的朱熹故里之争与巨资祝寿》一文，批驳裴钰观点。他指出，两省四地只要有重要的纪念朱熹活动，都会互相邀请，"从未存在'朱熹故里'的争议。"关于巨资祝寿的事，裴钰是把朱熹文化建设项目和其他旅游建设项目的规划投入统统说成是"以作圣人'寿礼'"。其实，纪念活动的费用只占很小的部分。张建光认为："和孔子文化一样，朱子文化具有巨大的保护价值和开发利用价值。"还引用笔者不久前发表的观点："福建师范大学王岗峰先生说，把朱子文化建设与区域经济发展统一起来，是最现实、值得称赞的好路子。"〔6〕

对朱熹及其思想在中国思想文化史上的重要地位和贡献认知的缺失，反映当时社会对中国优秀传统文化认知的缺失。朱熹总结了以往思想，尤其是宋代五子理学思想，集其大成，实现儒释道融合，建立了庞大的理学体系，其功绩为后世所称道，其思想在宋朝后期被认可，被尊奉为官学，而其本身则与孔子圣人并提，称为中国古代思想文化史上里程碑式巨人。朱熹理学作为国家意识形态，对元、明、清朝社会稳定发展起了重要作用。

在社会对于中国优秀传统文化认知迷茫之际，2011年10月15日至18日召开的党的十七届六中全会，总结了我国文化改革发展的丰富实践和宝贵经验，研究部署深化文化体制改革、推动社会主义文化大发展大繁荣，提出努力建设社会主义文化强国的任务。全会的一个重要亮点，就是培养高度的文化自觉和文化自信。胡锦涛同志在全会报告的第一大部分"充分认识推进文化改革发展的重要性和紧迫性，更加自觉、更加主动地推动社会主义文化大发展大繁荣"中，开篇第一段就提出："文化是民族的血脉，是人民的精神家园。在我国五千多年文明发展历程中，各族人民紧密团结、自强不息，共同创造出源远流长、博大精深的中华文化，为中华民族发展壮大提供了强大精神力量，为人类文明进步做出了不可磨灭的重大贡献。"这次全会培养高度的文化自觉和文化自信，提出了科学依据。文化自信是指对于我国5000多年中国人民创造的文化的自信。

文化自信与道路自信、理论自信、制度自信是什么样的关系？十八大以来，习近平高度重视文化自信，回答了这一新的时代课题。2015年11月3日，习近平总书记会见第二届"读懂中国"国际会议外方代表时强调：中国有坚定的道路自信、理论自信、制度自信，其本质是建立在5000多年文明传承基础上的文化自信。2016年5月17日，习近平总书记在《哲学社会科学工作座谈会上的讲话》中指出：我们说要坚定中国特色社会主义道路自信、理论自信、制度自信，说到底是要坚定文化自信。7月1日，习近平总书记在庆祝中国共产党成立95周年大会上的讲话中说：文化自信，是更基础、更广泛、更深厚的自信。11月30日，习近平总书记在中国文联十大、中国作协九大开幕式上的讲话又强调：文化自信，是更基础、更广泛、更深厚的自信，是更基本、更深沉、更持久的力量。

正是建立在5000多年文明传承基础上的文化自信，使我们从中国优秀传统文化认知的迷茫中解放出来，我们对于"守正创新"有了新的认识，即必须和能够在中华优秀传统文化中，寻找宝贵资源，进行理论和制度创新。习近平总书记充分运用中华优秀传统文化的宝贵资源，特别重视孔子、朱熹和严复的思想资源，在传承中华优秀传统文化中推进文化创新。

　　2014年9月24日，习近平总书记在《纪念孔子2565周年诞辰国际学术研讨会暨国际儒学联合会第五届会员大会开幕会上的讲话》中，对以孔子为代表的儒家思想做了很高评价。认为儒家思想长期居于主导地位，但始终和其他学说处于和而不同的局面之中；儒家思想顺应中国社会发展和时代前进的要求而不断发展更新的，因而具有长久的生命力；儒家思想和中国历史上存在的其他学说都坚持经世致用原则，注重发挥文以化人的教化功能。儒家思想在中国传统文化中的主导地位、长久的生命力和经世致用原则，使得它在维护民族独立和推动中国社会发展进步中发挥了十分重要的作用。习近平总书记说："中国优秀传统文化的丰富哲学思想、人文精神、教化思想、道德理念等，可以为人们认识和改造世界提供有益启迪，可以为治国理政提供有益启示，也可以为道德建设提供有益启发。"

　　习近平总书记常常引用朱熹思想运用于认识世界和党的政治建设等方面。2015年1月23日，习近平总书记在主持十八届中央政治局第二十次集体学习时，引用朱熹《孟子集注》中"事必有法，然后可成"，指出我们的事业越是向纵深发展，就越要不断增强辩证思维能力。2016年5月30日，习近平总书记在《全国科技创新大会、两院院士大会、中国科协第九次全国代表大会上发表重要讲话》中引用朱熹《四书章句集注》"穷理以致其知，反躬以践其实"，说明科学研究既要追求知识和真理，也要服务于经济社会发展。2014年6月30日，习近平总书记在主持十八届中央政治局第十六次集体学习时强调，营造良好从政环境，要从各级领导干部首先是高级干部做起。他引用朱熹的《中庸章句》"不以一毫私意自蔽，不以一毫私欲自累"要求领导干部，要艰苦奋斗、清正廉洁，正确行使权力。2018年6月29日，习近平总书记在十九届中央政治局第六次集体学习时的讲话中引用朱熹的《四书章句集注》中，在诠释《孟子》"民为贵，社稷次之，君为轻"时所讲的"国以民为本，社稷亦为民而立"。强调加强党的政治建设，要紧扣民心这个最大的政治，把赢得民心民意、汇集民智民力作为重要着力点。

习近平在福建工作期间，大力支持严复思想研究和严复精神弘扬。1993年至2001年，我省先后5次召开严复学术研讨会和严复诞辰逢十周年举办大型纪念活动，习近平总书记都以不同方式给予关注。在《1993年严复国际学术研讨会论文集》的《序言》中，他把严复称为"中国近代思想文化史上里程碑式的巨人"，并且号召我们进一步学习和发扬严复的爱国主义精神、首创精神和学贯中西的渊博思想。[7]1997年，习近平同志给"严复与中国近代化"学术研讨会题词："严谨治学，首倡变革，追求真理，爱国兴邦"。2001年，召开了"纪念严复逝世八十周年学术研讨会"，习近平同志亲自担任论文集《科学与爱国——严复思想新探》主编和作序。他在《序》中说："时至今日，严复的科学与爱国思想仍不过时。"[8]

习近平离开福建后，仍然关心严复学术研究和纪念活动。2004

年是严复诞辰一百五十周年，时任浙江省委书记的习近平同志再次向第六次严复学术研讨会发来贺信。2021年严复逝世100周年之际，3月24日，习近平总书记又亲临福州三坊七巷严复故居，这一年，正好是中国共产党诞生一百周年。人民日报发表的一篇题为"鉴往知来，跟着总书记学历史———回望严复 展望复兴"文章，说："历史在偶然中孕育必然。100年前，严复带着富国强民的期冀抱憾离去，新生的中国共产党接过历史的接力棒……"[9]

今年6月2日，习近平总书记在北京出席文化传承发展座谈会并发表重要讲话中说："第二个结合"是又一次的思想解放，让我们能够在更广阔的文化空间中，充分运用中华优秀传统文化的宝贵资源，探索面向未来的理论和制度创新。

这"更广阔的文化空间"包括马克思主义基本原理和中国优秀传统文化，强调在五千多年中华文明深厚基础上开辟和发展中国特色社会主义，中国式现代化将以中华文明高度发展为自己的特色。"两个结合"原本一体，相互融合,它经历暂时的分离，否定之否定，在高度经济繁荣的起点上，创造新的文化繁荣，建设中华民族现代文明，是我们在新时代新的文化使命。

（作者系福建师范大学马克思主义学院教授）

注释

〔1〕《毛泽东选集》第二卷 534 页；

〔2〕康有为：《日本书目志》卷五，第 743—744 页，《康有为全集》（三），上海古籍出版社，1992 年版；

〔3〕严复：《群学肄言》，商务印书馆 1931 版，第 2—3 页；

〔4〕《黑格尔通信百封》，第 202 页，1981 年，上海人民出版社；

〔5〕裴钰：《"名人故里争夺战"之九 朱熹故里：两省四地 40 亿为圣人做寿》，《中国经济周刊》2010 年第 22 期；

〔6〕张建光：《子虚乌有的朱熹故里之争与巨资祝寿》，《朱子文化》2010 年第 5 期；

〔7〕福建省严复研究会编：《1993 年严复国际学术研讨会论文集》，《序言》，第 2—3 页，海峡文艺出版社，1995 年 12 月；

〔8〕习近平主编：《科学与爱国》，《序一》，第 1 页，清华大学出版社，2001 年 12 月；

〔9〕邝西曦：《鉴往知来，跟着总书记学历史｜回望严复 展望复兴》，环球网 2021 年 3 月 24 日，转自《人民日报客户端》。

中华优秀传统文化现代化与马克思主义中国化
—— 以朱子学创造性转化、创新性发展为例

◎张建光　吴吉民

摘要：马克思主义与中国优秀传统文化相结合是回答"四问"的现实基础，是"第二个结合"的历史基础，是实现中华民族现代化，构建人类文明新形态的根本保障。

关键词：马克思主义中国化，中华优秀传统文化，朱子理学。

习近平总书记在武夷山朱熹园考察时指出："我们要特别重视挖掘中华五千年文明中的精华，弘扬优秀传统文化，把其中的精华同马克思主义立场观点方法结合起来，坚定不移走中国特色社会主义道路""要推动中华优秀传统文化创造性转化、创新性发展，以时代精神激活中华优秀传统文化的生命力"。在优秀传统文化传承与发展工作中，我们要始终坚持马克思主义的指导地位，牢牢把握以马克思主义的立场观点方法去激活传统文化在新时代的生命力这个方向，不断推动优秀传统文化创造性转化、创新性发展，使之"与时代发展相适应、与时代价值相一致、与时代步伐相协调、与时代需求相契合、与世界潮流相融合"，为中华民族伟大复兴提供强大精神文化支撑。

一、"两个结合"重要论述有力地回答中国之问、世界之问、人民之问、时代之问,实现了历史、理论、实践逻辑的有机统一

习近平总书记指出,"面对快速变化的世界和中国,如果墨守成规、思想僵化,没有理论创新的勇气,不能科学回答中国之问、世界之问、人民之问、时代之问,不仅党和国家事业无法继续前进,马克思主义也会失去生命力、说服力"。党的二十大报告指出,"中国共产党人深刻认识到,只有把马克思主义基本原理同中国具体实际相结合、同中华优秀传统文化相结合,坚持运用辩证唯物主义和历史唯物主义,才能正确回答时代和实践提出的重大问题,才能始终保持马克思主义的蓬勃生机和旺盛活力。"这既对中国共产党百年奋斗历程有益经验进行总结,亦对实现以中国式现代化全面推进中华民族伟大复兴奋斗目标提出要求。新时代新征程创造人类文明新形态,需深刻认识"两个结合"的重大意义。坚持守正创新和问题导向,为实现中华民族伟大复兴提供理论及实践指导。

1. "两个结合"彰显了中国式现代化的历史逻辑,回答了中国之问

习近平总书记在朱熹园考察时指出:如果没有中华五千年文明,哪里有什么中国特色?如果不是中国特色,哪有我们今天这么成功的中国特色社会主义道路?中国特色社会主义道路,是实现中国式现代化、创造人民美好生活、实现中华民族伟大复兴的唯一正确道路。党的二十大立足中国共产党领导的社会主义现代化实践阐

释中国式现代化，提出"以中国式现代化全面推进中华民族伟大复兴"，赋予马克思主义以鲜明的中国风格、中国气派。

诗云"周虽旧邦，其命维新"，朱子曰"返本开新"。中华优秀传统文化是中华民族的"根"和"魂"。中华民族之所以不同于世界其他民族，中国革命和建设选择的道路之所以不同于其他国家的道路，就在于中国文化的"根本"和"灵魂"。正如习近平总书记所说："数千年来，中华民族走着一条不同于其他国家和民族的文明发展道路。我们开辟了中国特色社会主义道路不是偶然的，是我国历史传承和文化传统决定的"。[3]中国特色社会主义道路是在对中华五千年文明传承中走出来的，中国特色社会主义是中华文明的赓续和发展，中国式的现代化是具有中国精神、中国智慧、中国气派鲜明特征的现代化；中国式现代化是中华文明在新时代的复兴，又是马克思主义在中国胜利的成果。

2. "两个结合"为完善全球治理、贡献了中国智慧，回答了世界之问

中华优秀传统文化中的丰富哲学思想、人文精神、教化思想、价值理念、道德规范等，蕴藏着解决当代人类面临的难题的重要启示，可以为人们认识和改造世界提供有益启迪。中国共产党坚持马克思主义的方法，对中华传统文化进行创造性转化和创新性发展，积极发掘中华文化中积极的处世之道、治理理念同当今时代的共鸣点，努力为完善全球治理贡献中国智慧。在当今多元文化时代，以习近平同志为核心的党中央提出的"人类命运共同体"国际关系理念包含着古老智慧的新运用，日益成为中国引领时代潮流和人类文明进步方向的鲜明旗帜。中华优秀传统文化基本精神追求是"大道

之行，天下为公"，朱子也提出"以天下为一家，中国为一人"的思想，"天下"理念和"大同"信仰经过"创造性转化、创新性发展"即能为"人类命运共同体"奠定深厚的文化根基。传统"天下观"其实给现代人观察和处理世界大势、全球问题提供了一种更宽阔的视野、更宽广的胸怀。中国共产党有关"人类命运共同体"的倡议写在联合国的有关文件中，表明它已经转化为人类道义的旗帜，是新的"天下观"。

3."两个结合"厚植了以人民为中心发展理念的人文底蕴，回答了人民之问

在主持十九届中央政治局第六次集体学习时的重要讲话中，习近平总书记就曾引用朱子格言："国以民为本，社稷亦为民而立。"民本思想是中华五千年文明中的精华，也是朱子文化的精髓。坚持以人民为中心的发展理念是民本思想在新时代转化和升华，也是以时代精神激活优秀传统文化生命力的光辉典范。党的二十大报告指出："我们坚持把实现人民对美好生活的向往作为现代化建设的出发点和落脚点。"中国共产党践行为人民谋幸福的初心使命，聚焦人民在追求美好生活过程中提出的新要求推进中国式现代化，强调坚持以人民为中心的发展思想，促进人的全面发展，着力维护和促进社会公平正义、实现全体人民共同富裕。

4."两个结合"揭示了马克思主义中国化、时代化的一般规律，回答了时代之问

马克思主义是我们立党立国、兴党强国的根本指导思想，是党的灵魂和旗帜。马克思主义之所以行，根本在于：党不仅坚持把马克思主义基本原理同中国具体实际和时代特征相结合，克服教条主义，解决好时代化问题，还坚持同中华优秀传统文化相结合，克服历史虚无主义，解决好中国化问题。南宋时，为回应"儒学复兴运动"，朱子就提出"继往开来"的理念，为我们提供重要的启示。中国共产党从成立之日起，既是中国先进文化的积极引领者和践行者，又是中华优秀传统文化的忠实传承者和弘扬者。从毛泽东同志创造性运用"实事求是"等中国文化哲学概念、确立古为今用原则，到邓小平同志运用传统经典提出"小康社会"中国式现代化目标；都说明党始终做到了"两个结合"。党的十八大以来，习近平总书记高度重视传承和弘扬中华优秀传统文化，不仅把"实现中华民族伟大复兴中国梦"确立为党的宏伟目标，而且明确提出"两个结合"的重大论断，开辟了马克思主义基本原理与中华优秀传统文化相结合的新境界，实现了马克思主义中国化新的飞跃。

习近平新时代中国特色社会主义思想是"两个结合"的理论结晶，体现了科学性、民族性、时代性的统一，具有坚实的科学理论支撑、深厚的历史文化内涵和伟大的实践指导意义，既是对辩证唯物主义、历史唯物主义的坚持和发展，也是对中华优秀传统文化的历史性升华和新时代表达，是具有新时代中国共产党人鲜明特色的世界观和方法论。体现了"两个结合"的理论逻辑与历史逻辑的辩证统一，理论逻辑与实践需求的内在统一。

二、马克思主义与中华优秀传统文化具有高度的契合性

马克思主义传入中国并与中国优秀传统文化相结合，开辟和发展中国特色社会主义不是偶然，而是有着深刻的历史基础、哲学

基础、文化基础和社会基础。

1. 接受马克思主义是中国历史发展的逻辑必然

自明清以来，中国社会就面临转型，虽然西方学术界所定义的"资本主义萌芽"已在江南地方出现，但始终没有向近代资本主义社会过渡，鸦片战争后，沦为半封建半殖民地社会。从这时候起，中国仁人志士都在寻找救国救民的道路，从技不如人，到政不如人，再到文不如人，都有缺点，但都不成功，甚至还失败，都意味着近代中国在国家制度与治理体系转型上遇到了前所未有的困难，老的不能用，新的不管用。马克思主义正是在这个时候传入中国，并被正在苦闷徘徊的先进知识分子所接受，顺应了明清以来的社会转型与近代以来改造传承古老中华文明的历史要求，近代中国曾经选择了很多条道路，但实践证明只有社会主义道路契合中国人民的要求，才能承担起中华文明传承延续的重任。

2. 接受马克思主义是中华文化具有开放包容性的集中体现

中华文化自先秦以来就博大精深、海纳百川、与时俱进，不仅与制度体系、治理体系相得益彰，更具有许多中国特色的永恒价值。特别是以儒家为核心的道统观不仅贯穿对人类理想政治的不懈的追求，也成功地聚集了各个历史时期的血缘认同、文化认同、政治认同和历史认同。特别是朱子道统观，延续儒家道统的包容思想。中华文化的融会贯通、继承创新开放包容的独特品格，它与马克思主义追求普遍真理的基本精神殊途同归。

3. 接受马克思主义是中华优秀传统文化内在元素与唯物史观的高度契合

中国优秀传统文化中的诸多元素，与马克思主义唯物观的哲学思维、历史思维、文化思维具有内在的联系。如五行说、太极说等中国哲学很早就有着朴素的唯物观和辩证法，中华优秀传统文化注重知行合一、知行相需，证明了传统文化就包含着对理论与实践相统一的辩证关系，马克思曾指出"哲学家的任务是解释世界，关键在改造世界"，即是中国儒家提出的"知行合一"。又如，《礼记·礼运》云："大道之行、天下为公"等"公天下"的思想，与科学社会主义目标有相同之处。其次，中华优秀传统文化中民本思想，特别是朱子的民本思想与马克思主义唯物史观关于人民群众历史作用的观点具有想通之处。因此，中国人民接受马克思主义有着深厚的历史文化基础。

4. 从大历史角度看，朱子仁道思想在价值和目标上与共产主义有互通之处

在朱子仁道观中，"仁道"是万物之所以能成为共同体的前提。李泽厚认为，"仁学"思想在外方面突出了原始氏族体制中所具有的民主性和人道主义。陈来认为："仁"字所包含的古老的人道主义观念。中国古代人道主义从孔子的"仁"到朱子的"仁道"一脉相承，尤其是至朱子时达到高峰。人道主义与共产主义具有内在的联系，马克思指出："共产主义则是以扬弃私有财产作为自己的中介的人道主义。"马捷莎认为："在复杂的人道主义体系中，马克思主义人道主义是其发展的一个形态，而且是最高形态。"因而，朱子"仁道"思想与共产主义具有超越时空的共通之

处。其次，朱子仁道宇宙观寻求解决人与自然关系问题，力求在"人性"上获得自由和解放，即"仁是爱之性""性即理也"。李泽厚认为,朱子理学是以重建人的哲学为目的。马捷莎还认为，在马克思主义的著作中，"马克思主义不仅包括哲学、政治经济学和科学社会主义，也包括人的学说"，马克思指出："共产主义是私有财产即人的自我异化的积极的扬弃，因而也是通过人并且为了人而对人的本质的真正占有；因此，它是人向自身、向社会的(即人的)人的复归，这种复归是完全的、自觉的、保存了以往发展全部财富的。这种共产主义……等于人道主义……它是人和自然界之间、人和人之间的矛盾的真正解决。"共产主义作为人道主义的最高形态，将彻底解决人与自然、人与人之间的矛盾，实现人的解放。因此，朱子仁道宇宙观与马克思主义人的学说也有共通之处。但是，朱子仁道观是建立在伦理学的基础上，重在道德教化中实现，忽视了在实践中私有财产对人的异化作用，即"仁道"的变异。

三、马克思主义中国化与传统文化现代化是一过程两方面

1. 马克思主义与中国优秀传统文化都扎根在中国大地上

《传统与当代》认为，"马克思主义中国化与中国传统文化的现代化可以被看作同一过程的两个方面。马克思主义不通过结合传统文化中的优秀精华就难以中国化，而中国传统文化固守传统、拒绝接受用马克思主义的立场观点方法来进行研究发掘就不可能现代化。中国传统文化的现代化绝不是消灭传统，而是站在当代用马克思主义的方法对传统文化进行再思考，在新的社会主义条件下延伸传统、更新传统、丰富传统。"在当代中国，马克思主义与中华优秀传统文化是一体两翼，两者都深深扎根于中国文化的土壤中。

2. 从中华优秀传统文化精华中领悟马克思主义的真理力量

马克思主义对中华优秀传统文化具有天然的亲和力和融通性，从传统文化的性质和内容说，中国优秀传统文化具有能够与马克思主义相结合的内在规定性，如马克思唯物主义思想与中华优秀传统文化中"格物致知""理一分殊"等思想元素具有契合性，马克思主义关于人道主义的思想与儒家的"仁道"思想也有相通之处，马克思的共产主义理想与中华优秀传统文化中"天下大同"的愿景在思想精髓上具有一致性。伟大的马克思主义者、中国共产党创始人李大钊、陈独秀、毛泽东等均是传统文化造诣深厚的大家，这绝非偶然。中华优秀传统文化对马克思主义传来中国似有一种"相见恨晚"的情感，这是因为"中国革命需要马克思主义，中国文化和历史传统也能够接纳马克思主义"，中华五千年文明史的变迁趋势特征就是社会主义内在因素不断增长，我们今天的中国特色社会主义文化"源自中华民族五千多年文明历史所孕育的中华优秀传统文化"（习近平：在中国共产党第十九次全国代表大会上的报告）。

3. 中华优秀传统文化在新时代激发出新的生命力就必须以马克思主义为指导进行创造性转化和创新性发展

社会主义核心价值观的形成可以看成是传统文化创新和转化的一个范例，它立足于社会主义制度的本质和实践，通过理解传统文化思想和道德观念的基本精神及"家国一体"的原则，形成国家、社会、个人三者统一的社会主义核心价值观。习近平总书记指出，"培育和弘扬社会主义核心价值观必须立足中华优秀传统文化。牢固的核心价值观，都有其固有的根本。抛弃传统、丢掉根本，就等于割断了自己的精神血脉。博大精深的中华优秀传统文化是我们在世界文化激荡中站稳脚跟的根基。"

4. 只有掌握马克思主义基本理论和方法才能科学探究中华优秀传统文化的精髓及其在新时代的价值

张彦指出:"中华优秀传统文化要在新时代得到更好传承和发展,必须以马克思主义科学理论校正方向、把握规律、推陈出新。我们要运用马克思主义立场、观点、方法,以客观、科学、礼敬的态度,推动中华优秀传统文化创造性转化、创新性发展,使其更好地与当代中国实践相结合、与民族复兴时代主题相契合,在21世纪焕发出勃勃生机。"(张彦:《以时代精神激活中华优秀传统文化生命力》,《学习时报》)

四、文明新形态是
马克思主义与中华优秀传统文化相结合的成果

1. 中国特色社会主义就是中华文明的赓续和发展

中国特色就是中华文明的赓续和发展,"中国特色社会主义是对中华文明5000多年的传承发展中得来的",不但我们今天的中国特色社会主义文化"源自中华民族五千多年文明历史所孕育的中华优秀传统文化",而且"中国特色社会主义道路是中华民族悠久历史的延续",中国特色社会主义的制度安排也"是在我国历史传承、文化传统、经济社会发展的基础上长期发展、渐进改进、内生性演化的结果"(朱康有:《中国共产党与中华优秀传统文化》,《中国党政干部论坛》,2019—08—12)。

2. 人类文明新形态是中华文明在新时代的复兴，又是马克思主义在中国胜利的成果

"中国方案是马克思主义和中国文化精华的结合。它的影响力和说服力，是中国对世界的贡献。"中国特色社会主义道路既体现了马克思主义放之四海而皆准的真理，又体现了中国精神、中国智慧和中国价值，是人类发展的共同道路。"用中国哲学的话说，这条道路叫天下为公、世界大同之路；用历史唯物主义关于社会形态发展理论来说，这条道路是人类解放之路，是共产主义道路"。中国方案直接催生了人类文明新形态。人类文明新形态是中华文明在新时代的复兴，又是马克思主义在中国胜利的成果，进而影响全世界。"中国共产党带领中国人民创造的人类文明新形态，是5000多年中华文明滋养，500多年世界社会主义运动积淀，100多年中国人民伟大创造的成果。"（贾蕾：《人类文明新形态具有深厚历史根基》，《历史评论》，中国历史研究院，2022.05，第16页）

结　语

党的二十大报告指出，"坚持和发展马克思主义，必须同中华优秀传统文化相结合。只有植根本国、本民族历史文化沃土，马克思主义真理之树才能根深叶茂。""两个结合"开辟了马克思主义中国化时代化的新发展、新境界，为马克思主义进一步扎根中国大地奠定了思想基础。朱子学精髓应与时代精神相结合，使其充分体现时代价值，重新焕发出贯穿古今的魅力。

（张建光系福建省文史研究馆馆员、中国朱子学会顾问、第四届南平政协主席；吴吉民系武夷山朱熹研究中心主任、南平市朱熹纪念馆馆长）

和谐与共生两种思维方式的比较

◎孙国柱

摘要：在当今社会，共生思想日渐流行。然而，在不少情况下，人们往往将和谐与共生两者混为一谈，共生思想的独特内涵根本无法彰显。职是之故，笔者尝试比较和谐与共生两种思维方式的不同之点，以凸显共生思想的殊胜价值。经过初步梳理可知，共生思想至少有三个地方与和谐思想不同——其一，共生涵盖的范围更为宽广，不仅可以指涉和谐的状态，还可以更大程度上包含冲突、敌对的关系，并给予正面积极的高效对治。其二，由于共生可以较好地运用于理解人与自然的关系，某种角度可以这样说，共生是能够沟通生死的哲学范畴。其三，共生思维的基础在于主体与关系的统一。尤其值得指出的是，和谐往往落于关系层面的和解，而同体共生可以带来主体层面的新生，达到了逻辑发展的一个可能性顶点。这种同体共生的类型，由对立、对待关系可以诞生新的主体（或实体）形态，揭示了世界多样性的秘密。另外，共生思想的流行应和了现代科学知识的最新进展。深入论证可知，共生是具有价值导向的运动形态，共生驱动实为发展的根本动力。总之，共生思想，既可以在自然科学中找到合理性基础，又可以在社会科学中找到合法性应用，还可以在人文学科中找到合情性宗旨。有理由相信，能够兼容主体性与关系性两大领域的共生思想，既尊重主体的独立性，又包容了关系的相关性，合自由、平等两大范式优点于一炉又等而上之，是非常适应主体间性、共主体性时代而来的新型价值范式。

关键词：和谐，共生，思维方式，比较，新型价值范式。

在当今社会，共生思想日渐流行。从某种角度甚至可以这样说，对话与共生是当今世界的主题。总体来讲，共生是与和谐、和合、和解等有所差别的哲学范畴。然而，在大多数情况下，共生思想的殊胜价值并不为人所知，尤其是将共生与和谐一词连用的时候，共生思想的独特内涵更加无法彰显。职是之故，笔者尝试比较和谐与共生两种思维方式的不同之点，以凸显共生思想的殊胜价值。当然这种对比性写作，并不是要否定或抹杀和谐与共生两者所具有的相通性或相同性。在写作的时候，为了更好地展现共生思想的多维功能，本文综合了自然科学、社会科学乃至人文学科三种学科文化进行梳理论证。在具体论述时，本文主要分为三部分，第一部分对比了和谐与共生两种思维所具有的三点不同，第二部分重点阐释了同体共生这一特殊共生类型的价值与意义，第三部分又附带介绍了现代生物科学对共生思想流行的推动与启发。

一

在不求甚解的情况下，和谐与共生两者确实具有高度的类似性。但是，如果稍加区别，就可以发现——相对而言，共生思想涵摄的范围较宽，和谐思想涵摄的范围较窄。下面尝试分述之。

（一）共生，能够积极正视并妥善处理冲突或敌对关系；和谐，在涵摄陌生化的他者问题时往往表现得乏力而低效

以是否正视冲突、敌对关系作为尺度，可以划清共生思想与一般和谐论的界限。共生不仅不排除冲突，还正视了容易被忽略或回避的"敌对关系"。在创造性地解决敌对关系这个角度而言，共生思想展现出了不同于和谐论的优越性所在。共生的最低限度是矛盾双方的维持，只要矛盾双方还不至于你死我亡，即使生死一线依然属于共生可以讨论的范畴，然而这种状态肯定不能够称为和谐。换言之，和谐是共生度较强的状态——不管怎么定义和谐，和谐都是基于某种高阶境界的表达。这也就意味着，所有的和谐状态都可以称为共生状态，但是并不是所有的共生状态都能够称为和谐。若是矛盾诸方都必欲置对方于死地，最终结果，不仅不会有新事物的诞生，还可能导致矛盾诸方的同归于尽。因此，在方法论上，共生对于各种斗争形式具有极大的包容性和整合性，以矛盾双方保存为第一要务，并不强求和谐，对于这个世界的多样性有着天然的尊重和认可。除此之外，共生论者还可以从"一分为三"的多元思维出发，跳出"二元对立"（如善恶、敌友、是非等）的轮回，划定奥秘领域，寻求中间地带，在保持事物价值最大化的过程中寻求更高层次的结合。值得一提的是，庞朴先生在解释"一分为三"的思维方式时明确指出，在动态平衡中，"一分为三"的"三"是没有中间与两端的平等三者，大家都是极，可以谓之"三极"——这里的三极，与一般意义上的天敌互克有别，而呈现出一种共生互补的关系。[1]

值得指出的是,在异质化的条件下,探讨生存意义上的你我他关系,亦是共生思想的特长。共生论者在对待陌生化的他者时,显得更为从容而成熟。这是因为,在出发点上,共生论者是不附加特别价值预设的,可以极大地容纳冲突,能够以比较甚至完全开放的姿态充分尊重他者,在此基础上寻求事物发展的转机。事实证明,这种不加特别价值预设的状态往往能够有效引导事物朝着积极健康的方向发展——退一步讲,即使预设一个美好的结局也有可能为自他关系制造一些不必要的障碍,甚至适得其反,促使矛盾相关方滑向失信、失衡、失控的局面。值得指出的是,在实践过程中,共生论者往往注重自我与他者的共同提升。从共生的角度来看,任何自我都是依他性的存在,对立面在整体上是不可能被彻底消除的。共生思想其中一个重要作用就是使人们意识到对立面存在的必然性以及对立面存在本身的价值——从整体、宏观来讲,他者即使是敌人,亦可以成为自我成长的助缘。在共生论者看来,他者代表着宇宙存在的奥秘,是自我存在的根基。在共生论中,他者不是地狱,他者是圣殿。正是在这种共通性基础之上,共生将事物存在的"相生相克"关系拓展为"生—克—生"的关系。一般而言,中观层次观照下的"克"是对立、冲突的代名词。如果从宏观、长期视角审视我们所处的世界,那些矛盾冲突则可能呈现出"万物并育而不相害,道并行而不相悖"的神奇景象,这个时候的"克"则能够成就更大程度的"生",此时的"克"即超克的意思,有提升义,有解脱义,有飞跃义。在这样的认识下,除恶务尽就不再是共生论者所强调的了;相反,"恶恶丧德"则是共生论者所应该修行的美德。[2] 总之,共生论奠基在自他之间,在自利"且"利他的价值指引下,可以为矛盾诸方赢得更为美好的未来。

相比之下，和谐在对待"同类""朋友"等关系友好型主体时可以游刃有余，但是对待异质化程度较高、对抗性程度较大的他者时，往往不知所措，失去了处理自他关系应有的节奏感和分寸感（这涉及位置、距离、尺度等）。在过去的历史上，不少"以和为贵"的主张，往往有着一厢情愿的成分在内，面对陌生的他者时，"爱而不知其恶，憎而不知其善"，这就导致在冲突与和谐之间经常没有更多的选项可供协调，要么是不分青红皂白地无限亲密化，要么是人为地制造界限，贴上标签，进行彻底的对立化。和谐理论的有效程度，与解决冲突的有效程度成正比。但是，毫无疑问，大多数的"和谐"思想，在解决冲突或面对敌对关系时往往缺乏恰当的正视、直接的应对和高效的处理。总之，用和谐作为处理事情的最终归宿，可以作为一种崇高的理想，但是并不能无条件地作为具体实践的策略或原则。并不是任何主体都认为事物的最终归宿会是和谐。并不是任何主体都认为解决矛盾冲突的唯一必然选择应是和谐。当然了，这个世界也不能强求每个人都要原谅仇恨、包容欺骗、容忍伤害，一般人对于可遇而难求的"大爱无疆"只能保持适度的敬意。而这种"大爱无疆"可以作为自我约束的诫命，但是不能作为要求他者的标准。

（二）和谐成就生命，共生沟通生死

人类的思想、学说乃至相关制度，大都是在"生"的范畴内加以考虑和设计的。在这方面，和谐的思想亦然。而共生思想，从诞生伊始即全面关怀了生死。在不少的情况下，和谐往往用来描述某种社会现象或状态。共生既可以用来描述人类社会，也可以用来较好地理解自然界。简而言之，和谐，往往用来描述生命之间的和

谐；而共生，则能够沟通生死之间的界限。

在此有必要附带指出的是，共生（尤其是"生"）在中国文化语境里具有非同寻常的意义。这点正如有学者所指出的那样："'生'的问题是中国哲学的核心问题，体现了中国哲学的根本精神。无论道家还是儒家，都没有例外。我们完全可以说，中国哲学就是'生'的哲学。从孔子、老子开始，直到宋明时期的哲学家，以至明清时期的主要哲学家，都是在'生'的观念之中或者围绕'生'的问题建立其哲学体系并展开其哲学论说的。"[3]除了儒道两家之外，事实上，佛教也是尤其强调共生的文明体系。整体而言，"生"其实体现了中国文化的深层精神，"上天有好生之德"这句民谚业已反映出"生"在中国传统社会里所具有的信仰性意义。当然了，和谐在传统中国文化视域里亦具有非常深邃的含义，甚至可以用来描述宇宙人生的情境，如张载的《正蒙·太和篇》即是显例。但是比较而言，生（共生）在根本上可以自成目的，而和谐本身应该以"生"为本，为"生"服务。

如众所知，生死是自然现象。自有天地以来，生生不息，亦死死相续。各种生物之间，在生态网络中常结合成为相生相济、生克反辅的关系，这些可以统称为"共生"现象。运用"共生"概念来理解自然，在更大程度上符合了客观事物存在的实情。"人与自然是生命共同体。"[4]从整个宇宙来讲，生生不息的关键正在于生态网络的存在。这一生态网络至少包括三大层次：其一，有机界与无机界之间的关系，这是生命存在的最大关系之一；其二，有机界内部各种生物之间的关系；其三，人与自然之间的关系。事实证明，整个宇宙生态网络的维持在于生命与生命之间的联合，如此方实现了有机界的建立。换言之，有机界就是一个共生体，一个命运共生体。而正是共生，促使生命真正成为宇宙舞台的主角，实现了宇宙自身存在潜能的进化。正是人类参赞化育、博施济众的倾向，使得人类成为天地之心、五行之秀、万物之灵。

生死本来是一体的，然而自从近代以来，生死之间的鸿沟日益明显。针对西方现代主义认为死亡乃是"无""空虚"的现状，黑川纪章从自然的角度指出："在动物世界里，生死不过是一纸之隔，而在人的世界里，人的生命却被教育成比地球还珍贵、还沉重。这种生与死的二元论是非常严酷的。"[5]当生死之间的界限被夸大到不可逾越的时候，生命本身的宽度与广度在无形中就被消减了。其实，从自然的历程来看，"生者死之根，死者生之根"，生死是如影随形的。每时每刻都是生，同时也是死。死亡固然在前方，但同时也在脚下。将生死彻底设置为没有转化、没有沟通的关系，是有违自然之道的。在人类历史上，许多文化与学说对于生死问题皆给予了积极关注。比如，中国传统的儒释道三教对于生死问题皆有终极关怀，这其中，强调"慎终追远"的清明节就是一个典型的个案。[6]

若放宽视野来看，自然的生死，亦深深地影响了人类社会的存在形态。克实而言，自然界（当然包括人类在内）的生死，是人类一切制度设置的基本背景。然而，自然意义上的生死问题对于人类社会制度设置的影响，在很大程度上被忽略了。生死问题直接与尊严、幸福、民主、代际公平、可持续发展等话题相关。人类所有行为的意义最终都要在生死问题的框架下给予说明。自然意义上的生死，对于人类的诸多价值提出了严峻的考验。比如，生死问题直接影响到公平价值的实现，公平不仅仅是一代人的公平，还应该涉及代际之间的公平。又比如，我们平常所言的民主，实际上是活人的民主。若是引入代际的观念，现存民主成立的合法性基础则立刻会受到冲击和挑战。一百年前的民主决定，一百年后的人们还要继续遵守吗？当然了，这种提问并不是否定历史的连续性。事实上，历史本身并不仅仅停留于过去，还是能够参与当下乃至未来的绵延性力量。真正的发展，是可持续的发展，是在代际之间完成的，要有"吃水不忘挖井人""前人栽树后人乘凉"的价值觉悟。

从生命的流转来看，死亡不仅不是生命的否定，反而是生命价值的确证与成全。诗云"落红不是无情物，化作春泥更护花"，某一个体的"死"，可以成就另一个体的"生"，而此个体的"死"亦可以成就其他个体的"生"。这种生死相依的关系，是共生在自然界的典型体现。

无数个体，构成生态网络。生态网络，作为"活"的存在，为一切个体之发展提供了背景，当然也提供了基础性条件；与此同时，在生死流转中，自他之间亦实现了互相成就。如此一来，在生态网络中，生与死之间的界限就成了生与死之间交流的通道。实际上，人类社会的发展，正如毛泽东在《愚公移山》一文借愚公之口所言："我死了以后有我的儿子，儿子死了，又有孙子，子子孙孙是没有穷尽的。这两座山虽然很高，却是不会再增高了，挖一点就会少一点，为什么挖不平呢？"[7]

从上可见，共生，对于整体的生命有着全方位的兼顾。在此有必要附带指出的是，对于社会科学而言，个体、群体以及作为类存在的人类，都应该得到充分的关怀。如果某种社会科学体系没有在逻辑上对于人的单称、特称和全称给予充分的全面兼顾，那么就会在理论或实践上造成某种困难。

（三）和谐更多时候侧重于关系，而共生内在地坚持主体与关系的统一

和谐往往被用来形容某种状态或关系。在某种程度上可以这样说，和谐更多时候侧重于关系。共生，由于对于"共"的凸显，必然强调不同要素、主体的共存并在，因此可以这样说，共生内在地坚持主体与关系的统一。如果探寻共生思想的哲学根基，则可以说共生是基于主体间性或共主体性的。这是因为共生之"共"，本身就是在"之间"展开进行的——过于侧重关系，往往造成主体的虚化；而过于注重主体，则往往无法尊重他者。"主体间性"思想的提出，从根本上摧毁了"现代性"的独裁统治，同一性的暴力被锁进牢笼。共生，是适应"主体间性"时代的思想观念。分而言之，共生，是既讲究主体，又重视关系的。共生思想认为每一存在都是独立且相关的，具体而言即每一个体是本自具足而又依他的存在。共生思想既不偏于主体之自由，又不限于关系之和谐，在一与多、自与他等二重性关系中，生命的无限可能被揭开。

通过以上哲学基础上的阐释性说明可以确信，共生能够成为一种兼容自由、平等、博爱诸价值优点又等而上之的新型时代价值范式。换言之，共生实际上是继自由、平等、博爱之后的时代性价值范式。这是因为，共生具有的内在结构，要比自由、平等更为整合，与自由强调主体、平等强调关系有所不同，共生既尊重主体的独立性，又包容了关系的相关性。自由是基于主体性范畴而来的价值范式，平等是基于关系性范畴而来的价值范式。自由与平等，天然地就经常出现内在的冲突与矛盾，这也是某些政体经常在两党制之间摇摆动荡的原因。注重主体的自由价值可能无法照顾存在关系的连带性、关联性，注重关系的平等价值可能无法保障存在主体的

独立性、完整性。那么，能够兼容主体性与关系性两大领域的共生思想，既尊重主体的独立性，又包容了关系的相关性，能够合自由、平等两大范式优点于一炉又等而上之，是非常适应主体间性、共主体性时代而来的新型价值范式。

再扩而言之，"间"本身就是具有本根意味的存在，在自然世界、人类社会发挥着"曲成万物而不遗"的神妙作用。[8]从自然世界来讲，时空作为存在的基本形式，是以"间"的形式存在。在人类社会，"间"亦随时随地发挥着殊胜的作用。下面着重介绍一下共生的间性在人类社会生活中的表现。诚所谓"千里家书只为墙,让他三尺又何妨"。现代越来越多的学者认识到，共生（类似说法有共存、共在等）是在和谐（类似说法有和合、融合等）、冲突之外的第三种模式。比如主持"冲突与融合"项目的德国学者李峻石就指出："差异会造成敌意，差异也会导致融合。在这两种类型之外，我还想简述第三种类型。在上述两种类型都行不通的地方，也还存在另外一种可能性：那就是仅止于共存。"[9]止于共存，这样的认识或许太过于浅显。然而只要翻阅血迹斑斑的人类史就会发现这种共存的雅量与智慧是多么难得——要想达成共存，一方面要避免敌意的升级，另外一方面还要积极寻求再次合作的善意可能。事实上，在此似乎可以这样说，和谐其实更多是奠基在合情性原则之上的，而共生更多是奠基在合理性原则之上的。共生奠基在合理性原则之上，这意味着共生在根本上体现为一种可以经得起博弈检验的智慧选择。当然以上的论述并不是说和谐会与合理合法原则互斥，共生会对合情合法原则排异。但是非常可惜的是，整体而言，人类似乎缺乏这样的克制，在朋友和敌人之间没有其他的余地可供选择。而一些狡黠的政治箴言则告诉人们，没有永远的敌人，也没有永远的朋友，只有永远的利益——这不过是非此即彼思维的翻版罢了。因此，尊重圣域，设置中间地带，在各种关系之间寻求并行之道，虽然是一个浅显的道理，但是对于已经习惯非友即敌思维的人类来讲，还是一堂应该学习的珍贵课程。在此所谓的"中间地带"，是悬隔善恶、远离是非的奥秘领域。隐晦难明的"中间地带"之所以成为奥秘领域，乃是因为——存在就是可能的，可能的才是存在的。对此，黑川纪章在对比了调和、共存、妥协等类似词语之间的差别后指出，"共生是相互尊重个性和圣域，并扩展相互的共通领域的关系"，"保持着对立、竞争、争斗关系的双方，在形成共生关系的过程中，大多会在时间上延迟冲突，在空间上设置缓冲地带。这种延迟和缓冲也就是所谓的中间领域，在共生思想的形成、发展过程中，'中间领域理论'一直起着重要的作用。"[10]

从以上三点对比可以看出，相对而言，共生涵盖的范围较宽，和谐涵盖的范围较窄。共生思想能够涵盖且恰当协调对立与统一、敌与友、生与死、主体与关系等诸多范畴，因此如果在使用时要精益求精的话，切不可含混笼统。在描述事物状态时，可以用共生形容的情况，未必可以用和谐来形容。而在形容和谐的状态下，共生也可以派上用场。在此需要补充说明的是，笔者所做的对比，仅仅是从强调、凸显的角度进行的。比如，和谐思想，在某些情况下对于化仇解怨亦可以发挥奇效；而且和谐思想有时亦可以连接生死，同时也可以照顾到主体与关系两个范畴——只不过通常情况下，相比共生思想而言，和谐思想在上述领域所表现的程度相对薄弱甚至阙如而已。

二

梳理可知，"同体共生"，是诸多共生类型的重要形态之一。有时候，"同体共生"在中文世界也被翻译成一体共生。在笔者看来，"共生"有一个巨大的优越性，那就是"同体共生"并不停留于关系层面的和解，而是可以引起主体层面的新生，即新事物的出现。

"同体共生"的现实存在，可以在自然界中找到相关的印证。若以现代生物学研究的成果为例，共生至少有以下诸种形式：（1）既利甲又利乙（＋＋），如一体化共生，互利共生、互养共栖和协同共栖；（2）利一方而损一方（＋－或－＋），如寄生、捕食和拮抗等；（3）利一方而不损另一方（＋０或０＋），例如偏利共栖、卫星状共栖和互生（或称代谢共生、半共生）；（4）既不损甲又不损乙（００），例如中性共栖（即无关共栖）；（5）不利一方而损另一方（０－或－０），如偏害共栖；（6）同时损双方（－－），如竞争共栖。[11]

这其中，第一类既利甲又利乙的一体化共生，也可以说是同体共生，能够显示出共生思维的真正优越性所在。当然，这也是一般"和谐论"所缺乏关注的领域。为什么既利甲又利乙的类型可以称为一体化共生（同体共生）？这可以从逻辑角度解释个中原因。毫无疑问，自他之间的关系是非常复杂的。如果把既没有利又没有害的关系称为平，那么，从逻辑类型上进行归纳，至少有自利利他、自利平他、自利害他、自平利他、自平平他、自平害他、自害利他、自害平他、自害害他等。这其中，自利利他，由于自他之间可以有增上的互利关系，更容易导向自觉意义上的同体共生。当然，大自然有自己的机巧，有些互克的关系也可以达成间接意义上的同体共生。

同体共生之所以具有优越性，乃是因为同体共生作为新事物诞生的模式，不仅实现了敌对关系的间接转化，还实现了敌对关系在主体层面的内在结合。同体共生，不是对某一方的压制或吞并，更有可能是双方或多方优点的结合，转化那些对立关系并引起主体的新生，甚至产生新物种、新事物。在发展的逻辑关系上，同体共生达成了建设性的优化组合，实现了主体层面的飞跃。如果用逻辑式进行表达，假设a和b是对立的，那么，同体共生则可以用这样一个公式表示：a+b => c。在此"=>"符号表示推出，而不是等于。这其中，c是不同于a和b的新事物，但是c自身所具备的要素在a和b中往往可以找到全部的相关渊源——当然，c还可以具备a、b并不包含的其他形式或内容。这样一个关系式a+b => c是无限开放的，在此仅仅从最为简单的逻辑式入手进行概括、分析。

在此需要补充说明的是，在以上所有共生关系的基本类型中，"同体共生"更容易带来主体层面的新生，而不仅仅停留于关系层面的和解。简而言之，同体共生中的优化组合，是创生或派生性质的。具体来讲，同体共生的一个可能性逻辑上限是新主体、新事物的诞生，也就是说，当共生的程度达到某种层次的时候，共生是可以突破固有的关系界限而创造出新事物的。[12]有道是"一生二，二生三，三生万物"，同体共生揭示了世界多样性的秘密。从共生的精神来看，天敌之间的矛盾可以在逻辑的可能性顶点上由主体层面的同体共生方式来解决，否则，矛盾关系的解决可能只停驻于关系层面的共存。在此需要强调一下，和谐确实可以带来生育、创造，但是水乳交融的和谐关系并不等于创生了新的事物，因此那种自足、静止意义上的和谐，也就不能与创新、创造意义上的同体共生相提并论。

相比之下，和谐往往聚焦于关系。这个时候，仅仅设想由敌对关系的和解来解决矛盾，乃是妥协之道。这种妥协往往包含着不彻底性，潜伏着同归于尽的危机，有绥靖的嫌疑。从这点来看，在方法论上，"同体共生"与"和而不同"是有差别的，前者比后者更为深刻。设想所有对立的关系最终不能同体共生，那么，各种不同事物之间的前途就极可能呈现出非此即彼的不兼容状态。不仅如此，有道是"不打不相识"，同体共生，与过去历史上"和实生物，同则不继"的思想有所不同，在某些情况下允许冲突、对立导致事物的发展或新生。可见，同体共生，作为共生的类型之一，是相当重要的一种。对共生思维的深层探索，在很大程度上是对"同体共生"此一类型进行系统研究与深入探讨。

应该附带指出的是，在本文，所谓的主体在最初的生物学意义上是指新物种的诞生。而在社会领域，各种形态的共同体也可以视为主体的延伸。从共同体的联系程度而言，和谐往往会形成某种"统一体"，强调同，联系程度较高；相比之下，共生注重自然（在此，"自然"是与"人为"在并列的意义上使用的），强调通，弹性空间大——共生所形成的"共同体"更为精确的说法应该是"共通体"。在人与自然和谐共生的意义上还可以发现，共生涵盖的范围，要比自由、平等更为宽广。"人因自然而生，人与自然是一种共生关系，对自然的伤害最终会伤及人类自身。"[13]共生，不像自由、平等诸价值那样更多适用于人类社会内部，而是能够既包括了人类自身的关系，也涵盖了人与自然的关系。人类再也不能仅仅只关注自身社会的内部问题了，人类的行动要考虑地球的生态影响，甚至要考虑太空层面的星际关系。但是非常可惜的是，自由、平等、正义等价值观念，并不能为解决人与自然关系提供普遍的公共性价值基础。在这个时候，共生价值所具有的优越性就体现出来了。共生为人类生活的普遍交往提供了统一性的开放基础。有学者曾经梳理了三种常见的统一与和谐形态：即"一体化""百花园式"和"生态圈式"。[14] 以上三种形式实际上都有和谐、共生的因素在内。如果从区别和谐与共生的角度来看，笔者认为很大程度上可以将前两种划归为"共同体"（或者叫"统一体"），可以将第三种划归为"共通体"。当然了，从逻辑上讲，共通体与共同体的内涵并不相同，共通体的形态更为丰富。而从人类社群的联结来讲，无论共同体，还是共通体，都是共生体——这是因为，共生体是建立在同体性基础之上的。在这个世界上，有很多的形态、结构并不统一，但是它们仍然属于共通体的存在。从形神范畴来看，这类事物的内部结构是相对松散的，甚至是对立的，但是这类事物可划归于共生体的特征也非常明显。这意味着，从共生角度分析此类"共同体"更容易有宽广的视野。可见，从学术研究的角度而言，单独使用共同体，并不能够完全认识这个世界的复杂性，在此非常有必要引进"通""共通""共通体""共生体"等概念对"共同体"概念加以进一步诠释、理解和把握。

三

另外，从现实因缘来讲，共生思想的流行与现代知识的推动有关。现代生物学所取得的科学成就，对于人们理解发展、进化等概念提供了全新的思路。笔者认为，和谐为事物的发展提供前提，而共生为事物的发展提供了动力。

对于我们所生活的世界，有人认为一片和谐，充满宁静，甚至认为狮子可以与羔羊同眠。有人认为到处充满冲突，"战争是万物之父"就是此类观点的典型代表。对此，《恩格斯致彼得·拉甫罗维奇·拉甫罗夫（1875年11月12—17日）》这封书信曾经讨论过这一问题：在达尔文的学说中我接受他的进化论，但是我认为达尔文的证明方法（生存斗争、自然选择）只是对一种新发现的事实所作的初步的、暂时的、不完善的说明。在达尔文以前，现在到处都只看到生存斗争的那些人（福格特、毕希纳、摩莱肖特等）所强调的正是有机界中的合作，植物界怎样给动物界提供氧和食物，反过来动物界怎样给植物界提供碳酸和肥料，李比希就曾特别强调这一点。这两种见解在一定范围内都是有一定道理的，但两者也都同样是片面的和褊狭的。自然界中物体——不论是无生命的物体还是有生命的物体——的相互作用既有和谐，也有冲突，既有斗争，也有合作。因此，如果有一个所谓的自然科学家想把历史发展的全部丰富多样的内容一律概括在"生存斗争"这一干瘪而片面的说法中，那么这种做法本身就已经对自己作出了判决，这一说法即使用于自然领域也还是值得商榷的。[15]

在此，应该尤其关注恩格斯的论述——既有和谐，也有冲突，既有斗争，也有合作。这其中，恩格斯还将进化论、斗争、合作三者的原文字体加粗，可见恩格斯的重视与强调。事实上，既有和谐也有冲突，既有斗争也有合作，这恰恰是共生形态常见的体现——有不少和谐论者认为和谐叙事并不排斥斗争，但是从概念定义本身来讲，和谐确实与斗争有某种程度上的形式性冲突。但是共生概念的定义就不同了，犹如之前梳理生物学上基本关系类型所展示的那样，不少斗争、冲突、对立本身就构成了共生的内在有机组成部分。克实而言，无论认为这个世界是和谐的，抑或是充满冲突的，都可以找到相应的证据加以辅助说明。从相对于宏观、微观的中观层次来说，这个世界上并不是所有的事物都可以理所当然地互相渗透，水乳交融，和合无间。如果假定这个世界在本质上是和谐的，那么，随处可见的冲突应该如何解释方能服人之口，满足论述逻辑上的自洽？如果认为这个世界一片黑暗，将永远处于善恶二元的斗争状态，那么期待永久和平的想法是不是一种不能实现的遥远梦想？现代生物学的进展，为回答这些问题提供了一定的启示。

恩格斯的上述阐释，与达尔文的进化论有关。达尔文的进化论，在很大程度上被世人误解了，并异化成为主张"优胜劣汰、弱肉强食"的社会达尔文主义。幸好，随着现代科学的发展，人们愈加认识到共生在生命起源问题上的重要意义。[16]在20世纪80年代，生物学家林恩·马古利斯正式出版了《细胞进化中的共生》一书，提出了细胞内共生理论。[17]该学说一开始出现即遭到误解和批评，但是现在已经获得更大程度的认可，成为颇有影响力的理论，即达尔文进化论的改进版——"现代综合进化论"。这种理论实际上是一种共生进化论，让人们意识到今天所有的大型动物都是共生起源的产物——共生，是生命诞生的基本机制。

当然，本文并不会停留于只是介绍现有科学知识，而是将这种新发现的科学知识进一步延伸至哲理层面加以探究。由上可知，共生是奠基在自然历史的合理性基础之上的。在此，应该指出的是，共生，对于一切人、事、物的产生乃至发展都有本源性驱动作用。一言以蔽之，如果说事物的普遍联系解释了事物运动的秘密；那么，事物的发展则是由共生驱动的正向积累实现的。从共生驱动来看，表面的冲突、对立关系背后，存在着一条兼容程度不断提高，时空范围愈加广阔的辩证成长趋势——在空间上，共生包含了事物冲突又和合的状态；在时间上，共生包含了事物发展的跃迁性状态。这是因为并不是所有的联系都能够带来发展，有些联系恰恰是互相对抗性乃至互相湮灭性的。事物的发展是在曲折中前进的。要实现事物的不断发展，即连续性的飞跃，往往需要依靠打破一个又一个的平衡状态来实现。这点正如楼宇烈先生所言："事物的平衡不是静态的、固定不变的，而是变动的、相对而言的。在这个时间地点取得了平衡，到了下一个时间地点又不平衡了，又得再调整，达到新的平衡，这就是动态平衡。"[18]事实上，共生抑或者和谐，都是在动态中保持运行的。具体来讲，事物在发展过程中，往往伴随着某种所谓的"曲折"。希望事物的发展一直在平衡、稳定、和谐状态下进行，并不切合实际。在某些情况下，共生视斗争为必不可少的助缘，甚至主张以斗争促和谐，以对抗求发展。通常而言，由于共生的驱动力作用，事物可以在整体上保持自身在动态中持续运行。

事实上，共生思想所强调的以斗争求发展的策略，亦是人类社会的常态。这点正如康有为先生所言："凡地球古今之人,无一人不在互相逆制之内。"[19]梳理可知，现实世界，有许多事物是讲究制衡关系的，这也是和谐所无法直接涵盖或应对的。比如，审计、监管、审查、监督等社会制衡机制，所在多有。制衡，可能是一种导向共生、竞生的状态，但不是一般意义上的和谐状态。如众所知，好多事情失去了内部的自我约束，是无法达到健康发展的。通过必要的制衡，事物内部诸关系可以达成整体意义上的共生状态。

发展是为生命服务的，发展本身要由生命来定义。那么，生命是什么？这是一切问题中的问题，一切谜团中的谜团。很多关于生命的定义，更像是同义反复。迄今为止，以人类自身的智慧而言，依然无法真正定义生命到底是什么。或许，这个犹如天问的谜团，暂时只能用"天地之大德曰生"的赞叹作为答案吧。恩格斯在《反杜林论》中认为生命的根本特征之一在于"自我更新。"[20]这种自我更新的能力，是自成目的性的（类似的说法还有自创生性、自组织力或自因性）。毫无疑问，这种基于自因、自运动的进化过程，本质上是通过正向积累的相互作用实现的，这就决定了生命之所以能够实现自我更新、自成目的，其根本原因仍然在于共生。没有任何封闭的系统可以实现完全自洽，除非此封闭的系统就是宇宙本身。"孤阴不生，独阳不长。"所有具有生命特征，或者说具有自因特征的事物，都是在各种关系之间相互交流、彼此丰富中完成进化的。简而言之，共，是共同进化；生，则指涉生命、生活、生态。正是共生，使得存在本身可以在一与多、自与他等层次或维度上展开。在共生的网络中，原因与结果的区分再也不是泾渭分明的了。共生的网络中，既有每一个体之独立自由，又有全体之相关互联，生生不息地谱写了波澜壮阔、绚烂多姿的生命乐章。

在此，还可以进一步讨论和谐与共生的社会实践效应问题。正如先哲史伯所言："和实生物，同则不继。"和谐作为一种宝贵的价值，本身是具有高度创造性的。但是，实践与理论有时无法直接对应起来。形式化的和谐，封闭化的和谐，或者脱离现实基础的和谐导向，并不必然带来进步，更不能保障最优化发展，有时反而成为事物发展的滞后因。研究可知，和谐的立足点或导向经常依托于人为性的秩序——当然，共生本身也有秩序化的诉求，共生的秩序建立在自发性的自然过程基础之上。形式化的和谐，封闭化的和谐，或者脱离现实基础的和谐，或许能够在一段时间内为发展创造条件，但是并不等同于发展，甚至可能埋藏有发展的隐患。至于无法摆脱历史包袱（如路径依赖、利益羁绊等）而强求表面的稳固化和谐，需要付出的实践成本是非常之高昂的，更有可能拖延事物的发展进程。至于现实世界中，为了和谐而和谐，不分是非黑白地和稀泥，甚至以牺牲某一方的基本权利为代价，这些现象也并不少见——比如，绥靖主义、乡愿风气，就是误用和谐思想所可能引发的流弊。相比之下，共生，对于诸多事物在发展过程中不得不打破固有平衡情势而导致的状态有着更强的兼容协调能力。归根结底，这是因为，和谐固然可以为事物的发展提供保障，但是并不是说所有的发展都是在持续的和谐状态下完成的。承前所述，事物在曲折中发展，乃是常见的实情。那些事物在发展过程中不得不打破固有平衡情势而导致的状态，其实有可能是为了更大更久的发展预备条件，而这是共生本身就可以容纳的应有之义。

正是由于误用和谐思想可能带来的保守、封闭、凝固倾向，有时会与公平、正义、创造等价值产生冲突。举例来说，和谐在境界上是高于正义的，但是这并不能说和谐可以吞没或代替正义。整体来讲，正义与和谐，各司其职。不仅如此，在价值失衡需要救济的地方，正义有时反而先于和谐。对于一个健全的社会来讲，和谐是应该的，正义是必要的。在现代社会，公平、正义、和谐等价值的实现，往往是由法治来保障的。而法治的运行，人民当家做主的实现，离不开权利意识的觉醒。一个人放弃自己的权利，从法律本身的规定来说并无不可。但是从社会整体来看，放弃权利的行为是非常危险的，当这种缺乏公共精神的行为成为风气的时候，公平正义的法治社会根本无法建成。

总之，系统论证可知，共生聚焦于将各种不相关甚至对立的要素组织起来，创造新事物。从这个意义上来说，共生思想有现代科学作为学理基础，是比较富有现实精神的，而奠基于合情性原则的和谐思想无法从根本上摆脱理想主义倾向的标签。共生并不总是以和谐为唯一旨归，也并不总是以稳定、有序为绝对前提，而是立足于个体之自组织力，依托于共同的整体，在实践过程中允许一定程度的"纷乱""动荡"，近似于"乱中取胜"。至于事物的发展是在曲折中前进的，这一不断打破和谐状态、又建立新的和谐状态的发展过程，在逻辑的可能性空间上超出了和谐能够讨论的固有范围，可以由共生驱动来解释。

结　语

毫无疑问，和谐思想是人类精神宝库中的精华。但是为了避免将和谐与共生两种思维方式混为一谈，本文在比较时，有意突出了和谐与共生两种思维方式的不同之点。当然这种对比，并不是为了强调和谐与共生两种思维方式的对立。克实而言，和谐、共生是性质非常类似的词汇，而且，和谐、共生都是东方文明尤其是中华文明的精华——从某种角度甚至可以这样说，共生思想，实际上是对和谐思想的深化拓展。事实上，这应该也是现在不少地方将和谐共生连用的原因所在。应该特别指出的是，将和谐共生连用的说法，并不是同义反复，而是非常有必要的凸显与强调。当然，这也并不是说，共生可以代替和谐，和谐（尤其是太和）作为共生度较高的状态，代表着人类可能的理想追求。另外，任何一种思想发挥作用都是有条件的，共生思想在落地时也不例外，对于共生思想的强调也不能走向极端化、形式化、机械化。

  本文研究指出，共生思想至少有三点与和谐思想不同。其一，从逻辑的可能性空间而言，共生的范围较宽，和谐的范围较窄。共生最低的限度在于矛盾双方的维持，只要矛盾双方还不至于你死我亡，就依然属于共生的范围，然而这种状态肯定不能称为和谐。共生对于各种斗争形式具有极大的包容性和整合性，以矛盾双方的保存为第一要务，并不强求和谐，对于世界多样性有着天然的尊重和认可；片面强调和谐有时会掩盖矛盾，不能直面冲突。也就是说，共生，不仅可以指涉和谐的状态，还可以更大程度上包含冲突、敌对的关系，并给予正面积极的高效对治。当然这并不能得出共生思想本身缺乏理想性或超越性的结论。当"共生"与"同体"观念结合起来的时候，"同体共生"又变成了一种极其高远的境界。当然，即使仅仅把"共生"当成一种处于底线伦理与终极关怀之间的"中度伦理"，也是非常富有社会实践价值的。其二，和谐更多是在"生"的范围内论述的，共生则内在沟通了生死。和谐，在很多时候用于描述人类社会现象。共生是建立在自然演化进程基础之上的，并不局限于人类社会运行范围之内。在不少情况下，共生体现为向天地万物学习的生态性智慧。生死死生，生生死死，本来就是共生演化进程中的连贯环节。其三，共生思维的基础在于主体与关系的统一。一般而言，和谐更多强调了某种关系或状态。而共生则建立在独立且相关的缘构、缘生基础上，既尊重个体的独立性、完整性，又照顾关系的连带性、相互性。更为重要的是，共生可以引起主体层面的新生，达到逻辑发展可能性的一个顶点，相应的方法论为同体共生。这种同体共生的类型，由对立关系可以诞生新的主体（或实体）形态，有助于揭示世界多样性的秘密。还应该看到，共生思想的流行与现代科学知识的推动大有关联——生命诞生乃至演化的基础在于共生。与运动范畴本身缺乏价值指向性不同，共生驱动是事物发展的根本动力。

总之，现在确实到了新价值观念诞生的时候了。这样的新价值观念，应该符合古今的期待，应该经得起文理的检验，更应该吸取过去价值观念的先进性而走向更高层次的整合。在这方面，共生，既可以在自然科学中找到合理性基础，又可以在社会科学中找到合法性应用，还可以在人文学科中找到合情性宗旨。如果按照传统中国文化来讲，共生有天道，有地道，也有人道。是以，鉴于共生思想本身的普遍性、合理性乃至先进性，本文在写作时结合了自然科学、社会科学乃至人文学科三种学科文化进行表述。当然，和谐与共生两种思维方式，还有其他不同之处。比如，和谐多以和为旨归，共生常以生为目的；共生注重通，和谐侧重同；和谐多表现为果，共生多呈现为因；和谐指向应然，共生立足实然。限于篇幅，这些想法有待来日单独撰文进行详细阐释。期待本文的写作能够为人们深入理解共生贡献绵薄之力。

（作者系中国政法大学哲学系副教授）

注释

〔1〕庞朴：《自序》，载《一分为三：中国传统思想考释》，海天出版社1998年版，第5—6。有些学者则将中国的传统思维方式总结为"互补对生"，比如张祥龙认为，古代中国的认知途径是艺术化的、时势化的，"A且非a"或"A且对A"，常表现为阴阳的互补对生，详见《中西印哲学导论》，北京大学出版社2022年版，第207页。

〔2〕更多详细阐释，参见孙国柱：《共生概念的哲学考察—基于星云大师有关共生的思考与实践》，载佛光山人间佛教研究院、南京大学中华文化研究院联合策划，程恭让、释妙凡主编：《2014星云大师人间佛教理论与实践研究》，佛光文化出版社2014年版，第202—233页。

〔3〕详见蒙培元：《人与自然—中国哲学生态观》，人民出版社2004年，第4页。对此有学者提出，如朱熹这样的大哲，也是坚持"生本论"优先的。详见王锟：《"天地以生物为心"——朱熹哲学的"生本论"》，《哲学研究》2006年第2期。

〔4〕习近平：《论坚持人与自然和谐共生》，中央文献出版社2022年版，第9页。

〔5〕[日]黑川纪章著：《新共生思想》，覃力等译，中国建筑工业出版社2008年版，第85页。

〔6〕迄今为止，"没有信仰"仍旧是罩在中国人头顶上的污名化标签。其实，中国人在清明节中所体现的"慎终追远"精神本身就有报本知恩的信仰性意义在内。详见孙国柱：《在天地间卓然自立——读＜中国的人文信仰＞》，《光明日报》，2021年10月9日第12版。

〔7〕毛泽东：《为人民服务·纪念白求恩·愚公移山》，人民出版社2004年版，第9页。

〔8〕本根，出自庄子，张岱年先生曾发掘其中微义。笔者使用时，借鉴了西方的本体论问题意识，而在具体路径上认为中国的本根概念更为贴切，这是因为中国人的思维方式是体用一源、一多不分的。

〔9〕[德]李峻石著：《何故为敌：族群与宗教冲突论纲》，吴秀杰译，社会科学文献出版社2017年版，第19页。李峻石的其他研究，也依然延续类似的讨论，比如[德]李峻石，[德]郝时亚主编：《再造异同：人类学视域下的整合模式》，社会科学文献出版社2019年版。

〔10〕[日]黑川纪章：《序言》，载《新共生思想》，覃力等译，中国建筑工业出版社2008年版，第6—7页。

〔11〕参见何自力、徐学军：《生物共生学说的发展与在其他领域的应用研究综述》，《企业家天地》，2006年第11期。

〔12〕同体共生，是一个逻辑上限，而不是逻辑极限。同体共生，还可以形成生态网络，而生态网络是否视为更高级别的生命体，还有待讨论。

〔13〕习近平：《论坚持人与自然和谐共生》，中央文献出版社2022年版，第167页。

〔14〕详见李德顺：《价值论———种主体性的研究》（第3版），中国人民大学出版社2013年版，第326—327页。

〔15〕[德]恩格斯著：《自然辩证法（马列主义经典作家文库著作单行本）》，中共中央马克思恩格斯列宁斯大林著作编译局编译，人民出版社2015年版，第328—329页。

〔16〕相关进化论以及共生论的介绍材料，可见刘华杰：《重建共生范式》，载《看得见的风景：博物学生存》，科学出版社2007年版，第149－175页。

〔17〕更多详细内容可见〔美〕林恩·马古利斯著：《生物共生的行星——进化的新景观》，易凡译，上海科学技术出版社，2009年，第1—43页。

〔18〕楼宇烈：《中国的智慧》，中国大百科全书出版社，2023年，第221页。

〔19〕康有为著：《实理公法全书》，载《康有为大同论二种》，朱维铮编校，三联书店1998年版，第7页。

〔20〕恩格斯的原话为："生命是蛋白体的存在形式，这种存在的形式，实质上就是在于把这些蛋白体的化学的构成要素，作经常的自我更新。"详见〔德〕恩格斯著：《反杜林论》，吴黎平译，三联书店1950年版，第94页。

朱子继往开来的精神气魄
——以《四书集注》为例

◎吴邦才

习近平总书记在考察武夷山朱熹园时强调：我们要特别重视挖掘中华五千年文明中的精华，把优秀传统文化同马克思主义立场、观点、方法结合起来，坚定不移走中国特色社会主义道路。推进马克思主义与中华优秀传统文化相结合需要继往开来。

继往开来是朱子首创的词典，更是朱子毕生的追求。王阳明评价：朱熹的精神气魄宏大，早年他立志效法圣贤继往开来。因而他一直在著述上苦下功夫（见《王阳明卷三十四》之《传习录》）。朱子的著述很多，而《四书集注》则是其继往开来的最好写照。

"四书"是《论语》《孟子》《大学》《中庸》四部著作的总称。最早提出"四书"概念的是北宋的程颢、程颐。然而，二程只是提出了基本的思路，尚未系统深入地研究。受二程的启发，朱子对《四书》高度重视，为精益求精地理会《四书》耗费了四十多年的精力。先后著有《论语集解》《论语要义》《中庸集解》《中庸章句》《大学集解》《大学章句》《孟子集注》《孟子或问》《四书或问》等。这些著作在撰写过程中，又经过不断修改完善，才结集成为《四书章句集注》（后简化为《四书集注》）。而后，又复修改、完善，直至临终前还在修订，最后达到满意的程度。朱子的《四书集注》闪耀着继往开来的精神气魄。

一、开创"四书"经学时代

在中国经学发展史上，汉唐及之前的儒家学者对"六经"（即孔子整理的《诗》《书》《礼》《易》《乐》《春秋》的合称，其中《乐》已失传），很是顶礼膜拜，而且喜欢采用对"六经"的训诂方法来治经，不太注重通过治"六经"来阐发义理。北宋开始，儒家学者逐渐重视"四书"中经学的价值。朱子集先贤学说之大成，首创"四书"合集之名，主张"四书"重于"六经"，大力倡导《四书》学，成了经学史上划时代之举。故而有学者认为，北宋之前为"六经"时代，南宋以后为"四书"时代。

朱子之所以强调"四书"重于"六经"，是认为"四书"直接体现了圣人之道，而"六经"不过是佐证圣人之道的间接材料。朱子指出："《大学》《中庸》《语》《孟》四书，道理粲然。人只是不去看。若理会得此书，何书不可读，何理不可究，何事不可处！"（见《朱子语类》卷十四，第249页）。他还生动地比喻说："《语》《孟》《中庸》《大学》是熟饭，看其他经，是打禾为饭。"（见《朱子语类》卷十九，第429页）他形容读"四书"能直接吸取圣人之道，而"六经"则与圣人之道相隔两重，甚至三四重，难以吸取。

当然，朱子主张立"四书"取代"六经"训诂之学，并非否定"六经"的价值，废弃"六经"训诂之学。而是主张：在经学主次上，"四书"为主，"六经"为从；在经学顺序上，先学"四书"，后学"六经"。朱子强调："今学者不如且看《大学》《语》《孟》《中庸》四书。且就见成道理精心细求，自应有得。待读此四书精透，然后去读他经，却易为力"。（见《朱子语类》卷一百一十五，第2278页），由此也可看出朱子在治经上既守原则性，又有创新性。

二、承绪圣贤道统

所谓道统，指儒家圣人之道的传承脉络和系统，其发端于孔子。孔子在《论语·尧曰》中，追叙尧以"允执其中"之道授舜，舜也以"允执其中"之道传授禹。孟子则进一步追叙："由尧舜至于汤，五百有余岁。……由汤至于文王，五百有余岁。……由文王至于孔子，五百有余岁。"（见《孟子·尽心下》）认为凡五百年必有王者兴。汉代董仲舒更直接明了地指出："禹继舜、舜继尧，三圣相受而守一道"（见《汉书·董仲舒传》）。唐代的韩愈详细地叙述："斯吾所谓道也，非向所谓老与佛之道也。尧以是传之舜，舜以是传之禹，禹以是传之汤，汤以是传之文、武、周公，文、武、周公传之孔子，孔子传之孟轲。轲之死，不得其传焉"（见《韩愈·原道》）。从孔子、孟子至董仲舒、韩愈，都对圣人之道一脉相传作了阐述，却未有"道统"一说。"道统"一词的发明权属于朱子。

朱子在其所作的《中庸章句序》中首次提出"道统"之说：《中庸》何为而作也？子思子忧道学之失其传而作也。盖自上古圣神继天立极，而道统自传有自来矣（见《四书章句集注》之《中庸章句序》）。朱子不仅首创"道统"之词，而且阐明"道统"之义："夫尧、舜、禹，天下之大圣也。以天下相传，天下之大事也。以天下之圣，行天下之大事，而其授受之际，叮咛告诫，不过如此。则天下之理，岂有以加于此哉？自是以来，圣圣相承；若成汤、文、武为君，皋陶、伊、傅、周、召之为臣，既皆以此而接夫道统之传，若吾夫子，则虽不得其位，而所以继往圣，开来学，其功反有贤于尧舜者。"（注同上）在此，朱子又首创了"继往开来"之说，把继承与发展结合起来，为"道统"说赋予时代的特征，开辟了广阔的道路。

三、奠定理学基础

朱子理学是庞大的理论体系，其基石就是"四书"学。朱子认为义理蕴涵在"四书"之中，故透过"四书"的注解，一步一步地阐发义理，使其构建的理学内容不断丰富，体系不断完善。

朱子透过《大学章句》阐发义理。朱子把明明德、亲民，止于至善作为《大学》的三纲领；把格物、致知、诚意、正心、修身、齐家、治国、平天下作为《大学》的八条目，指出："明德者，人之所以得乎天，而虚灵不昧，以具众理而应万事"（见《四书章句集注》之《大学章句》第3页）。强调治《大学》的目的就是懂得格物穷理："圣人不令人悬穷理，须要格物者，是要人就那上见得道理破，便实"（见《朱子语类》卷十四，第257页）。还强调要把"见得道理"，视为治《大学》的第一要务。

朱子透过《论语集注》阐发义理。朱子认为《论语》一书记载了孔子的言论，其中包含了无穷的道理。朱子就《论语》中的"克己复礼为仁"，逐字解释：仁者，本心之全德；克、胜也；已，谓身之私欲也。复，反复也；礼者，天理之节文也；为仁者，所以全其心之德也。盖心之全德，莫非天理，而亦不能不坏于人欲（见《四书章句集注》之《论语集注》卷六，第131页）。他指明：克己复礼就是克制人欲而复归天理。

朱子透过《孟子集注》阐发义理。朱子在解读孟子的"尽其心者，知其性也，知其性，则知天矣之论"时指出："心者，人之神，所以具众理而应万事者也。性则心之所具之理，而天理又所从以书者也。人有是心，莫非全体，然不穷理，则有避而无以尽乎心之量。故能极其心之全体而无不尽者，必其能穷夫理而无不知者也。既知其理，则其所从书，亦不外是矣。"（见《四书章句集注》《孟子集注》卷十三，第349页）很巧妙地把心性论与天理论结合起来。

朱子透过《中庸章句》阐发义理。朱子认为《中庸》立言的本意是道出于天，又存于已心，只有下足存养省察的工夫，才能真正达到圣神功化的境界。朱子还将《中庸》的思想，阐发为天理的本质属性："诚者，真实无妄之谓，天理之本然也……圣人之德，浑然天理，真实无妄，不待思勉而从容中道，则亦天之道也。"朱子抓住一个"诚"字，便打通了伦理与天理融合的通路。

朱子透过《四书集注》对义理的阐发，为构筑理学体系奠定了厚实的理论基础。

四、开书院教材之先河

书院自唐代兴起，至宋代鼎盛，然而书院的教材建设十分薄弱。南宋以前多以"六经"为主教材，再辅以书院主持者所偏好的读物。朱子编写《四书集注》的初衷，除了承读道统，弘扬义理的目的外，便是试图改变书院教材上杂乱无主的状况，以"四书"取代"六经"。

朱子晚年寓居考亭，创建了沧州精舍，发出了"吾道付沧州"的宏愿，并将《四书集注》正式列为书院主要教材，开启了书院教材建设之先河。此后，南方诸多书院纷纷仿效，掀起"四书"学的热潮。然而好景不长，庆元二年（1196），朱子蒙冤，被打成"伪学之魁"，其《四书集注》及《语录》遭禁毁。直到宝庆三年（1227）宋理宗皇帝为朱子平反，下诏："朕观朱熹集注《大学》《论语》《中庸》《孟子》，发挥圣贤蕴奥，有补治道。"《四书集注》终于又重见天日。此后，《四书集注》不仅成为全国书院的必修教材，而且流传东亚，被朝鲜、日本引用为教科书。

朱子不仅精心编撰《四书集注》，而且亲自讲授和指导《四书》学，强调《四书》学习要由浅入深，循序渐进。朱子在安排"四书"次序上独具匠心。其门人黄榦对此印象深刻："先人教人，以《大学》《语》《孟》《中庸》为入道之序，而后及诸经，以为不先乎《大学》，则无以提纲挈领而尽《语》《孟》之精微；不参之以《语》《孟》，则无以融会贯通而极《中庸》之旨趣。然不会其极于《中庸》，则又何以建立大本，经纶大经，而读天下之书，论天下之事哉？"（见《勉斋集》卷三十六《朱先生引状》）。朱子还通过书信答疑解惑，指导门生学习《四书集注》，在《朱子语类》中所载的相关书信多达数十封。

综上所述，朱子的《四书集注》承绪道统、奠基理学、拓展教化，开辟了新儒学的时代，展示了继往开来的精神气魄。在当今推进理论创新的时代，朱子继往开来的精神气魄无疑是值得学习弘扬的。

（作者系武夷学院党委原书记，武夷文化研究院名誉院长）

"天下为公"理念的哲学意蕴与现代转化

◎ 龙涌霖

习近平总书记在党的二十大报告中指出："坚持和发展马克思主义，必须同中华优秀传统文化相结合。只有植根本国、本民族历史文化沃土，马克思主义真理之树才能根深叶茂。"他列举"天下为公""民为邦本""为政以德""革故鼎新""任人唯贤""天人合一""自强不息""厚德载物""讲信修睦""亲仁善邻"十个中国哲学观念来说明"中华优秀传统文化源远流长、博大精深，是中华文明的智慧结晶"。[1]其中"天下为公"位列第一，足见对这个观念的深入阐释工作，对于"两个结合"这个重大的时代课题而言具有重要意义。"天下为公"虽典出战国儒家经典《礼记·礼运》篇，但在五千多年前尧舜圣王"协和万邦"（《尚书·尧典》）的政治实践中就能看到它的雏形。这个古老的中华文明核心理念意涵丰厚，历久弥新，在新中国政治文明中与马克思主义原理相结合而焕发新生，是中国共产党人立党为公、执政为民、胸怀天下的精神沃壤。

一、"天下为公"的哲学意蕴

"天下为公"的首义在"公"。而要理解"公",则不能抛开"私"。"公私"是一对辩证的概念。据《韩非子·五蠹》的经典定义,"自环者谓之私,背私谓之公",那么"私"的基本意象是一个自我封闭的圈子。在这个小圈子中,人因有内外亲疏之别而容易偏袒徇私。"公"的提出,就是要打破闭环,站在一个更大的视野来接物处事。不过,圈外往往又有圈,因而所谓内外常常也是相对的。比如,村社于家而言是公,于国而言却是私;在这种情况下,"公"的价值就要打上折扣了。这样就确实如费孝通所说的,"在差序格局里,公和私是相对而言的"。[2]但是,即便仅仅就差序格局自身来看,也未必所有层面的"公"都是相对的。在那个最外围且边界无限开放的圈的层面,亦即在那个"至大无外"的空间中,"公"便不是相对的,这一层级的"公"便能完满呈现。这个空间就是中国人所说的"天下"。因此,"公"的概念必然蕴含"公天下"之理,这个理念在诞生之初就蕴含着天下视野。这说明,"公"最适用于天下这一层面的政治框架。

五千多年前,尧舜禹这些圣王通过观象授时、巡守祭享、敷治水土、交通九州、树艺五谷等一系列史诗般的创举,将华夏四方各个部族联结成一个超越血缘、地域的政治共同体。这就是当时"天下"的雏形。彼时先民所能知道的天下范围,在今天看来很可能只有几个省份的大小而已。但关键不在于实际领土面积,而在于这种天下格局的无限包容性,在日后能够如"漩涡"般将周边的多元民族吸引进来,参与到天下之治这一政治框架的博弈与融合之中,使中华文明得以不断壮大、生生不息。[3]而这一无限包容性的内在动力,就是"公天下"的精神。按照儒家的叙述,尧舜禹之治正是"公天下"的巅峰时代。无论是《礼运》"选贤与能,讲信修睦""人不独亲其亲,不独子其子""老有所终,壮有所用,幼有所长,矜寡孤独废疾者皆有所养""货恶其弃于地也,不必藏于己;力恶其不出于身也,不必为己"等论述所描绘的"大同"之世,还是尧舜禅让、舜死职守、禹三过家门而不入等故事,无不充分展现出当时圣王治下的"公天下"气象。

"天下"不仅指地理空间意义上的广袤山河大地,更重要是指在这片广阔土地上生生繁衍的民众。"天下为公"追求的是广土众民的最大福祉。这就要求,以天子为代表的公权力的运行必须以服务天下生民为合法依据,正如荀子所云:"天之生民,非为君也;天之立君,以为民也。"(《荀子·大略》)天子之位以辅助天生育万民而有存在之必要。因此,君主是否能保证好民众的生计,关系到政权的稳定。中国古人很早就意识到,民心的向背实质上决定着政权的兴亡,这就是"民惟邦本,本固邦宁"(《尚书·五子之歌》)的民本思想。因而,天子的至高权力虽说源自宗教式天命,但天命的授受与否,归根到底还是以民意的向背为终极依据的,这在后来便凝结为"天视自我民视,天听自我民听"(《尚书·泰誓》)的经典命题。因此,天子唯有为政以德、施德于民,才能"祈天永命"(《尚书·召诰》),维系政权长久;否则便会丧失民心而被民众视为"独夫",实际上也就丧失了天命及其天子之位的正统性。那么,顺应民意而起的革命者也就获得了天命而具有行动正当性,所以《周易·革卦·彖传》说汤武革桀纣之命是"顺乎天而应乎人"的。可以看到,民本、天命、德政、正统、革命、三统、大一统等传统政治理念背后都是以"天下为公"为底色的。

"天下为公"是整套中华政教价值系统的最大公约数。

综括提炼古代典籍的相关论述，可知"天下为公"理念对执政者提出如下具体要求。一要公平公正，不偏不倚，正如《尚书·洪范》总结三代为政之道云："无偏无党，王道荡荡；无党无偏，王道平平。"尤其在"大一统"的辽阔疆域中，天子居中，应当"包含并覆，普爱无私"（《盐铁论·地广》），以"均平"的原则施政，协调地区间的不平衡和差异，并集中力量保卫备受蛮族侵扰的边郡民众的生命财产安全。二要兼容并蓄，和而不同，让不同的习俗、制度、价值能在多元一体的文明框架中"小德川流，大德敦化""万物并育而不相害，道并行而不相悖"（《礼记·中庸》）。这也要求执政者能兼听则明，容纳不同声音和批评意见。《道德经》云"容乃公"（《十六章》），又云："圣人无常心，以百姓心为心。善者，吾善之；不善者，吾亦善之。德善。"（《四十九章》）三要扩大国家治理的公共参与[4]，让公共决策吸纳更多的集体智慧，从而避免执政者因一人的专断而损害民众利益。《尚书·洪范》记载三代王者决策稽疑，需要"谋及卿士，谋及庶人，谋及卜筮"，亦即综合人谋、鬼谋来判断。后来，孟子对这个政治决策原则做了更理性化改进，即所谓"左右皆曰贤，未可也；诸大夫皆曰贤，未可也；国人皆曰贤，然后察之；见贤焉，然后用之"（《孟子·梁惠王下》）。四要辩证处理好公私关系。"天下为公"并非灭"私"以就"公"。它恰恰是要成就天下每一个生民的合理之私，也就是成就每个人对于美好生活的愿景。[5]在天下的层面，义、利是一致的，天下民众的大利即天下大义，此即《国语·晋语一》所说的"义以生利，利以丰民"。相反，若以消灭生民之私为途径，实现的恐怕不是大公，而是统治者一人的大私。因此，"天下为公"理念又蕴含富民而后教的主张，如孟子云："明君制民之产，必使仰足以事父母，俯足以畜妻子，乐岁终身饱，凶年免于死亡，然后驱而之善。"（《孟子·梁惠王上》）总之，经过古代思想家的不断阐发，这个源远流长的古典理念发展出了丰富的哲学意涵和政治智慧，具有深远的启示意义。

二、"天下为公"的历史命运

依《礼运》所述，"天下为公"之后便进入"大道既隐，天下为家"的时代，其核心是天下权力的交替由选贤禅让转变为世袭继承的制度，其标志性事件就是大禹死后，其子启继承父位，建立夏朝，由此开启了"家天下"的时代。从马克思主义的唯物史观来看，从"公天下"到"家天下"的实质是上古社会形态从原始而民主的氏族共同体，进入到阶层分化、权力集中的奴隶制国家，其背后的根本原因是生产力的提高和社会财富的积累，无疑是一种历史进步。当然，从儒家的角度看，"家天下"则是一种历史退化。但这并不意味着儒家认为"家天下"时代就不能体现"公天下"价值。孟子强调，无论是尧舜禅让还是禹启世袭，背后都是以民心向背，即以统治者是否有德、是否得到民众自发拥戴为依据的。只要有德，便能执公，便能开出"小康"之世。而如果世袭的君主失德，便自然有新受命于天的有德者率领民众起来推翻他。那么动态地看，由于有天命—民心作为调整力量去纠正失道之君，"家天下"制度下的朝代更替的历史过程，依然能够表现出"公天下"的价值，依然会有志士仁人去"替天行道"。只要执政者有道，那么"家天下"就不尽等同于"私天下"。因而，历代儒者都希望能得君行道，致君尧舜，从而回向三代，尽力在"家天下"的制度中体现出"公天下"理念。不唯儒家如此，"天下为公"理想也得到其他学派的呼吁和论阐。比如，墨子云："仁人之事者，必务求兴天下之利，除天下之害。"（《墨子·兼爱下》）稷下法家人物慎子云："古者立天子而贵之者，非以利一人也。曰天下无一贵，则理无由通，通理以为天下也。故立天子以为天下，非立天下以为天子也。"（《慎子·威德》）战国末年综合百家的《吕氏春秋》一书，也很早提出过"天下非一人之天下也，天下之天下也"（《贵公》）的响亮口号。

如果说从尧舜禅让到禹启世袭，是"公天下"制度与"公天下"理念的分离，从而进入到"家天下"制度与"公天下"理念不断磨合的时代，那么在儒家看来，周室东迁、礼失诸野之后，则是进一步下坠到一个"道统"与"政统"相分离的时代。这意味着负载"公天下"理念、损益三代政教秩序而成的周代礼乐文化被上层统治者所逐步抛弃，而只有儒家士大夫甘愿抱残守缺，立志赓续这一点精神命脉。那么，要致君尧舜而实现"天下为公"的三代之治，便是"高矣美矣，宜若登天然"（《孟子·尽心上》）。孔子率弟子们周游列国，奔走呼号，厄于陈蔡，围困于匡，便是"道统"与"政统"分离之后儒者的艰难写照。春秋战国社会急剧转型，依靠集权、法令、刑罚、兼并手段的法家式国家体制迅速崛起，在解放生产力、推动社会进步的同时，也因统治者穷奢极欲、贪婪好战、聚敛无度而给民众带来酷烈的祸害。苛政猛于虎，"天下为公"的理想，更加显得弥足珍贵。事实上，无论是夏商周奴隶主阶级统治下的分封制形态，还是秦汉以降地主阶级统治下的皇权集中的郡县制形态，"家天下"本质上都是极少数人剥削广大劳动人民的制度，进入秦汉之后尤为酷烈。剥削制度使统治者容易与广大被剥削的劳苦人民产生情感隔膜，漠视他们的痛苦呻吟，产生"我生不有命在天"（《尚书·西伯戡黎》）的幻觉。因而，每当农民起义者顺着巨大民愤推翻暴政，成为新的剥削者后，其子孙一旦世袭其位，便逐渐与广大劳苦民众产生隔阂，最终难免再被推翻的命运，逃不出一治一乱的轮回。"家天下"制度的最大问题，在于跳不出"历史周期律"。每当朝代衰败、官吏贪腐、矛盾激化、农民起义、历史重演时，统治者就不得不乞灵于神秘唯心的天命循环论调。结果在儒家知识分子那里，天道既以民心为转移，但同时又包含"五百年必有王者兴"（《孟子·公孙丑下》）的神秘定律。这是传统天道论无法自圆其说的内在矛盾。

儒家并非没有解决矛盾的努力。虽然历代统治者往往会强调与民众建立"一体之仁"，从而达致"天下为公"，但这在封建的旧时代并未能有效实现。困难在于，旧时代少数剥削者如何真正与广大无血缘关系的被剥削者建立起血气相通、痛痒相关的"一体之仁"呢？儒家的方案是借助自身血缘关系来拟构出家国一体的政治情感，即从《论语·雍也》"近取譬"发展出来的推恕之道。具体而言，即要求统治者将自己对于父母、兄弟、子女的自然情感推扩到天下民众，视天下民众如同自身和家人，从而达致"一体之仁"。比如《孟子·梁惠王上》所谓："老吾老，以及人之老；幼吾幼，以及人之幼；天下可运于掌。"问题是，从天子之家到天子之民，中间的扩大只是一种"拟"，这对统治者的共情能力以及种种德性都提出了很高要求。而我们知道，历史上这样的"明君"是极少的。更何况由于宫廷政治和皇权争夺的残酷性，历代皇室残亲之事层出不穷，那么，如何能从自家亲情推恕出一个面向天下民众的"一体之仁",便是相当薄弱、相当困难的事情。

随着明清资本主义萌芽的出现,思想界开始出现了批判君主专制的启蒙声音。清初思想家黄宗羲痛批君主"荼毒天下之肝脑,离散天下之子女,以奉我一人之产业",提出"天下为主,君为客"的主张。此外还有顾炎武提出的"以天下之权寄之天下之人"、王夫之提出的"不以一人疑天下,不以天下私一人"主张,与黄宗羲合称清初三大思想家。但他们的主张其实只是将传统民本思想的逻辑推到极致,并未否定君主制本身。近代鸦片战争后,传统帝制中国被强行拉入资本主义列强扩张的世界体系中,沦为半殖民半封建社会,而这客观上却给当时有识之士开眼看世界、重构"公天下"理想的契机。洪秀全糅合了西方基督教理念与儒家传统思想,提出"天下一家"说。康有为创作《大同书》,将"天下为公"理念与西方进化论和天赋人权思想结合,构想一个没有阶级、人人平等的"大同"理想社会。孙中山以"天下为公"诠释"民有、民治、民享"的三民主义,强调国家的主权属于全体国民,官吏是人民的公仆,主张平均地权,消除贫富悬殊和不公平现象;谋求推翻帝制,建立主权在民的共和国[6]可以说,"整个中国现代史,是天下为公诉求的总爆发"。[7]这些主张,本质上都是当时民族资产阶级的救亡图存的主张,无疑是进步的。然而资产阶级在本质上仍是剥削阶级,其多大程度上能代表广大中国人民呢?加上其自身软弱性,资产阶级共和国的方案很快由于袁世凯称帝窃国、军阀割据混战而破产。反帝反封、实现"天下为公"的"旧邦新命",落在了中国共产党人肩上。

三、"天下为公"的现代转化

从思想内涵看，传统"天下为公"理念与马克思主义至少在以下四方面是可以沟通的。第一，马克思主义关于共产主义社会理想，与"大同"理想不谋而合。第二，马克思主义唯物史观认为，以劳动者为主体的人民群众创造历史，应当享有人类社会的广泛权利，而这可以重新激活"天下为公"中的民本思想。第三，马克思主义的社会主义观点认为，只有实现生产资料公有制，消灭剥削制度，才能解放生产力，为实现全体人民的幸福、实现共产主义理想社会奠定物质基础，这可将"天下为公"中的富民主张转化为一项现代经济制度。第四，马克思主义者关于全世界无产阶级大联合的国际共产主义精神，与传统士大夫"忧以天下，乐以天下"（《孟子·梁惠王下》）的胸怀契合。可见，中华文明具有与马克思主义原理相结合的天然土壤。因而，俄国十月革命一声炮响，为中国送来了马克思列宁主义，许多深受旧学熏陶的志士仁人便自然地转变为共产主义战士。"天下为公"的古老价值，在中国共产党领导的中国特色社会主义事业中逐步实现。

以毛泽东同志为代表的中国共产党人，带领中国人民经过浴血奋斗，完成了新民主主义革命，建立了中华人民共和国，确立了社会主义基本制度，真正实现人民当家作主，彻底结束了旧中国"家天下"时代，从而为中华文明"天下为公"价值的实现奠定了广泛的政治基础。

以邓小平同志为代表的中国共产党人，带领中国人民进行改革开放的伟大实践，把党和国家的中心工作转移到经济建设上来，使得中国人民从站起来了到富起来了，从而为中国特色社会主义事业的"大同"理想夯实物质基础。

党的十八大以来，习近平总书记站在几代中国共产党人思想结晶的基础上，面对百年未有之大变局，准确把握中国特色社会主义事业的历史新方位、时代新变化、实践新要求，在国内外重要场合多次阐发"天下为公"，将这个理念推向了新的境界。概括而言，习近平新时代中国特色社会主义思想在以下三大方面，创新发展了"天下为公"理念。

一是坚持人民至上，发展全过程人民民主。习近平总书记在学习贯彻党的二十大精神研讨班开班式上指出：党的领导凝聚建设中国式现代化的磅礴力量，我们党坚持党的群众路线，坚持以人民为中心的发展思想，发展全过程人民民主，充分激发全体人民的主人翁精神。主人翁的提法蕴含着对传统民本—生民论的克服和超越。民本—生民论无论被推阐多高，始终未能否定君主制本身，因其理论背后往往会预设生民不能自治而需仰赖上天的委托者。[8]然而人民群众才是创造历史的原动力，只有在真正实现主人翁地位的新中国政治文明中，中华文明中关于天道民心的"公"之价值才会获得真正解放。而发展全过程人民民主，实现过程民主和成果民主、程序民主和实质民主、直接民主和间接民主、人民民主和国家意志的相统一，在西方民主模式多为特殊利益寡头所俘获的当今世界，更彰显着中国特色社会主义民主政治对于人类文明前景的深远启示意义。

二是坚持高质量发展，促进共同富裕。习近平总书记在党的二十大报告中指出，"中国式现代化是全体人民共同富裕的现代化"，"坚持把实现人民对美好生活的向往作为现代化建设的出发点和落脚点，着力维护和促进社会公平正义，着力促进全体人民共同富裕，坚决防止两极分化"。[9]共同富裕是社会主义的本质要求，它"不是少数人的富裕，也不是整齐划一的平均主义"[10]。在我国经济建设由高速增长转入高质量发展的新时代，如何让社会主义市场经济既保持高效益和活力，又能体现公平正义，使经济发展的巨大成果能最大限度地满足人民群众对于美好生活的期待，亦是系于中国共产党人心中的"国之大者"。提出高质量发展、共同富裕的理念，既是对"利用厚生"这一传统经济思想的继承弘扬，也是将三代以降"公天下"理念中的"均平"诉求推向新境界，而这也深刻发展了儒家传统的义利之辩，蕴含着中国自主掌握、衡量现代化道路的道德标尺。[11]

三是促进世界和平与发展，推动构建人类命运共同体。习近平总书记指出：构建人类命运共同体是世界各国人民前途所在。万物并育而不相害，道并行而不相悖。只有各国行天下之大道，和睦相处、合作共赢，繁荣才能持久，安全才有保障。[12]"天下"的内涵，由此而拓展为命运相关、荣辱与共、风雨同舟的地球大家庭。中国共产党人胸怀天下，关注人类前途命运，高举和平、发展、合作、共赢的旗帜，弘扬"和平发展公平正义民主自由"等全人类共同价值，致力于把地球村建成一个和睦的大家庭，把世界各国人民对美好生活的向往变成现实，这是对"天下为公"理念的守正创新和升华发展。在政治、经贸、安全、生态、卫生诸多问题牵一发而动全球的21世纪，人类联系空前紧密。各国谋求自身发展的同时，应能平衡与他国利益冲突，力求在一个相互尊重、相互理解、平等协商、合作共赢的国际多边框架中解决问题。霸权主义绝非人类和平长久之道。习近平总书记关于人类命运共同体重要论述中的新时代"天下为公"理念，是站在五千年中华文明的深厚根基上为人类前途命运贡献的中国智慧，具有重要而深远的启示意义。

在中国共产党人身上，作为中华文明生生不息之第一原理的"天下为公"理念遂实现其古今之变。这其中的关键，在于马克思主义能真正解开中华文明深处某些纽结，实现"旧邦新命"。人民群众才是历史的真正创造者。这一唯物史观原理与"天下为公"理念相结合，开创了人类文明新形态。

（作者系中国社会科学院哲学研究所助理研究员）

朱熹"天下观"与中华民族现代文明的秩序追求

◎何青翰

习近平总书记指出,"中华文明的智慧结晶"包括了"中国人民在长期生产生活中积累的宇宙观、天下观、社会观、道德观"。关于"天下"的基本构造及其应有准则的理解,我们将其称为"天下观"。中国人很早就将整个宇宙设想为一个"天圆地方"的构造,包括人与万物都为"天"所覆盖,"天"的绝对性与在场感是中国人审视自我时所具有的一种基本感受;因此,在中国人看来,"天下"即世界,而世界的存续发展又有赖于内具稳定性与价值意义的规范、习俗、理想,亦即"秩序"。从文明的角度来看,各大文明得以彰显、独立的标志,正在于以不同的文化传统提供了人之安身立命所必需的政治秩序、社会秩序、心灵秩序。中国人对于"秩序"的思考与实践,在很大程度上就是围绕着"天下"而展开的。众所周知,汉唐以来,朱熹在中国文化史上的地位是独一无二的。在"秩序重建"的层面,元明清三代"大一统"王朝的政教安排无不得益于朱熹所构造的以"四书"诠释为中心的理学系统。而其中"天下观"的重新挺立,对中华文明的连续性与统一性起到了极大的巩固作用，亦与今天我们所提出的建设中华民族现代文明的时代命题遥相呼应，为我们推进"第二个结合"与"又一次的思想解放"提供了宝贵的文化资源。

朱熹思想中的"天下"，一面以"天人"关系为其旨归，一面亦以汉"天下型国家"为其历史背景，深契于"华夷""内外"的政治结构。正如朱熹所说："天之明命，有生之所同得，非有我之得私也。是以君子之心，豁然大公，其视天下，无一物而非吾心之所当爱，无一事而非吾职之所当为。虽或势在匹夫之贱，而所以尧舜其君，尧舜其民者，亦未尝不在其分内也。"由此可见，朱熹的"天下观"大致可以分为三点：一曰天下唯理，一曰天下为公，一曰天下一家。朱熹学问，以"理"为本源，通过"理一分殊"而讲明宇宙万物的一体性与多元性。所谓"天下唯理"，即天下的根本在于天理，天下的人、物及其活动，都必须符合正义，彰显道理；所谓"天下为公"，"理"以"天命之性"的形式而遍及于天下之人，人人皆能修身治学而恢复其应有的仁义礼智之性，因而"自天子以至于庶人"虽有职分上的不同，但在本性上是平等的。以朱熹为代表，真正的儒家都坚决反对将"天下"变为一家一姓的私产。所谓"天下一家"，即朱熹继承了张载所提出的"民胞物与"，对于世界人民怀有普遍之爱。总体上看，朱熹的"天下观"既给了唐宋已降所兴起的平民社会寻求德性平等的基本理由，又为元、明、清以多民族融合为基础的"大一统"提供了一套同时具备形而上学意义与道德规范的理论说明，使各民族不同宗教信仰均在"天理"的框架内得到了兼容。不仅如此，以朱熹"天下观"为根据，中国也为整个东亚地区树立了扶危济困、除暴安良的典范。明朝万历年间，中国即曾经应朝鲜要求，合击日寇，保卫了东亚的和平。因此，朱熹的"天下观"在本质上是中国人关于"世界秩序"的深度构想。

新中国是在前所未有的历史变局中建立起来的。推进中国特色社会主义文化建设，建设中华民族现代文明，必然需要我们回应新时代的秩序命题。在此基础上，朱熹"天下观"对于我们在中华民族现代文明的范畴内寻求合理的、正义的秩序体系、呈现人类文明新形态，具有两个极为重要的启示：首先，在秩序强调规范一面，合于人道的世界秩序理应是多元一体的，人类文明应由其共通的、共享的价值理念与道德要求，但这绝不意味着文明的定义应垄断于任一具体的区域性政治力量，尤其是我们必须认识到"现代化"不等于"西方化"；正如朱熹所说"万紫千红总是春"，天下之大，在于人类有权力在不同的文化脉络中需求与自身契合的发展之道。其次，在秩序强调理想的一面，内具活力的人类文明应该是坚持公平正义与互相关爱的，朱熹提出："伊尹之志，公天下以为心，而无一毫之私者也。"天下者，天下人之天下，每一个人都应获得自由发展的基础条件，从而各美其美、美美与共。在五千多年中华文明深厚基础上开辟和发展中国特色社会主义，把马克思主义基本原理同中国具体实际、同中华优秀传统文化相结合是必由之路。这是我们在探索中国特色社会主义道路中得出的规律性的认识，是我们取得成功的最大法宝。以"两个结合"尤其是"第二个结合"为指导，我们将在未来更为深度地激活朱熹"天下观"以及更多的传统文化资源，由此为世界呈现更为精彩的中国之道。

（作者系中共中央党校文史教研部讲师）

从美德伦理看朱子哲学的诠释多样性 *

◎ 李明书

南宋大儒朱子（朱熹，1130—1200）的著作丰富，不仅其自身的义理精深广博，历来的解释与研究亦十分多样。从今日的研究方法来看，朱子思想可谓涉及诸多的哲学问题，是故在透过当代学术话语重新建构朱子思想系统的过程中，也使其诠释结果呈现多种不同的定位，甚而产生各种立场的评判。关于朱子的研究，学界已有许多细致的讨论，本文则从哲学方法论的视角，较为宏观论述牟宗三（1909—1995）、杜保瑞与黄勇研究朱子的方法，梳理三者的关系与脉络，指出朱子哲学具有不断被诠释的可能。

港台新儒家学者牟宗三以康德（1724—1804）理论解释儒家而为人所熟知，提出著名的"三系说"，分别为"五峰蕺山系""象山阳明系"与"伊川朱子系"。牟宗三认为"五峰蕺山系"与"象山阳明系"继承孔孟之道，前者从客观面的性体、天道下贯为心体，后者则是以心体涵摄天道，心体的发用即是客观的道德法则。在实践功夫上，牟宗三提出"逆觉体证"作为实践的方法，亦即透过"反求诸己""求其放心"等方式进行道德自觉，而非从外在的规范要求个人的道德行为，也不是借由学习外在的行为而证明普遍的道德法则之存在；一旦证明自心即是道德法则的根源，则可运用于各种道德行为与外在事物。在牟宗三的分判中，程颐（1033—1107）与朱子合为"伊川朱子系"，均是重视外在行为的学习，强调在各种事物上学习之后，才能逐渐体认天道、天理的存在，这是支离而非根本的功夫，因为学习各种外在行为与事物无法保证必定能够体认到天道、天理的存在，也无法从根源处证得本心与天道之间的契合。相较于逆觉体证的进路，程颐与朱子所采取的是顺取的进路，是顺着外在事物而去追求道德法则，不是从人人本有的理性、心体去反思。[1]

牟宗三的判断标准，采用了康德对于自律道德与他律道德的区分，"五峰蕺山系"与"象山阳明系"为自律道德，是正统的孔孟思想之开展；"伊川朱子系"则为他律道德，未能准确继承孔孟之道，而流于儒家思想的歧出，是"别子为宗"的理论形态。[2] 自律道德的层次高于他律道德，是人借由道德反思之后证明道德法则的存在，这也是人的理性之表现，而理性会使人由于尊敬到道德法则的重要性，以至于会依据道德法则而行；由于人人皆有理性，是故只要是依据理性而行的人，均会依据共同的道德法则而行。程颐与朱子只是遵循外在的行为规范而行，虽然外在的行为规范也可以达到道德的部分效果，但是一旦规范改变或消失，人就不再遵守原先的规范，各种外在规范只是一种暂时、权宜地达到道德行为的手段，不同于从人人皆有的理性建立普遍的、内在道德规范。于是牟宗三以"别子为宗"论断"伊川朱子系"，表示其境界与理论高度均低于"五峰蕺山系"与"象山阳明系"。[3]

学界已有许多关于牟宗三这一判教的讨论，本文就不再梳理相关的研究。此处重点要指出的是，姑且不论牟宗三这一分判的理论优劣、合理与否，其影响之深远已是无可争议的事实；而这一分判是由于牟宗三所采用的研究方法与理论依据，使宋明儒学成为其所认为的理论形态。

对于牟宗三的三系说与判教观进行较为全面地批判的，大概可以杨泽波[4]与杜保瑞为代表，其中尤以杜保瑞特别为朱子的理论高度与深度进行辩护，认为朱子不仅不如牟宗三所以为的层次低下，而且是宋明儒学家，甚至是中国历代儒学家之中，理论形态最为完备者。这一判断的依据，来自杜保瑞所提出"四方架构"中国哲学方法论，亦即以本体论、宇宙论、功夫论与境界论作为完整的中国哲学基本问题，而且是不依于西方哲学理论背景而专属于中国哲学本身的哲学问题。[5]本体论探讨价值的根源，宇宙论探讨世界生成变化的道理，功夫论探讨主体实践的方法，境界论则是论述主体实践之后所达成的状态。杜保瑞认为中国哲学各家各派的理论，可以还原为这四个哲学基本问题；不同理论之间的差异，只是其侧重的哲学问题不同，而不是理论的高低之别。[6]例如程颢（1032—1085）重视的是境界论，但不能由于其重视境界论，就判断其他重视功夫论的儒学理论在层次上低于程颢。

在杜保瑞看来，牟宗三之所以认为朱子功夫论是支离而非根本，道德是他律而非自律的论断，一方面则是由于牟宗三采取了康德道德哲学的进路，导致对于中国哲学有着不合理的判断；另一方面是其错置了中国哲学基本问题，将朱子的功夫论视为低于程颢、陆象山等的境界论观点。杜保瑞进而以其所建构的中国哲学方法论梳理朱子文本，认为朱子所探讨的哲学问题是在整个儒学家之中最为丰富者；许多儒学家只论及其中几个中国哲学基本问题，但朱子的思想体系广泛地论述四个哲学基本问题，可谓对于儒家哲学体系进行了全面的建构，而且理论高度亦不低于牟宗三所推崇的程颢、陆九渊（1139—1193）与王阳明（1472—1529）等。杜保瑞借由全面地反思牟宗三的观点，建构其所认为的儒家哲学，并且提升了朱子的理论高度与地位。[7]

相较于牟宗三，杜保瑞不借鉴西方哲学的概念与理论，而是直接以中国哲学经典中既有的概念为基础，提出中国哲学本身的问题，再从各个中国哲学家与哲学经典对于这些哲学问题的讨论，消解历来对于不同哲学理论评判高低的观点。杜保瑞认为中国哲学问题之间只有差异而无高低，朱子与王阳明只有理论侧重点的不同，而无牟宗三所言的正统与歧出之别。杜保瑞的观点除了有助于读者梳理中国哲学问题的论争之外，还标举了中国哲学本身的理论价值与特殊性，使中国哲学不依附于西方哲学的思路而被理解。聚焦于朱子而言，杜保瑞可谓是在牟宗三强势的分系与判教之后，找到一条属于中国哲学的道路而为朱子辩护。虽然其朱子哲学研究几乎是依附于批判牟宗三的观点而生，其后未再以"四方架构"研究方法更多地挖掘朱子的理论特色，也未再展开与其他学者之间的对话，但这一立场与观点的提出具有一定的标志性意义。

黄勇近年出版的《当代美德伦理：古代儒家的贡献》与《美德伦理学：从宋明儒的观点看》二书，[8]是其长期以来建构儒家美德伦理学的总结，这两本书标示的意义，是中西方哲学经过长期的比较研究之后，吸收了西方的思想资源，进而将中国思想建构成西方讨论哲学问题的形式。前一本书主要以古典儒学（包含先秦儒学与宋明儒学）的观点证明儒家的美德伦理学优于西方美德伦理学，后一本书则是依据宋明儒家（包括二程、朱子与王阳明）的观点回答西方美德伦理学的理论困境。黄勇认为美德伦理学虽然在当代透过复兴亚里士多德伦理学而得到发展，但是西方建构出来的美德伦理学理论，无法透过亚里士多德伦理学而呈现，儒家思想才是"更纯粹、更彻底、更本真的美德伦理"。[9]

黄勇认为完美的美德伦理学系统，必须建立在能够回应当代美德伦理所受到的批判之上，于是他先是提出了美德伦理的困境，再阐述儒家经典的精义，而后给予回应。在《当代美德伦理：古代儒家的贡献》一书中，黄勇提出了若干当代美德伦理学的理论困境，例如具有美德的人是否为利己主义者、美德两难问题、美德是否可教等，儒家思想不仅可以回答，而且回答得比西方美德伦理学的既有观点更完善。《美德伦理学：从宋明儒的观点看》更为集中于宋明儒学的观点所能提供给美德伦理的贡献，主要讨论程颢美德伦理学介于理性主义与情感主义之间的特质、以程颐回答为什么要有美德、二程的美德解释学、以朱子回答美德伦理自我中心的难题、以朱子回应亚里士多德美德伦理学的二重困境、朱子美德伦理学的道德实在论系统、王阳明论对于恶人的同感与美德之关系、王阳明的儒家环境美德伦理学与王阳明论道德责任等九个议题。

两本书的研究进路相同，皆是在以儒家的思想资源解决西方美德伦理所面临的难题，进而证明儒家整体而言是优于西方的美德伦理。也就是说，西方美德伦理在这些问题上始终无法得到令人满意的回答，但是透过儒家思想的诠释或建构，这些问题可以得到有效的解决。黄勇认为，在儒家的思想家之中，朱子是最为理想的美德伦理学家，也就是透过朱子所建构出来的美德伦理学理论体系最为完善、全整，[10]可以有效解决最多的西方美德伦理学难题。其理由或许与杜保瑞相似，因为朱子的著作最为丰富，几乎论及了所有儒家哲学的相关问题；然而，黄勇是从中西比较哲学的视角，试图将朱子乃至于整个儒家哲学建构成中西方哲学界均认可的伦理学理论。黄勇论述下的朱子所代表的不再是一个中国哲学史上的关键人物与思想，朱子哲学不在于回应宋代以及此前的中国哲学问题，而是直接以当代的学术话语将朱子思想建构为美德伦理学系统，以朱子能够回答最多的美德伦理学理论困境，以及回答得最为完备，作为朱子理论胜出于古今中外的标准。

从朱子本人的著作以及相关研究证明，其思想内容与体系在儒家之中当是最为丰富与宏大的，因此其影响之深远与受到的关注才能历久不衰，不断有学者借由不同的研究方法挖掘出朱子思想的新意。上述的三位学者分别代表三种不同的研究态度，牟宗三在其所处的时代，面临西学东渐的冲击，借用西方哲学的概念与理论再予以否定，进而指出中国哲学不仅涵盖西方哲学的内容，而且理论的深度与广度均高于西方哲学。虽然牟宗三将朱子判定为儒家理论层次中最为低阶的，但此举初步使得朱子哲学成为可以借由当代学术话语进行讨论的对象，朱子的著作不再只是传统的注解《四书》、探讨儒家既有概念、古代修身实践的学问而已。在此之后，不论是牟宗三后学对其观点的支持或补充，或是如杨泽波、杜保瑞等采取批判的态度进而重新建构一套儒家或朱子哲学体系，很大程度是建立在牟宗三的基础之上而展开。

杜保瑞自认为是基于中国哲学本身的学术话语，以批判牟宗三带有西方哲学色彩与哲学问题错置的情形，可以视为一种对于中国哲学特殊性的提醒。然而，面对国际化日益频繁的今日，已经很难保证学术话语与问题的纯粹性。在杜保瑞的立意之上，若要以更广阔的视野看待朱子哲学的价值与可被诠释的多样性，则与西方哲学之间的沟通与对话，仍是一个值得尝试与创新的研究方向。

杜保瑞与黄勇均认为朱子理论体系最为宏大、对于哲学问题讨论最为全面，而黄勇将朱子伦理学建构为体系最为完善的美德伦理学，无疑是将朱子这一宝贵的中国哲学资源，推向西方哲学研究领域。姑且不论黄勇以朱子思想回应美德伦理学的观点是否合理，以及西方学界的接受程度，但此举将朱子学从中国哲学范畴扩大成为人类共同的思想资源是毫无疑义的。当然朱子学乃至中国哲学所讨论的问题本来就是全人类共同的哲学问题，只是西方学界往往不接受这样的观点，而仅将中国哲学视为区域性的文化研究。是故若要拓展中国哲学的视野，与西方哲学的交流与对话是不可或缺的工作。

这一工作的开展，除了学者的努力之外，还有赖于中国古代思想家的思想内涵本身的丰富性。有些思想家受限于著作分量或文献亡佚，而难以诠释出丰富的意涵，但朱子显然不存在这些问题，不论从其著作的内容或既有的研究成果来看，朱子可被研究的空间仍然相当广大。当黄勇认为朱子思想可以回应当代美德伦理学遗留的理论困境与难题的同时，可以从不同的理论背景思考，朱子思想中是否亦有足够的资源可以解决康德义务论、功利主义、关怀伦理学等各种伦理学所无法解决的难题，而不仅限于美德伦理学。

黄勇在《当代美德伦理：古代儒家的贡献》中曾提及从事中西比较哲学的三重约束，这也是其比较哲学研究方法的重点与目标：第一是提出西方哲学中没有出现的内容，第二是这些内容必须被西方哲学界承认是哲学的内容，[11]第三是"向西方哲学家所呈现的中国哲学应该能够得到在中国哲学语境中从事中国哲学研究的学者的认可。"[12]由此可以看出，中国哲学若要较好地和西方哲学对话，不仅要使西方学界感兴趣，也就是使西方学界承认中国哲学是一种可以放在西方学术平台上的学问，还要使中国学界认为以中国哲学回应西方哲学问题是符合中国哲学内在理路的做法，而不仅是为了跟风媚俗才去讨论西方哲学所认可的问题。

依循这样的思路，可知美德伦理学只是黄勇用以诠释朱子哲学的媒介或方法，在诠释过程不可忘记的是朱子哲学本身是儒家思想的其中一个代表，或者说儒家或朱子思想具有其自身的完整性与独特的思想系统。如今借由西方理论解释儒家或朱子思想，只是一种过度，并且也是证明朱子哲学具有可被解释为美德伦理学的潜能，或者更精准地说，是朱子哲学具有美德伦理学的思想资源。与此同时，也应认知到西方伦理学的多样性，这也表示朱子哲学具有可被解释为其他伦理学理论的思想资源，可回答其他伦理学理论遗留的难题。在寻求中西方语境共同认可朱子哲学的理论价值时，应不忘思考其自身的系统为何，而且应接受朱子思想系统的表述是中西方皆承认的学术语言，才能展现出朱子思想遍及于全人类的共同价值。

（作者系浙江大学哲学学院特聘研究员）

注释

* 本文原以《从美德伦理看朱子伦理学的诠释多样性》为题，发表于第二届考亭论坛（南平：中共福建省委宣传部、中国社科院哲学研究所主办，2023 年 11 月 13 日），经大幅度修改后成为现稿。

〔1〕牟宗三：《心体与性体（一）》，《牟宗三先生全集·第 5 册》，台北：联经出版事业股份有限公司，2003 年，第 45—57 页。

〔2〕牟宗三：《中国哲学十九讲》，《牟宗三先生全集·第 29 册》，台北：联经出版事业股份有限公司，2003 年，第 348—352 页。

〔3〕牟宗三：《心体与性体（一）》，第49页；牟宗三：《中国哲学十九讲》，第416—417页。

〔4〕参阅：杨泽波：《贡献与终结：牟宗三儒学思想研究》，上海：上海人民出版社，2014；杨泽波：《走下神坛的牟宗三》，北京：中国人民大学出版社，2018。

〔5〕杜保瑞、陈荣华：《哲学概论》，台北：五南图书出版股份有限公司，2008年，第189—204页；杜保瑞：《中国哲学方法论》，台北：台湾商务印书馆，2013年，第357—360页。

〔6〕同前注，第74—75页。

〔7〕参阅：杜保瑞：《牟宗三儒学平议》，北京：新星出版社，2017年。

〔8〕参阅：黄勇：《当代美德伦理：古代儒家的贡献》，上海：东方出版中心，2019年；黄勇：《美德伦理学：从宋明儒的观点看》，北京：商务印书馆，2022年。

〔9〕黄勇：《当代美德伦理：古代儒家的贡献》，第78页。

〔10〕同前注，第40—48页。

〔11〕同前注，第71页。

〔12〕同前注，第77页。

参考文献

杜保瑞：《中国哲学方法论》，台北：台湾商务印书馆，2013年。

杜保瑞：《牟宗三儒学平议》，北京：新星出版社，2017年。

杜保瑞、陈荣华：《哲学概论》，台北：五南图书出版股份有限公司，2008年。

牟宗三：《心体与性体（一）》，《牟宗三先生全集·第5册》，台北：联经出版事业股份有限公司，2003年。

牟宗三：《中国哲学十九讲》，《牟宗三先生全集·第29册》，台北：联经出版事业股份有限公司，2003年。

黄勇：《当代美德伦理：古代儒家的贡献》，上海：东方出版中心，2019年。

黄勇：《美德伦理学：从宋明儒的观点看》，北京：商务印书馆，2022年。

杨泽波：《贡献与终结：牟宗三儒学思想研究》，上海：上海人民出版社，2014。

杨泽波：《走下神坛的牟宗三》，北京：中国人民大学出版社，2018。

儒家人性论的两种模式
—— 从孟子到朱子

◎ 任蜜林

内容提要：在儒家人性论思想中，除了人性善恶问题外，还有人性、物性异同关系的问题。其大致可以分为两种模式：一种是人性、物性相同模式，以《中庸》为代表；一种是人性、物性相异模式，以孟子为代表。在宋明以前，孟子的人性论模式居于主流地位。由于受到佛教、道教的刺激，从宋明以后《中庸》的人性论模式开始受到重视。两种模式本来属于不同的理论体系，各有其特色。但到了朱熹注"四书"的时候，其不得不同时面对两个文本，于是造成了其思想上的矛盾。这对其以后的儒学发展产生了重要的影响。

关键词：《中庸》 孟子 人性 物性 异同

人性论无疑是早期儒家最为关注的问题之一。自孔子提出"性相近，习相远"以来，早期儒家提出了不同的人性论思想，较为著名的当属孟子的"性善论"和荀子的"性恶论"。对于早期儒家人性论，学界较多关注人性的价值方面，即人性的善恶问题。虽然近年来，人们对于早期儒家人性论有了深入的认识，不再纠结字面的意思。如对于荀子的人性论，目前就有多种不同的看法。毫无疑问，这些看法都或多或少地推动了人们对于早期儒家人性论的认识。

但除了人性的价值方面外，对于人性的研究还涉及一个其与物性异同的问题。这一问题在早期儒家并未受到足够的认识。经过佛教、道教思想的影响，到了宋明以后，此问题逐渐凸显出来，成为宋明儒家探讨人性论问题的主要内容之一。但从根源上讲，人性、物性异同的问题并非源于佛教和道教，而是在早期儒家思想中就已蕴含的问题。

早期儒家对于人性、物性异同的问题，大致有两种模式：一种是人性、物性相异模式。这是自孔子以来儒家人性论的主流模式，以孟子为代表；一种是人性、物性相同模式。相比前一种模式，这种模式居于比较次要的地位，以《中庸》为代表。下面分别对这两种模式做分析，指出它们对于宋明以后儒家人性论思想的影响。

一、以孟子为代表的人性、物性相异模式

先秦儒家人性论由孔子奠其基。在整部《论语》中，有两处提及"性"：一处为"夫子之言性与天道，不可得而闻也"（《公冶长》）；一处为"性相近也，习相远也"（《阳货》）。然孔子对于"性"论述颇简，其具体内容不可详知。其所持人性论，究竟是自然人性论，还是性善论，抑或其他方面的内容，无从断言。正如陈来所说："相比于孟、荀的人性论，孔子的人性论思想在《论语》中并没有清楚呈现出来，'性相近'的说法应当如何诠释才能历史地接近孔子自己的思想，并没有接近孔子时代的资料加以支

持。"然不管其内容如何，孔子所说的"性"毫无疑问指的仅是人性，并不包含物性。孔子还说："鸟兽不可与同群，吾非斯人之徒与而谁与？"（《微子》）可见孔子明显地将人类社会与动物区分开来，因此，其对于人性也必然与物性相区别。

孟子继承了孔子这一思想，严辨人、物之别。在孟子看来，人之所以能够与动物相区别，就在于人具有与动物不一样的特性，"人之所以异于禽兽者几希，庶民去之，君子存之。"（《孟子·离娄下》）人与动物所不一样的地方并不是很大，仅仅在于"几希"的那一点点。这"几希"的一点点也就是他所说的"性善"。孟子认为，"性善"是人之为人的根据，如果失去这一点，就与动物没有什么区别了。这种"性善"是通过"心善"的方式呈现出来的。对于此点前人多有论述，如徐复观说："孟子所说的性善，实际上是说的'天之所与我者'的'心善'。"唐君毅也说："孟子言性，乃即心言性善，及此心即性情心、德性心之义。所谓即心言性善，乃就心之直接感应，以指证此心之性之善。"在孟子看来，人性之所以是善的，就在于人具有"四端之心"。他说：

> 乃若其情，则可以为善矣，乃所谓善也。若夫为不善，非才之罪也。恻隐之心，人皆有之；羞恶之心，人皆有之；恭敬之心，人皆有之；是非之心，人皆有之。恻隐之心，仁也；羞恶之心，义也；恭敬之心，礼也；是非之心，智也。仁义礼智，非由外铄我也，我固有之也，弗思耳矣。（《告子上》）

这是说，就人的实际情况来看，人性是可以行善的。如果其所做不善，并不是其本心造成的。这种"性善"是人本身固有的，不是外在强加于人的。其具体表现为"四心"，即恻隐之心、羞恶之心、恭敬之心、是非之心，分别对应于仁、义、礼、智"四德"。

如果无此"四心",则人就不能称作人,"无恻隐之心,非人也;无羞恶之心,非人也;无辞让之心,非人也;无是非之心,非人也。"(《公孙丑上》)可以看出,孟子通过"四心"来论证其性善("四德")思想。因此,孟子又说:"君子所性,仁义礼智根于心。"(《尽心上》)

从上面的分析可以看出,孟子从"心善"推出"性善"。具体来说,恻隐、羞恶、辞让(恭敬)、是非"四心"是"心善"的表现,仁、义、礼、智"四德"则是"性善"的内容。这样看来,"心"是"性"的根本,"性"是"心"的表现。不过孟子又说:"恻隐之心,仁之端也;羞恶之心,义之端也;辞让之心,礼之端也;是非之心,智之端也。"(《公孙丑上》)与前者相比,这里没有把恻隐、羞恶、辞让、是非"四心"直接等同于仁、义、礼、智"四德",而仅仅把它们当作仁、义、礼、智"四德"的开端。"四心"只是"四德"的一个部分,也就是说,"心"在这里成了"性"一个组成部分。对于这两个不同的表述,前人也有辨析,如赵岐认为二者并无不同,其在"恻隐之心,仁之端也"一节下注曰:"端者,首也。人皆有仁义礼智之首,可引用之。"在"恻隐之心,仁也"一节下注曰:"仁义礼智,人皆有其端,怀之于内,非从外消铄我也。求存之,则可得而用之。舍纵之,则亡失之矣。"不难看出,赵氏认为,二者说的都是"四心"是"四德之端"。朱熹则用"心统性情"的思想来解释"四心"与"四德"的关系。他在"恻隐之心,仁也"一节下注曰:"恻隐、羞恶、辞让、是非,情也。仁、义、礼、智,性也。心,统性情者也。端,绪也。因其情之发,而性之本然可得而见,犹有物在中而绪见于外也。"这里以"恻隐"等"四心"为情,以仁义礼智"四德"为性，心则统合二者。情是性的表现，从其表现中能够看到本性之善。在"恻隐之心，仁之端也"一节下，朱熹注曰："前篇言是四者为仁义礼智之端，而此不言端者，彼欲其扩而充之，此直因用以著其本体，故言有不同耳。"朱熹在这里仍然延续其前面的思想，不过对此"不言端"做了解释，即认为前者是从情加以扩充才能成为性的角度讲的，后者则是因用而见其体，即通过情以见其性，因此二者的表述有所不同。可见，朱熹通过体用的思想来解释"四心"与"四德"的关系，不过其又把"情"的思想加入进来，这显然与孟子的思想不同。

以上两种表述虽然有些差异，但并不矛盾，即都通过"心善"来说明"性善"。那么"心"何以就是"善"的呢？在孟子看来，这是天所赋予人的。因此，"心善"是人人天生就有的，而不是从后天习得的。孟子把这种天生的"心善"又称作"天爵""良贵"。他说：

> 夫仁，天之尊爵也，人之安宅也。（《公孙丑上》）
>
> 有天爵者，有人爵者。仁义忠信，乐善不倦，此天爵也；公卿大夫，此人爵也。（《告子上》）
>
> 欲贵者，人之同心也。人人有贵于己者，弗思耳。人之所贵者，非良贵也。（《告子上》）

在"四德"之中，仁、义是根本，礼、智是从属。孟子说："仁之实，事亲是也；义之实，从兄是也。智之实，知斯二者弗去是也；礼之实，节文斯二者是也。"（《离娄上》）而仁、义二者之中，仁又是根本，仁是"人心"，义是"人路"。因此，在孟子思想中，仁是可以包含其他"三德"的。这样上面说"仁义"是"天爵"，是人天生固有的，实际上也包含礼、智二者。而"良贵"说的也是人天生而有的善"心",是人之所以为人的最尊贵的表现。

可以看出,孟子认为人之所以为人在于其有着与其他动物不同的地方,即"性善"。孟子并不否认人与动物之间相同的自然属性,因此,在与告子辩论的时候,他对告子"食色,性也"的观点并未直接加以反对。同时,孟子还提出"形色,天性也"的观点。但孟子认为,人性包含自然属性和道德属性两个方面,前者属于小的方面、贱的方面,后者属于大的方面、贵的方面。他说:

> 体有贵贱,有小大。无以小害大,无以贱害贵。养其小者为小人,养其大者为大人……饮食之人,则人贱之矣,为其养小以失大也。(《告子上》)

这里小、大分别指"小体""大体"。所谓"小体"即耳目口鼻等感官的生理欲望,"大体"则指人"心"的道德属性。如果顺从小体,则为小人;反之,顺从大体,则为大人。"耳目之官不思,而蔽于物,物交物,则引之而已矣。心之官则思,思则得之,不思则不得也。此天之所与我者,先立乎其大者,则其小者弗能夺也。此为大人而已矣。"(《告子上》)耳目等感官的生理欲望容易受到外物的影响,从而被蒙蔽。而心具有"思"的主动性,这是天所赋予人独特的能力,因此,不会受到外物的影响。"贱""贵"同样相对于人的生理属性和道德属性来讲的。"贱"指饮食口腹之欲,"贵"指的就是前面所说的"良贵"。

在孟子看来,如果丧失人的"本心",仅仅顺从其生理欲望,那么就是小人、庶民。他常常用"禽兽"来比喻这类人。孟子说:

> 人之所以异于禽兽者几希,庶民去之,君子存之。(《离娄下》)

> 人之有道也，饱食、暖衣、逸居而无教，则近于禽兽。（《滕文公上》）

> 其日夜之所息，平旦之气，其好恶与人相近也者几希，则其旦昼之所为，有梏亡之矣。梏之反覆，则其夜气不足以存；夜气不足以存，则其违禽兽不远矣。（《告子上》）

这些说的都是如果丧失"本心"，那么就离禽兽不远了。因此，在与告子辩论的时候，孟子极力反对将人性与动物之性相等同，"然则犬之性，犹牛之性；牛之性，犹人之性与？"（《告子上》）如果从"生之谓性"的角度来看，人与动物没有什么区别，但这却不是人之为人的本质特征，因为人与动物属于不同的种类。孟子说：

> 故凡同类者，举相似也，何独至于人而疑之？圣人与我同类者……故曰，口之于味也，有同耆焉；耳之于声也，有同听焉；目之于色也，有同美焉。至于心，独无所同然乎？心之所同然者何也？谓理也，义也。圣人先得我心之所同然耳。故理义之悦我心，犹刍豢之悦我口。（《告子上》）

孟子认为，凡是同种类的事物，都有相同的属性。对于美味、美色等，人类都有相同的感觉，那么对于"心"，人类也应该有相同的内容。孟子的这种论证正确与否，暂且放在一边，但其"凡同类者，举相似也"的逻辑却是清楚明白的。动物与人属于不同的种类，因此，其本性也必然不同。这也就是孟子为什么不把生理属性当作人的本性的原因所在。因此，孟子一再强调人的修养工夫，从而避免沦为禽兽。他说："君子所以异于人者，以其存心也。君子以仁存心，以礼存心。"（《离娄下》）而"存心"则能"养性"，"尽其心者，知其性也。知其性，则知天矣。存其心，养其

性，所以事天也。"（《尽心上》）

通过上面的分析，可以看出，孟子在人性论上一个重要方面就是严辨人性、物性之异。其实先秦儒家关于"性"的论述大多都是从人的角度讲的，如《尚书·汤诰》说："惟皇上帝，降衷于下民，若有恒性。"《左传·襄公十四年》说："天生民而立之君，使司牧之，勿使失性。"《礼记·乐记》说："人生而静，天之性也；感于物而动，性之欲也。"《大戴礼记·文王官人》说："民有五性，喜、怒、欲、惧、忧也。"孟子弟子公都子所列举的三种人性论，也都是就人来讲的。荀子关于"性"的思想虽然与孟子相反，但也是从人的角度来讲的，如"人之性恶，其善者伪也"（《性恶》），"散名之在人者：生之所以然者谓之性"（《正名》），等等。在郭店竹简中，我们也能看到类似的思想，如《性自命出》说："凡人虽有性，心无定之志，待物而后作""四海之内，其性一也。其用心各异，教使然也"。《性自命出》还说："牛生而长，雁生而伸，其性使然；人而学或使之也。"这里说的"牛性""雁性"也是指他们的自然属性，与人类具有学习能力的特性是不同的。《成之闻之》也说："民皆有性而圣人不可慕也。"虽然以上所论"性"的内容不尽相同，但大多从人的角度论"性"。即使提到物性，也是在与人性不同的角度进行论述的。

二、以《中庸》为代表的人性、物性相同模式

与孟子的人性、物性相异的人性论模式不同，《中庸》所代表的是一种人性、物性相同模式的人性论思想。

《中庸》开篇即对"性"做了论述：天命之谓性，率性之谓道，修道之谓教。

这是说，"性"是从天而来的，顺此性而行，则是"道"，用此"道"来教化、治理天下民众，就是"教"。那么"性"指什么呢？郑玄认为此指仁、义、礼、智、信"五常"："天命，谓天所命生人者也，是谓性命。木神则仁，金神则义，火神则礼，水神则信，土神则知。"这明显地受到了汉代思想的影响，显然与《中庸》思想不符。朱熹虽然以"理"释"性"，但同样以"五常"为其内容，其说："命，犹令也。性，即理也。天以阴阳五行化生万物，气以成形，而理亦赋焉，犹命令也。于是人物之生，因各得其所赋之理，以为健顺五常之德，所谓性也。"这同样不符合《中庸》的本意。

从《中庸》全篇来看，其所说"性"指的是"诚"。其说：自诚明，谓之性；自明诚，谓之教。

无论是"自诚明"，还是"自明诚"，都是以"诚"为内容的。二者的区别仅仅是实现方式的不同。在《中庸》作者看来，"诚"乃天道，是一切事物存在的根据。"诚者，天之道也。""诚者，物之终始。不诚，无物。"正因为如此，《中庸》所讲的"性"不仅包含"人性"，而且包含"物性"。"人性"和"物性"的区别仅在于"人"能够通过修养工夫来扩充、完善自己的"性"，而"物"则没有此种工夫。因此，《中庸》又说："诚之者，人之道也。"

对于"人"的修养工夫，《中庸》分为两种：一种是天性完备，不需要经过后天工夫就能充分体现其"性"的人；一种是受到后天染蔽，需要经过后天不断修养才能充分实现其"性"的人。前者指的是圣人，后者指的是贤人与众人。《中庸》说：诚者，不勉而中，不思而得，从容中道，圣人也；诚之者，择善而固执之者也。

圣人没有经过后天的染蔽，其本身就是"天道"最完美的体现。从此种角度来看，其与"天道"并无区别，因此，可以用"诚者"来表示。这也就是前面说的"自诚明，谓之性"。而一般的人则需要通过后天的工夫来实现其"性"，即通过不断地做善事并保持固守来使其"性"显现出来。这也就是前面说的"自明诚，谓之教。"

对于这两种方式，《中庸》分别做了论述。对于前者，其说：唯天下至诚，为能尽其性；能尽其性，则能尽人之性；能尽人之性，则能尽物之性；能尽物之性，则可以赞天地之化育；可以赞天地之化育，则可以与天地参矣。

这种天下至诚的人指的就是圣人。只有这种人才能一开始就能充分发挥自己的先天本性。然后其还能够把这种先天本性推广到他人之性中，从而使他人也能充分实现他们自己的本性。不仅如此，圣人还能让万物之性也充分地实现出来。然后就可以参与到自然界生生不已的变化繁育过程中。这样就达到了"与天地参"的境界。从此可见，"人性"与"物性"是有共同性的，不然其就不能把"人性"扩充到"物性"之中。

对于后者，《中庸》说：其次致曲，曲能有诚，诚则形，形则著，著则明，明则动，动则变，变则化，唯天下至诚为能化。

郑玄注曰："致，至也。曲，犹小小之事。"朱熹注曰："致，推致也。曲，一偏也"。按照郑玄的解释，"致"指"至"，即上面所讲的"至诚"，意思是说，于细小之事中虽然不能尽性，但可以体现"至诚"这种天道。按照朱熹的解释，意思则是把诚这种天道推到具体事物之中。其实这里说的是"自明诚"的修养工夫。所谓"致曲"，就是于"曲"中致"诚"，即在具体事物的实践过程中来实现自己的"性"。这种实践活动主要指道德活动，即前面说的"择善而固执之者"。既然"诚"是天下万物的本体，那么其也必然体现在天下的每一个事物中。这样就能在具体事物中认识"诚"、实现"诚"。"诚则形，形则著"等是对这一实现过程的具体描述。这是一个由小到大、由浅入深的过程，最终达到一种"大而化之"的地步，也就是"至诚"的境界，即"诚"完全得以实现的境地。

虽然实现"诚"的工夫有着不同的方式，但其最终的境界都是一样的。对于这种境界，《中庸》说：故至诚无息。不息则久，久则征，征则悠远，悠远则博厚，博厚则高明。博厚，所以载物也；高明，所以覆物也；悠久，所以成物也。博厚配地，高明配天，悠久无疆。如此者，不见而章，不动而变，无为而成。

这种境界也就是"至诚"。作为天道的"诚"体是生生不息的，其体现在天下的一切事物中。其具有"悠远""博厚""高明"等不同的性征，对于天下万物起着不同的作用。"博厚"用以承载万物，与地相配；"高明"用以覆盖万物，与天相配。"悠久"用以成就万物，表示"诚"体本身。"诚"体对于万物的成就是无为无形的，万物并不知道"诚"体的这种作用。因此《中庸》又说："天地之道，可一言而尽也：其为物不二，则其生物不测。"这里的"天地之道"实际讲的只是"天道"，亦即"诚"，因为"地道"也是从"天道"而来的。

正因为人、物有着共同的"性"，因此，人类在成就自己本性的同时，还要成就万物的本性。《中庸》说：诚者，非自成己而已也，所以成物也。成己，仁也。成物，知也。性之德也，合外内之道也，故时措之宜也。

"成己"只是"性"之实现的开始,"成物"才是"性"之实现的目标。只有"成己"和"成物"都做到了,"性"才完全实现。这也就是其说的"性之德也,合外内之道也。"

从上面的分析可以看出,在《中庸》中,人性、物性是相同的,因为二者有着共同的本源,即"天道"之"诚"。正因为这种相同性的存在,才使得人类能够帮助万物充分实现它们的本性,从而达到"与天地参"的境界。

《中庸》的这种人性、物性相同模式在早期儒家中并不居于主流地位。从现有文献来看,只有《易传》的人性论思想与其相似。《易传》十篇虽然非一时一人之作,但其在思想内容上有着前后一贯的地方,即皆对《易经》进行哲学化的解释。因此,汉人把它们合在一起,称作"十翼"。对于人性,《易传》亦从天道论的角度加以论述。如《乾·彖传》说:"大哉乾元,万物资始,乃统天。云行雨施,品物流行……乾道变化,各正性命,保合太和,乃利贞。""乾"在《周易》中代表"天"。这是说,宇宙万物皆源于"天"这个本源,故皆统合于"天"。"云行雨施,品物流行"是对"天"生成万物过程的描述。万物在由天道生成的过程中,各自形成自己的"性命"。"性命"是从不同方面来讲的,实际指的是一个内容。从天道赋予万物之方面来讲即是"命",从万物之继承天道的方面来讲即是"性"。对于人性、物性之间的关系,《易传》虽然没有明显地说明。但从上面分析来看,其显然认为人性、物性皆源于天道。因此,《易传》也是持人性、物性相同思想的,尽管其与《中庸》的具体内容不同。

三、两种人性论模式不同的原因

《中庸》，一般认为是子思所作。对于子思、孟子，学界大多认为其属于同一学派，即思孟学派。荀子最早把子思、孟子放在一起进行批评，说他们"略法先王而不知其统，犹然而材剧志大，闻见杂博。案往旧造说，谓之五行……此真先君子之言也。子思唱之，孟轲和之"。（《非十二子》）汉代司马迁也说："孟轲，邹人也。受业于子思之门人。"（《史记·孟子荀卿列传》）到了宋代，理学家为了突出儒家的"道统"，构建一个孔子、曾子、子思、孟子的传承谱系，因此把《论语》《大学》《中庸》《孟子》并称"四书"，成了与"五经"具有同等地位的经典。如朱熹在《中庸章句序》中说："见而知之者，为颜氏、曾氏之传得其宗。及曾氏之再传，而复得夫子之孙子思，则去圣远而异端起矣。"随着出土文献的不断发现，尤其是郭店竹简的出土，学者对于思孟学派的存在更加确信。如荀子批评的"五行"即是其一。以前对其解释有着不同看法，随着马王堆帛书、郭店竹简《五行》的出土，其具体内容始大白于天下。庞朴最先指出《五行》说的仁、义、礼、智、圣就是荀子批评的"五行"，并在《中庸》《孟子》中找到相应的内容。陈来则指出《五行》经部为子思所作、说部为孟子所作，从而落实了荀子"子思唱之，孟轲和之"的说法。这些都说明了孟子与子思的密切关系。

的确，从思想内容上看，子思、孟子有一些相似之处。如在《中庸》和《孟子》中，我们还可以发现一处二者基本相同的文字。《中庸》说：在下位不获乎上，民不可得而治矣。获乎上有道：不信乎朋友，不获乎上矣。信乎朋友有道：不顺乎亲，不信乎朋友矣。顺乎亲有道：反诸身不诚，不顺乎亲矣。诚身有道：不明乎善，不诚乎身矣。诚者，天之道也；诚之者，人之道也。

《孟子·离娄上》说：居下位而不获于上，民不可得而治也。获于上有道：不信于友，弗获于上矣。信于友有道：事亲弗悦，弗信于友矣。悦亲有道：反身不诚，不悦于亲矣。诚身有道：不明乎善，不诚其身矣。是故诚者，天之道也；思诚者，人之道也。

两相比较，除了个别表述外，内容基本相同，这也反映了《中庸》思想对于孟子的影响。

除了相同的地方外，孟子与子思的思想在一些地方也存在着差异。从上面的分析来看，二者在人性、物性的关系上就有着明显的不同。那么，这种不同是什么原因造成的呢？

从《中庸》和孟子对于人性的论述来看，有没有本体论设定是造成二者不同的一个根本原因。在《中庸》中有一个本体论的设定，即天下万物都是由天生成的，这样天下万物就从同一个本体那里继承了同一种"天命"，此种"天命"落实到每个具体事物中就成了每个具体事物的"性"，此即"天命之谓性"。《中庸》还对"天命"的内容作了说明，即"诚者，天之道也。"虽然天下万物皆从"天命"而来，但"天命"在每个事物中表现的情况并不相同，因此出现了种种不同的事物。人与物的不同，在于人能对其所有之"性"有自觉的认识，并能通过修养工夫的方式使其充分发挥出来。而物则没有此种自觉、此种工夫。与《中庸》人性论相似的《易传》也有此种架构，即本体论的设定，如其说的"乾道变化，各正性命""一阴一阳之谓道，继之者善也，成之者性也"，等等。

孟子对于人性则没有一个本体论设定。在孟子中，虽然其也认为"心"是天之所赋予的，但他强调天对人的独特性，即认为只有人才有"心"的自觉。动物则没有此种"心"、"性"，更不用谈其他物种了。因此，他特别强调人、物之间的区别。虽然在生理属性等方面，人与动物有着相同的一面，但孟子并不以此作为人之为人的本质特征。因此，在孟子那里，从人推到万物是缺乏基础的。虽然他也谈到"亲亲而仁民，仁民而爱物"（《尽心上》），但如果按照其人、物之辨的思想，这种推论是不能成立的。因此，从理论上讲，孟子的人性论思想是有一定缺陷的。

由于本体论方面的不同，也造成了《中庸》、孟子在"性""命"关系方面的不同。《中庸》有其本体论的设定，因此，其"性""命"关系是上下一贯的。"命"是从天道下降万物的角度讲的，"性"则是从万物承接天道的角度讲的，二者是一体之两面，是统一的，不是分离的。在孟子思想中并没有本体论的设定，因此其"性""命"关系是分离的。孟子认为，对于人来讲，"性"是内在的、主动的，是通过个人的努力就可以实现的，"求则得之，舍则失之，是求有益于得也，求在我者也。"（《尽心上》）；"命"则是外在的、受限制的，不是通过个人努力就一定可以实现的，"求之有道，得之有命，是求无益于得也，求在外者也。"这种受外在条件限制的"命"，又被称作"天"，"莫之为而为者，天也；莫之致而至者，命也。"（《万章上》）在这种情况下，"性"与"天"也是分离的。

孟子还从人的自然属性和本质属性的方面，对"性""命"的区别做了论述：口之于味也，目之于色也，耳之于声也，鼻之于臭也，四肢之于安逸也，性也，有命焉，君子不谓性也。仁之于父子也，义之于君臣也，礼之于宾主也，智之于贤者也，圣人之于天道也，命也，有性焉，君子不谓命也。（《尽心下》）

耳、目、口、鼻之欲，是人天生就有的自然属性，也是先天赋予人的本能，因此可以称作"性"。但这种自然属性的满足受到外在条件的限制，因此又被称作"命"。从其受限制的方面来讲，其就不能称作"性"；仁、义、礼、智等道德属性也是先天赋予人的，也是人不能主动选择的，因此可以称作"命"。但这种道德属性又是内在的，其实现是不受外在条件限制的，因此其又可以称作"性"。

除了上面所讲的受外在条件限制的"命"外，孟子还讲"正命"，其说："莫非命也，顺受其正。是故知命者，不立乎岩墙之下。尽其道而死者，正命也。桎梏死者，非正命也。"（《尽心上》）可以看出，这种"命"是人的自然生命与道义担当的统一。因此，知道"命"的人不会站在危墙之下。而那些以身试法死亡的人则非"正命"。这种"正命"认识了"命"的应当性，同样不受外在的限制的，从这方面来讲，其也就是"性"。因此，在这里"性""命"（"天"）又统一起来了。孟子说："尽其心者，知其性也。知其性，则知天矣。存其心，养其性，所以事天也。夭寿不贰，修身以俟之，所以立命也。"（同上）

从上面分析来看，《中庸》、孟子之所以对于人性、物性关系有着不同的认识在于他们思想中是否有一个本体论的设定。这只是就二者人性论思想的不同来分析的，但并不能推广到其他一切思想体系。

四、朱子对于两种人性论模式冲突的解决

《中庸》、孟子所代表的早期儒家人性论的两种模式，实际上反映了人性的普遍性与特殊性的关系问题。《中庸》认为人性、物性有着普遍性，人性、物性的区别并不在于其所含之"性"的不同，而在于其能否自觉地实现其"性"。孟子则认为人有着与其他事物不同的特性，这才是人之为人的本质所在。这种思想在早期儒家"天地之性人为贵""人者，五行之秀气"等以人类为万物中心观念下，并没有显现出什么问题。因此，汉唐儒家所持的人性论基本上都是从人的角度出发的，如董仲舒的性三品说、扬雄的性善恶混说、李翱的性善情恶说等都是如此。

但随着佛教、道教思想发展的深入，孟子的这种人性论模式逐渐暴露出其不足。佛教自东汉末年传入中国，其一开始宣扬的理论也是就人来讲的。人人皆有佛性，与儒家讲的"人人皆可以为尧舜"在理论上有着相似之处。然随着佛教在中国传播的深入，"自中唐之后，佛性思想就出现一种由众生有性到万物有性方面发展的倾向。"明确提出这种思想的是天台宗的湛然。湛然提出了"无情有性"思想。在他看来，世界万物都是真如的表现，佛性只是真如的另一种称呼，因此，世界上的万事万物皆有佛性。他说："万法是真如，由不变故。真如是万法，由随缘故。子信无情无佛性者，岂非万法无真如耶？"（《金刚錍》）、"佛性既具空等三义，即三谛，是则一切诸法无非三谛，无非佛性。"（《大涅槃经疏》）这种思想后来为禅宗所继承，禅宗所说的"青青翠竹，尽是法身；郁郁黄花，无非般若"都是这个意思。

从中国思想传统来看，除了《中庸》等儒家著作外，道家也有这种人性、物性相通的思想。在道家看来，世界万物皆是"道"的产物，其落实到每个事物之中便成为每个事物的特性，即

"德"。《庄子·天地》说："泰初有无，无有无名，一之所起，有一而未形。物得以生，谓之德；未形者有分，且然无间，谓之命；留动而生物，物成生理，谓之形；形体保神，各有仪则，谓之性。""无"是世界万物的本源，其落实到万物之中就是"德"。这种"德"又是每个事物存在的法则，即"性"。后来的道教也继承了道家这种思想，到了唐代也提出了"一切万物，皆有道性"的思想，如潘师正说"一切有形，皆含道性"（《道门经法相承次序》卷上）、孟安排说："一切含识，乃至畜生、果木、石者，皆有道性也"（《道教义枢》卷八）等等。

可以看出，到了唐代，佛教、道教都提出了世界万物皆有佛性或道性的理论，他们的内容虽然有所不同，但讲的都是人性、物性的普遍性问题。这种思想对于宋明理学产生了重要的影响。

相比佛教、道教的人性、物性普遍性思想，孟子的人性、物性相异的思想在当时就显得不足了。因为仅仅强调人性特殊性的一面，那么如何把人的这种特殊性推广到其他万物中就成问题了。同时，这与儒家所实现的"天下一家，万物一体"的最高理想也是相抵牾的。这也就成了宋明理学家所要解决的问题，因此，《中庸》和《易传》成了宋明理学家建构其人性论思想体系的重要资源。

周敦颐是最先构建人性、物性统一性的理学家。周敦颐认为世界万物皆由"太极"这个本体生成，"太极动而生阳，动极而静，静而生阴。静极复动。一动一静，互为其根；分阴分阳，两仪立焉……二气交感，化生万物。万物生生，而变化无穷焉。唯人也，得其秀而最灵。"既然人与万物皆由"太极"生成，那么二者在"性"上也应该有其同一性。正如朱熹注曰："盖人物之生，莫不有太极之道焉。""太极"又被称作"诚"，"'大哉乾元，万物资始'，诚之源也。'乾道变化，各正性命'，诚斯立也。"可以看出，这是以《中庸》之"诚"来解释《易传》的"性命"思想。

周敦颐对于人性、物性关系的论述并不明显。张载、二程对于此问题则有明确地认识，如张载说：

性者，万物之一源，非有我之得私也。唯大人为能尽其道，是故立必俱立，知必周知，爱必兼爱，成不独成。

张载认为，世界万物皆由"太虚"生成，人性、物性也都源于此。"太虚无形，气之本体，其聚其散，变化之客形尔；至静无感，性之渊源。"正是出自同一本源，因此，张载也讲《中庸》的"尽人物之性"："尽其性，能尽人物之性。"二程也认为人性、物性有着同一性，如：

告子云"生之谓性"则可。凡天地所生之物，须是谓之性。皆谓之性则可，于中却须分别牛之性、马之性。是他便只道一般，如释氏说蠢动含灵，皆有佛性，如此则不可。"天命之谓性，率性之谓道"者，天降于下，万物流形，各正性命者，是所谓性也。循其性而不失，是所谓道也。此亦通人物而言。循性者，马则为马之性，又不做牛底性；牛则为牛之性，又不为马底性。此所谓率性也。人在天地之间，与万物同流，天几时分别出是人是物？

二程并不反对告子"生之谓性"和佛教"蠢动含灵，皆有佛性"的说法。他们认为告子和佛教的错误在于只看到人性、物性同一性的一面，而没有看到人性、物性差异性的一面。用"理一分殊"的说法来讲，就是他们只看到了"理一"，没有看到"分殊"。可以看出，二程在这里也用了《中庸》"天命之谓性"的说法。

张载、二程虽然意识到了人性、物性同一性的问题，但他们并没有意识到此问题的复杂性，也没有涉及《中庸》、孟子两种人性论模式不同的问题。这一问题到了朱熹那里才有了比较深入的讨论。朱熹对于"四书"都做了系统的注解。朱熹注解"四书"并非还原它们的本义，而是要把他的"理"本论思想注入"四书"中。"四书"本身并非一个完整的整体，在很多思想方面存在着差异。上面所说的《中庸》与孟子对于人性、物性关系看法的不同就是一个明显的例子。这也就成了朱熹在注解《中庸》和《孟子》的时候不得不面对的一个问题。在《四书章句集注》中，《论语集注》《孟子集注》完成在前，《大学章句》《中庸章句》完成在后。在《孟子》"人之所以异于禽于兽者几希，庶民去之，君子存之"下朱熹注曰：

> 人物之生，同得天地之理以为性，同得天地之气以为形；其不同者，独人于其闻得形气之正，而能有以全其性，为少异耳。虽曰少异，然人物之所以分，实在于此。

在孟子那里，人与物的区别在于人具有"性善"之性，这是其他万物所不能具有的。朱熹则认为人与物的性都源于"天地之理"，其不同的地方只在于"天地之气"正与不正的区别。这与孟子思想显然大异。在"然则犬之性，犹牛之性；牛之性，犹人之性与？"下朱熹说：性者，人之所得于天之理也；生者，人之所得于天之气也。性，形而上者也；气，形而下者也。人物之生，莫不有是性，亦莫不有是气。然以气言之，则知觉运动，人与物若不异也；以理言之，则仁义礼智之禀，岂物之所得而全哉？此人之性所以无不善，而为万物之灵也。

与上面所说有所不同，这里又强调了人性、物性在"气"方面是相同的，在"理"方面则有所得全与不全的区别。那么人性、物性究竟是在"理"方面相同，还是在"气"方面相同呢？

从朱熹的思想体系来看，前者是符合朱熹本人思想的，而后者则受到《孟子》"本文"的牵制。因此在《中庸章句》中就不存在这一问题。在"天命之谓性，率性之谓道，修道之谓教"下朱熹注曰：天以阴阳五行化生万物，气以成形，而理亦赋焉，犹命令也。于是人物之生，因各得其所赋之理，以为健顺五常之德，所谓性也……性道虽同，而气禀或异，故不能无过不及之差。

在"唯天下至诚，为能尽其性"一节下朱熹注曰：人物之性，亦我之性，但以所赋形气不同而有异耳。

这都是说人性、物性在"理"上相同的，其区别仅在于所禀之"气"的不同。

《中庸》、孟子的人性论思想属于不同的模式。朱熹的理论架构无疑与《中庸》相似，因此，其在注《中庸》的时候没有遇到困难。但对于《孟子》，其注解就没有那么顺畅了，因此，出现了"理同气异"与"气同理异"的矛盾。对于这个矛盾，朱熹的学生黄商伯已经指出，朱熹当时的回答是："论万物之一原，则理同而气异；观万物之异体，则气犹相近而理绝不同也。气之异者，粹驳之不齐；理之异者，偏全之或异。""理同而气异"是本体角度来讲的，"气相近而理绝不同"则是从现象层面讲的。可以看出，"理绝不同"讲的实际上还是"气异"的问题，因为"理"的"偏全之或异"从根本上讲还是"气"造成的。

可见，宋明理学家建构的哲学体系大多都有一个本体论的设定，这也就使得他们在人性、物性关系的问题上与《中庸》的思想更为接近。因此，周敦颐、张载、二程以及朱熹都不得不肯定人性、物性有着相同的本源。这同时也就造成了他们思想与孟子的矛盾，从而不得不对这种矛盾进行解释。这也就是二程肯定告子"生之谓性"、朱熹提出"理同气异"与"气同理异"两种矛盾说法的原因所在。

综上可知，在早期儒家人性论中除了人性善恶的思想外，还有人性、物性关系的思想。这种思想有着两种模式：一种是以《中庸》为代表的人性、物性相同模式；一种是以孟子为代表的人性、物性相异模式。在宋明以前，孟子的人性论模式居于主流地位。由于受到佛教、道教的刺激，从宋明以后《中庸》的人性论模式开始受到重视。两种模式本来属于不同的理论体系，各有其特色。但到了朱熹注"四书"的时候，其不得不同时面对两个文本，于是造成了其思想上的矛盾。这不仅对宋明理学产生了重要的影响，而且对韩国儒学也产生了深远的影响。

（作者系中国社会科学院哲学研究所研究员、中国哲学研究室副主任）

朱熹仁论的观念结构及其演变历程[1]

◎张新国

摘要：道南学派注重将仁阐释为与道为一的境界，朱熹则注重在存在论上诠释仁，将仁视为天地自然与社会伦常的秩序性的根源。朱熹仁论的观念结构呈现为：心之德与爱之理是仁的一体两面，在逻辑上，二者互为前提，心之德注重说明道德主体的价值取向与实践工夫，爱之理注重说明价值法则的形上根源与逻辑基础，心与爱是价值主体沛然不可御的动力源，德与理是行动主体展现其伦理行动的必由之路。天地之心为人心之仁开展的永续性提供了生存论的担保。以思想逻辑进程观之，朱熹仁论呈现出由较为注重天地流动的内在机制，到天地运行的逻辑规律，再到天地演化的整全过程的演变。他主张仁不仅是人的行动法则，同时也是世界开显自身的固有机制。

关键词：仁论，生成，存在论，心之德，爱之理 [中图分类号]B244。

"仁"可视为儒学的中枢性范畴，求仁的工夫与实践往往被理解为具有形而上的普遍意义。推天道以察人事，即人事而明天道，是儒学乃至整个中国传统哲学固有的逻辑图式。朱熹的仁论在这一意义上颇有代表性。钱穆认为朱熹以"仁"绾合了"天与人，心与理，宇宙界与人生界"（钱穆，第77页）。朱熹以"仁"重构了儒学自然观与道德论相贯通的世界形态。陈荣捷认为："朱子说仁，实造我国思想史言仁之最高峰。"（陈荣捷，第41页）黄俊杰认为："朱子以'理'解'仁'，将儒家'仁'学提升到宇宙论高度，也将'仁'之伦理学安立在形上学基础之上。"（黄俊杰，第458页）从工夫本体一体的意义上可以说，朱熹认为"人求仁立'本'（性）即得理"（向世陵，第316页）。吴震认为："朱子仁学在继承孔孟原典儒家的仁学思想的基础上，在义理上有了全面深入的推演和发展"（吴震，第58页），并指出朱熹在"赋予人心之仁以宇宙本体论的依据"（吴震，第43页）的意义上，阐释了"天人合一如何可能？"这一中国哲学的"终极问题"（吴震，第50页）。学界对于朱熹仁论的理论价值有所揭橥，而已有研究主要为对朱熹仁论具体文献的分析，对于不同时期其仁论的思想实质及其逻辑展开，做贯通性的阐释，还有较为广阔的研讨空间。考察朱熹仁论思想的观念流变，对厘清朱熹哲学思想发展乃至整个宋代新儒学建构的思想历程具有基础性的重要意义。

一、仁与"天理流动之机"

对朱熹早期仁论的阐明，离不开对其早期思想世界图景的廓清。理学家至少从二程以来，就较为注重对"仁"之名义的考察与境界的追寻。从文献来看，李侗较为注重从价值论解仁，具体表现为他注重从"心"与"理"即道德主体与道德法则的关联性来释仁，而朱熹一开始便留意将仁的价值论与气机流行的存在论关联起来诠释。

李侗既主张仁字不可不察，同时与程子一致，认为仁字难说。此时的朱熹对在存在论上讲说仁，表现出较大的兴趣，如他认为太极动而生阳与复卦一阳生而见天地之心一样，均应作已发看。他认为太极图中所显示的已发有两层，首先是太极动而生阳，这是天地之喜怒哀乐已发处，于此可见天地之心，要而言之为"生"；其次是阴阳二气交合感应化生出万物时，他认为这是人、物之喜怒哀乐已发处，于此可见人、物继承天地之心的心，要而言之是"仁"。朱熹认为天地的"生"之能与人物的"心"之仁就像是继生关系。从更广的视域看，人、物之仁与天地之仁被理解为体用关系。而李侗认为："'太极动而生阳'，至理之源，只是动静阖辟。至于终万物始万物，亦只是此理一贯也。到得二气交感，化生万物时，又就人物上推，亦只是此理。"（《朱子全书》第13册，第328页）李侗区分了"理之源"与"理"本身，他认为"太极动而生阳"是理之源头究竟处，其内容只是一个动与静、阖与辟，到了阴阳二气交感、人物化生之时，都是天理流行贯通于不同节候。他认为《中庸》以喜怒哀乐言说人之情与天地宇宙之情，追本溯源，都是同一个天理的流行作用。可见，朱熹早期与李侗论"理"的一致处在于都将"理"与"仁"关联起来诠释，其主要区别在于，李侗将理主要理解为一种法则性、规律性，而朱熹则比较注重从存在论上来阐释理的功能，即仁，亦即生。在《壬午六月十一日书》中，李侗指出：

> 仁字极难讲说，只看天理统体便是。更心字亦难指说，唯

认取发用处是心。二字须要体认得极分明，方可下功夫……人之一体便是天理，无所不备具。若合而言之，人与仁之名亡，则浑是道理也。（同上，第331页）

在李侗看来，仁字极难讲论，而且无需将精力花费在知识论式的推测揣摩上。他认为仁是一种境界，主要不能通过知识探求来获得。这里有两层意思：一是他认为仁与天理具有内在的关联，即仁之为德，包含了天理的全体，这也正是道南学者对于"理一分殊"的共识，即一物中包含众理；二是他认为仁是综合性的、统合性的德性，殊难一隅举尽，加之仁德重在行中体验而非于知解上推测，所以他不主张"讲说"仁。李侗指出，"心"作为一种道德主体性，也是难以用语言分析把握的，重要的是在心意发动处自觉体察。他觉得只有体验和把握了儒学所讲的"仁"与"心"，才可以真正实践仁和发明心，或者说在此前提下其工夫实践才被灌注了真实的价值意义。李侗认为"仁字只是有知觉了了之体段。"（同上，第334页）这也主要是从"心"上说仁。他认为孔子所教导学生的无非求取仁德的方法，如今学者应当明白运用其心的方法，才能接近窒私欲而见天理的仁之境。他说人之为人的本体与全体就是无理不备的天理总体。孟子讲"仁也者，人也。合而言之，道也"。（《孟子·尽心下》）在李侗看来，"合而言之"的"合"不是逻辑推理，而是人的伦理行动的具体开展，此时作为具体概念的"人"与"仁"就弥合了边界，人所体验和把握到的是一种与道同体的天理境界。

辛巳年，32岁的朱熹请教延平先生当如何解释殷有三仁，李侗指出："三人各以力量竭力而为之，非有所择。此求仁得仁者也……仁只是理，初无彼此之辨，当理而无私心，即仁矣。"（同上，第328页）微子以义去，箕子因奴与比干死谏，皆为具体的仁者之事，事者行也，行有其功，后人往往以其功利尊三者为仁人。而在理学家看来，这都属于"当理"即符合道理、法则的德行。李侗是以"理"来解仁，"当理"是从正面看，"无私心"是从反面说。程子常以"公"论仁，认为"公"是仁心发出来的条件，公即无私心，在三仁即是不顾个人安危，以其莹彻的仁人之心尽己之德。这也是在"心"上即行动主体的道德善性上来阐释仁和仁的人。相比较而下，朱熹主张仁是人心中应有的道理本体，这一本体具有生发运用的功能。既然属于"能"，则这一本体就不只是价值法则，还是万物存在和运动的基础和本源。朱熹就主张，理与气的存在是一齐并具的，只有逻辑之先后，并无存在论上的继生关系，即价值法则对存在规律具有优先性和主导型。朱熹曾将未发之理气譬喻为饱含生成长养能量的胚胎，认为胚胎具有沛然不可御的力量。在《辛巳八月七日书》回书中，朱熹体会说：

> 天地生物，本乎一源，人与禽兽草木之生，莫不具有此理。其一体之中，即无丝毫欠剩，其一气之运，亦无顷刻停息，所谓仁也。（同上，第331页）

意思是天地生养万物的源头是一样的，换言之，人与万物的存在都禀赋了同一个天理。在每一个个体存在者之中，都具足了天理的全部要素，其运化是在气上展开的。朱熹将这种气化生生不穷的过程称为"仁"。他以理气禀受有偏正之不齐进一步阐释道，人禀赋了天地清而正的气，相比较之下，万物禀赋的是浊与偏的气。在朱熹思想体系中，仁首先是物之理，而理的全部要素不仅在人身上具足，在万事万物之中都是具足的，差别只在于人能见"仁"而物难以见其"仁"。不唯如此，人超拔于万物的还在于人能够通过伦理行动存守其作为性理的"仁"德。于此可知，青年朱熹将以伦理价值释仁置于存在论中加以阐释，认为仁是天地宇宙生生不息的内在机制。朱熹总结道：

> 仁字正是天理流动之机。以其包容和粹，涵育融漾，不可名貌，故特谓之仁。其中自然文理密察，各有定体处，便是义。只此二字，包括人道已尽。义固不能出乎仁之外，仁亦不离乎义之内也。然则理一而分殊者，乃是本然之仁义。（同上，第336页）

在朱熹看来，天理作为形式，包裹的内核为流动发生的生机，"包容和粹"说的是仁含具万善之理，"涵育融漾"说的是含具万善之理的仁浑然不可分、井然有次第以及超越名言与意象的本原体段，二者实际共同说明的是具足众理、能感能应而生生不息的气象与势能。朱熹主张义为仁之用，仁为义之体，仁义含括一切人道。李侗也认为朱熹在仁体存在的维度来解仁"推扩得甚好"（同上，第331页）。值得指出的是，以仁论为视域来看朱熹早期逃佛归儒的思想经历，可以更贴切地解释其思想演变的内在逻辑。这是以往专在所谓理气关系来看朱熹早期的"理一分殊"理论所未能深入的。

到了其思想体系基本确立的时期，朱熹以"实理"的宽阔视域阐释仁。在《通书注》中，朱熹论曰"天地之间，阴阳交错，而实理流行"（同上，第98页）。这一"实理"是作为"理一"的天理总体。质言之，这个"理"即是"仁"，"理"着重从形式上看，"仁"着重从内容上说。在阐释"诚"时，朱熹说："实理全，则五常不亏，而百行修矣"（同上，第99页）。五常即仁义礼智信，朱熹认为如果能保任全体实理，则仁义礼智信常德就得以树立，相应地，孝悌百行莫不得行。由此他在《太极图说解》中说"仁义成德，人道之所以立也"（同上，第76页）。"成德"在朱熹看来，其实是要求人在日用常行中去主动挺立的。在阐释"克己复礼为仁"时，朱熹说："其机可一日而决，其效至于天下归仁"（同上，第100页），"机"指的就是人的伦常行动的道德动机。朱熹是在为人类的道德抉择安立一个坚实的宇宙本体论的牢固根基，故于《西铭解》中，他说："乾健坤顺，此天地之志，为气之帅，而人物之所得以为性者也。"（同上，第141页）这个"得"同样不是自然事件，是需要人挺立主体性才能得以完成的。与李侗主要在价值论与境界论上以"天理"解仁相比，朱熹在存在论上以"实理"解仁，为儒学价值论奠立了形而上学的基础，从哲学上看，是进了一步。

要而言之，与其前辈主要在道德的境界形而上学上论仁不同，青年朱熹绾合汉唐以来的元气理论与理学家的伦理价值思想，即将理学的价值理论融汇到生机论和存在论之中。这为其后来继续在生气流行之中点明宇宙的心即"天地之心"，以及在更高的层次上返回属人的宇宙即生活世界的思想，准备了理论因子。

二、仁与"天地生物之心"

与早期重点从气机流行的始基论仁有所差异，朱熹中期注重从心之德性来阐释仁。他是将李侗"当理而无私心"的法则义与他自己的生机义统合起来，这就将"心"形上化而为"天心"亦即"天地之心"了。在其实质上，"天地之心"就是"天理"的实际体现者。如此一来，"天心"与"天理"就是朱熹仁论的两个内在关联性要素。这可以视为朱熹以《仁说》为代表的中期仁论的理论实质。

（1）朱熹《仁说》释义。从结构看，朱熹《仁说》大致可分为仁之总论、阐释仁说的分论以及对于其他仁论的批驳三部分。关于《仁说》，吴震认为："从方法论讲，朱子仁学显然体现出宇宙论、本体论、心性论的思维向度。从理论结构看，朱子仁学在概念名义上，对于仁与人、仁与心、仁与公、仁与爱、仁与德、仁与天等问题做了一番正本清源的思想工作。"（吴震，第56页）大致来看，朱熹在《仁说》中提出四重观点：仁是天地生物的自然功能、仁是人心与天心同构的存在基础、仁是人之为人的本质属性以及仁是人尽心知性知天的价值原则。朱熹说：

> 天地以生物为心者也，而人物之生，又各得夫天地之心以为心者也。故语心之德，虽其德总摄贯通无所不备，然一言以蔽之，则曰仁而已矣。请试详之。

> 盖天地之心，其德有四，曰元亨利贞，而元无不统。其运行焉，则为春夏秋冬之序，而春生之气无所不通。故人之为心，其德亦有四，曰仁义礼智，而仁无不包。其发用焉，则为爱恭宜别之情，而恻隐之心无所不贯。故论天地之心者，则曰乾元、坤元，则四德之体用不待悉数而足。论人心之妙者，则曰"仁，人心也"，则四德之体用不待遍举而该。盖仁之为道，乃天地生物之心，即物而在，情之未发而此体已具，情之既发而其用不穷，诚能体而存之，则众善之源，百行之本，莫不在是。此孔门之教所以必使学者汲汲于求仁也。（《朱子全书》第23册，第3280页）

总体上看，此文为朱熹以仁学为视域的哲学建构，大意为，天地以万物生生不息为其本性与品格，包含人在内的万事万物禀赋自天地的精神本性，生生不息。其实朱熹并非认为天地有任何人格化的意志和目的，而是指向天地自然与人类伦常的秩序性，他对于天地自然的价值关照是描述性的，包含人在内的万物所具有的精神也正是或者说应当是这种赞助天地化育的属性。人以其主观能动性，成为万物中最特殊的一例。实际上朱熹仁学思想真正要挺立的价值，就是人的这种撑拄天地的道义担当精神，所以说人有义务通过行动与实践来展现这种精神，他将人成己成物的道德伦理赋予了形而上的价值，论证自然的秩序性以及安立于其上的世道伦常的秩序性。故而，说天地有心是可以的，说天地无心也是可以的。朱熹后来曾回忆道："本不需说生物为心。缘做个语句难，故着个以生物为心。"（《朱子全书》第15册，第1756页）可见他是出于理念表述的需要才讲天地以生物为心的。心，在儒学中本然地与道德主体性紧密关联在一起，所以朱熹这里实际上讲的是一种天人、体用关系论。由此他说"'天地生物之心，而人物之所得以为心'，此虽出于一时之臆见，然且自谓正发明得天人无间断处，稍似精密。"（《朱子全书》第22册，第1829页）天人无间断，亦即体用无间断。继而朱熹认为，人心赋受自天地的德虽无所不包，但概括起来只是仁而已。

在天地之心与人之心的继生关系上，朱熹认为："天地生物，自是温暖和煦，这个便是仁。所以人物得之，无不有慈爱恻怛之心。"（《朱子全书》第15册，第1756页）可见，他将天地自然生成、长养万物的本性视为仁，人是天地万物之一种，是天地自然本性的体现者，或者说人能够体现作为天地自然的本性的仁是自然、必然的。慈爱恻怛以及不忍人之心是情，仁是性。这一理论包含了两个贯通，一是天、人的贯通，一是未发、已发的贯通。朱熹重视孟子以心说仁的传统，主张以"心之德"来阐释仁，而与孟子不同的是，朱熹以心言仁还具有一层形而上的意蕴，他讲天地之心的德为元亨利贞，而元统合、贯通与主导着亨利贞，即元为亨利贞三德的前提性、基础性的德性。元即元气，元气具有运化、生养万物的本性，所以元亨利贞作为天地自然之德的本体，在运行中展现为春夏秋冬固有的节律次第，其中盎然生发的春生元气贯通于夏秋冬之中。朱熹认为人之心同构于天之心，人心之德同构于天心之德。他立足广义的宇宙论，指出从数与德上看，人心都类于天地自然之心。他认为这正是传统以"乾元""坤元"即可同时指称天地之心的体用之全的缘故。同时，朱熹认为孟子讲的"仁，人心也"，也一样同时指涉人心之体用。理学的体用观往往关联着未发已发问题，所以作为大本与达道的仁，就是天地自然之心的实质内核，此道流行敷施于万事万物之中。

值得注意的是，朱熹这里讲的作为天地之心的仁，是在天与人、体与用以及大本与达道合一的意义上讲的。以形而上学视之，这不属于任何一种抽象的形而上学，而是一种注重大用流行的具体的形而上学。与西方哲学中的形而上学诸形态不同，中国哲学尤其是理学讲的形而上学，天然地与讲求伦常事为上的德行工夫论具有连生关系。

（2）"爱之理"与"心之德"的内在关联。朱熹将天地自然生成长养万物的本性视为仁，人是天地万物之一种，是天地自然本性的体现者，或者说人能够体现作为天地自然的本性的仁是自然和必然的。概而言之，在朱熹心目中，以"爱之理"与"心之德"解仁具有不同的意义，且两者的意义具有关联性。

朱熹于《论语或问说二》言："仁之道大，不可以一言而尽也……仁之为义，偏言则爱之理……专言之则曰心之德……其实爱之理所以为心之德，是以圣门之学，必以求仁为要。"（《朱子全书》第23册，第3270页）他认为仁之道广大，一言难尽，同时以"爱之理"与"心之德"来诠释仁的全部内涵是理论的需要。他遵循程子"专言"与"偏言"的说法引申出，偏言之，则仁为爱之理；专言之，则可以说仁是本心之全德。如果说爱之理侧重从存在论的意义阐释仁，心之德更多的是从价值论、规范论的意义上说明仁。要而言之，在朱熹哲学体系中，存在论与价值论是一体的，或者说以价值论为体、以存在论为用，体用为一。朱熹主张"爱之理所以为心之德"，意思是：爱之理是心之德的所以然根据。在他的哲学体系中，"所以"往往指的是形而上之理。以此观之，该命题即可解释为爱之理是心之德的形而上基础与根据。朱熹实际上也在爱之理与心之德的阐释中，潜在地植入了所当然与所以然、理与气、形上与形下、未发与已发、本体与功夫的二分而相即的思想架构。另外，朱熹实际上也认为，爱之理也必然地展现为心之德。他指出："'心之德'，是兼四端言之。'爱之理'，只是就仁体段说。其发为爱，其理则仁也。仁兼四端者，都是这些生意流行。"贺孙。（《朱子全书》第14册，第692页）

这是说，以"心之德"训仁是从"心"上说，也是从已发之情上说。相应地，他认为以"爱之理"训仁是从仁本来的体段上来讲的。本体不能不展现为作用，其展现于外就是爱的情感，爱的内在道理就是仁的性理。朱熹认为"仁兼四端"是兼体用为言之，这是天地生生之仁理流行敷施的过程。爱之理为仁，心之德亦为仁，朱熹重视以天理解仁，同时也注重从存有论的气上来论仁。从其具体思想开展过程来看，以形式观之，其仁论经历了一个先重视以理论仁到更加注重以气论仁的过程；以内容观之，其仁论经历了一个先重视仁的本质到更加注重以存在着的变易流行的整体的过程。《朱子语类》载：

"爱之理"，便是"心之德"。公且就气上看。如春夏秋冬，须看他四时界限，又却看春如何包得三时。四时之气，温凉寒热，凉与寒既不能生物，夏气又热，亦非生物之时。惟春气温厚，乃见天地生物之心。时举。（同上，第694页）

认为"'爱之理'，便是'心之德'"，这是以天解人，所以教学者就"气"上看。在他看来，就像节气的春夏秋冬，需要认识到四季之中气机流行的差异，同时也要把握到春季因其包含生生之元气，所以说包括得住夏秋冬三季。朱熹认为从气象上看，温凉寒热中只有春季的温最适宜万物生发萌动，因而可以说能从春气上见得天地宇宙生养万物的"心"即内在机制，这正是夏秋冬三季生机流行的前提和基础。他认为这也是仁包括得住义礼智的存在根源。程颢讲义礼智信皆仁，还主要是价值论上说的，朱熹这里明显首要是从存在论上讲的。当然他已经将道德价值包括而为存有论的内核了。这样看来，"理"与"气"实际上是朱熹哲学思想中对构成天地万物基本要素的概括，如他所说：

天地之间，有理有气。理也者，形而上之道也，生物之本也。气也者，形而下之器也，生物之具也。是以人物之生，必禀是理然后有性；必禀此气然后有形。（《朱子全书》第23册，第2755页）

"天地之间，有理有气"侧重说明的就是世间实际存在的、包含理与气的万事万物。而理与气又是构成整体性的"仁"道的因素。他说："四德之元，专言之，则全体生生之理也，故足以包四者。偏言之，则指万物发生之端而已，故止于一事。"（《朱子全书》第22册，第1755页）他说天地之心具元亨利贞四德，综合地说，元德指的是生生不息的仁理，从逻辑上看，仁理贯通亨利贞三德；分析地说，元德指的仅是万物万事由之发生的开端。天的德性实际上是属人的品德的本体化投射，故而，天德之元与人德之仁由"生"而关联起来。质言之，人的"生生"之仁德的开展，不是宇宙论意义上的自然历史过程，而是一个道德实践历程，故朱熹讲："仁者，性之德也，然必忠信笃敬，克己复礼，然后能至。"（《朱子全书》第6册，第768页）仁为性之德，德者得也，即人在伦理行动中以其自觉的道德意识而获得的相对稳定的道德品格，这需要人以其自由的道德意志展开其主动性的道德实践，"忠信笃敬，克己复礼"指的正是人的道德实践功夫。"性之德"是从性理本体论上讲，"然后能至"的正是从仁者境界论上说。从扎根于宇宙论的本体论，中经工夫论，最后达至境界论，显示出理学的基本精神旨趣。在朱熹思想中，"专"与"偏"也指向"理一分殊"，而这一"理一"内在地关联于"未发"的本体，"分殊"则关联于"已发"的作用，这一"本体"与"作用"指的都是仁的不同体段和维度。朱熹主张，仁是爱内在深微的原理，爱是仁外在显发的运用。仁体未发时，仁之理混沌为一，无形影，无声嗅，强名字曰"仁"，体现为"理"。仁已发之后的状态字之曰"爱"，爱作为谓词，必定存在具体的施爱者与被爱者，及其所共同构成的事态，所以说作为仁的显发形式，爱是很具体的，体现于"事"。未发之仁，道理浑全，所以可说是仁理包含义礼智诸理；已发之仁，真诚恻怛，这一"诚"心与"真"情是恭敬、羞恶与是非之情的基础。朱熹将"四端"解释为仁体发见于外的四种道德情感，"感"对应"寂"，朱熹将其仁学思想放入易学框架中加以审视，赋予人伦道德以宇宙论的意义，又从宇宙—本体论的维度来诠释人伦道德。

另外，朱熹《克斋记》与《仁说》动笔都较早，写作都经历了一个不断与友人商讨研求的修订过程，《克斋记》定稿略早于《仁说》，但由于"文章功能有别"（许家星，第185页），相对于《克斋记》更多强调的是为仁工夫，《仁说》较多注意以仁为中心的名义分析。他在《仁说》中整合了《元亨利贞说》等文献中"天地以生物为心"等说法，以及"乾元""坤元"统摄元亨利贞四德之体用的说法。在癸巳即1173年末所作《仁说图》中，朱熹表达的也是这一意思。透过朱熹仁论的层次性、结构性与有机性，可以看出朱熹《仁说》的问题意识在于究明贯通与涵摄四德的实质是什么。朱熹壬辰在《答石子重》第十二书中说："须知仁、义、礼、智作一处看，交相参照，方见疆界分明。而疆界分明之中，却自有贯通总摄处，是乃所谓仁包四者之实也。"（《朱子全书》第22册，第1940页）程子以后，不少学者注重从概念上把握仁义礼智四德之间的关系，朱熹也对这一理论工作表示肯定，但他的思考较为深入。他认为应当将仁义礼智四德在同一个德性结构体中来审视其同异关系。在他看来，以往学者多关注于四德之间的差异，他认为还应在此基础上把握贯通于四者之中者。可见，朱熹不只是沿袭传统仁贯四德的道学话语，而是注意体会实际贯通于四德之中的精神性与实存性并存的仁的样态。陈来认为朱熹《仁说》的意义可以视为"重建道学正统的系列活动的重要一环"（陈来，第83页）。这"一环"也可以在其以仁学为视域的哲学建构的意义上来理解。

总之，在宋代儒学中，天的自然性就被灌注了人文性，人的伦常工夫、实践也被赋予了本体性的意义。以此观之，朱熹《仁说》注意在形上本体的意义上阐发人的道德理性与道德情感，同时在大用流行的意义上阐发仁的有机性与创生性。

三、仁与"天地之化"

朱熹早期将道南学派以天理即道德法则释仁的思想，引入气机流行的维度加以阐释，总体上"理"的特性比较重。较之有所转进，朱熹中期仁说阐扬较多的是天地之心的生生义。而较中期更进一层的是，朱熹晚期仁论更加注重从大易流行的仁体论上阐释相关思想。

绍熙五年十一月，朱熹自临安归往崇安途经江西玉山，县宰司马·邀其讲座。事后朱熹改定此讲义并寄给了询问此事的陈埴，这封《答陈器之（问<玉山讲义>）》可以视为朱熹晚期以仁学为视域的哲学建构的代表性文献。他说：性是太极浑然之体，本不可以名字言。但其中含具万理，而纲理之大者有四，故命之曰仁、义、礼、智。孔门未尝备言，至孟子而始备言之者，盖孔子时性善之理素明，虽不详著其条而说自具。至孟子时，异端蜂起，往往以性为不善。孟子惧是理之不明而思有以明之，苟但曰浑然全体，则恐其如无星之秤，无寸之尺，终不足以晓天下。于是别而言之，界为四破，而四端之说于是而立。（《朱子全书》，第23册，第2778页）

朱熹将宇宙世界理解为道德的，他以形而上的理与气，将世界的价值性与存有性关联为一体。换言之，朱熹实际上为人伦世界建构了规范性的法则，并为这一法则奠立了形而上的基础。朱熹这里讲的"体"主要有两种含义，其中一种含义是作为世界万事万物本源性的基础。这也可以视为一种反推的逻辑。这一"基础"自然地具有生发、主导万事万物的内在机能。这个未发之体是天地的，未发之静属体，已发之动属用。人为天地之一物，故人之德未发为性属体，已发为情属用。这里朱熹以"性"开篇，也是着眼于从宇宙论的高度阐释太极之理的本源性，其落脚点还在于人性。从"性"而非"理"讲起，本身也显示出朱熹晚期不止注重从未发之体讲仁，更注重从已发之用讲仁。朱熹认为，作为未发的本体，天地之性体浑然、寂然，众理咸备，任何拟议与语言都只能举其一隅而不能完全涵盖理，亦即他认为性理之体是超名言范畴的。在中国传统经典中，无论在自然意义上还是道德意义，"性"都主要被认为是生而具有的。对于人性本质亦即人性之"理"的探讨，逻辑上晚于对人性存在的探讨。相对于"性"，"理"更多地指向人的认知形式及其内容。以此观之，朱熹这里从无形之"性"讲到有形之"理"，虽然实质相通，但其实呈现出一种由"无"到"有"的逻辑延展。这符合朱熹《太极解义》以来的逻辑进路。从一性到万理，实际上也暗含他的逻辑主旨，即性立天下之大本，理立天下之达道，性的主导性体现在人性上，人性中起架构性作用的理，是人的道德性的仁义礼智。

他认为孟子思想与此前时代理论的不同，从人性论观之，在于人性本善的道理是否明白流行于世间。换言之，朱熹认为在孟子看来，因为人性本善的道理被遮蔽，所以有必要思考救赎人性之道。孟子将孔子讲的统摄性的"仁"分析为"仁义礼智"四德。孟子不止从四德上讲，还从四端之心即四情上讲。朱熹认为这也正是孟子的作为仁心显现的恻隐之心等四端说的来由。他接着讲：

> 盖四端之未发也，虽寂然不动，而其中自有条理，自有间架，不是笼侗都无一物。所以外边感，中间便应……是以孟子析而为四，以示学者，使知浑然全体之中而粲然有条若此，则

性之善可知矣。

然四端之未发也，所谓浑然全体，无声臭之可言，无形象之可见，何以知其粲然有条如此？盖是理之可验，乃依然就他发处验得……使其本无是理于内，则何以有是端于外？由其有是端于外，所以必知有是理于内而不可诬也。故孟子言"乃若其情，则可以为善矣，乃所谓善也"，是则孟子之言性善，盖亦遡其情而逆知之耳。（《朱子全书》，第23册，第2779页）

意思是太极浑然之体寂然未动之时，并非混沌一片，其中包含了任何已发后的事理、物理，不是空无的，这与其《太极解义》中讲的"无形而有理"思想一脉相承。《周易》讲"寂""感"，朱熹融通仁学与易学，认为四端未发时，无思无为，与外物、外事交接时随理而应，无往而不通，所以他罗列了仁之理因应赤子入井而生发恻隐之心等情感。他由此推论，四端未发之时众理浑具，所以才可能遇事而感通，也就有了四端之情各各不同。他认为这正是孟子分别仁义礼智四德的内在原因。值得注意的是，朱熹将孟子讲的"性善"阐释为人对四德向四端顺理转化的认识状态。换言之，他将孟子讲的"善"阐释为以理应事的本然状态。朱熹从四德未发之体讲到四端已发之用，又反过来从四端本然之情逆向论证本性之善。换言之，他以体用、未发已发、寂感与性情，疏通了孟子论证性善论的上下逻辑。而与孟子主要从人心论证性善不同，朱熹理学还在形而上的宇宙论层次，论证赋予人性善元素的天命天理的道德至善性，他讲：仁、义、礼、智既知得界限分晓，又须知四者之中仁义是个对立底关键。盖仁，仁也，而礼则仁之著；义，义也，而智则义之藏……是知天地之道不两则不能以立，故端虽有四而立之者则两耳。仁义虽对立而成两，然仁实贯通乎四者之中。盖偏言则一事，专言则包四者……自四而两，自两而一，则统之有宗，会之有元矣。故曰五行一阴阳，阴阳一太极，是天地之理固然也。（《朱子全书》，第23册，第2779页）

在双向论证了四德与四端的作用机制后，朱熹接着说道，性中仁义礼智天然地呈现出一种特定的范畴关系。这种关系与作为天德的元亨利贞四德相应，既有分别对待性，又有融贯通约性。他将对天地之德、天地之数的分析引入对人伦四德的分析，指出仁义礼智四德之中，仁与义是四者中的枢纽，言下之意是仁与义二德可含括仁义礼智四德。朱熹具体指出，礼可视为对仁的形式化、显像化，这是比较好理解的，但他讲的"智则义之藏"并不好理解。按照"礼则仁之著"为"礼是对仁的彰显"的逻辑，"智则义之藏"似应解释为"智为义的归藏"，简言之，是"智中藏义"。这样解释既契合朱熹突出的仁与义的对待，同时符合仁义礼智四德始终之序。透过这一层意义，可知朱熹主张，在其伦理行动中，人的实践推理与判断中有义即法则做标准或曰依据，仁统摄知，价值理性统摄知识探求。

接着他参照四季分阴阳，认为人道之仁义与天道之阴阳、地道之柔刚一样，具有相反相成的辩证关系。朱熹还吸收了张载关于"一""两"的辩证思维，认为天地之道必然是"两"，认为人之仁义礼智四端中，仁义二者是骨架与支撑，是树立四端架构的支柱性德性。由四到两之后，朱熹进一步认为，亦如天道阴阳之两是由一理主导一样，仁义虽然对立成二，而作为一的仁贯通在仁义两德之中。继而他得出结论说，正像春夏秋冬都是春生之气的不同阶段一样，仁义礼智也是仁的不同体段。由四而两，由两而一，统宗会元，与由五行到阴阳，由阴阳到太极之理模式一样，朱熹认为这是天地的规律本来如此。他总结说：仁包四端，而智居四端之末者，盖冬者藏也，所以始万物而终万物者也。智有藏之义焉，有终始之义焉，则恻隐、羞恶、恭敬是三者皆有可为之事，而智则无事可为，但分别其为是为非尔，是以谓之藏也。又恻隐、羞恶、恭敬皆是一面底道理，而是非则有两面。既别其所是，又别其所非，是终始万物之象。故仁为四端之首，而智则能成始，能成终。犹元气虽四德之长，然元不生于元而生于贞。盖由天地之化，不翕聚则不能发散，理固然也。仁智交际之间，乃万化之机轴，此理循环不穷，吻合无间。程子所谓"动静无端，阴阳无始"者，此也。（《朱子全书》，第23册，第2780页）

朱熹这里继续阐释了仁与智的关系。他认为，智德据四端的末尾，当有收聚含藏的意思，这是出于让万物发生并使其终了。他说"智"主要有两个含义，一个是"含藏"，一个是"使之发生与终结"。在朱熹看来，"恻隐""羞恶""恭敬"作为谓词是包含具体内容的，而"智"德没有此类内涵，只是客观地分辨事物是与非，所以说其有"含藏"的意象。另外，"恻隐""羞恶""恭敬"均只述谓一面道理，而"智"则不然，它有肯定与否定两个面向，他认为这象征事物的发生与终结。朱熹结论道，仁为四端的开始，而智则既能发生新的事物，也能终结旧的事物，就像元气虽然说是天之四德的统摄者，但元不生于元本身而生于贞。他由此推论道，在天地宇宙演化的过程中，翕合集聚是发散于外的前提和基础，并以"道理本来如此"描述这一生生之仁的宇宙流行过程。他指出，仁与智之间的交接转换，是万事万物演化的内在机制与枢轴，由于其道理是不间断的，所以实际的宇宙生生之仁的演进也是不间断的。朱熹以程子"动静无端，阴阳无始"之论作结。

总而言之，朱熹仁论的观念结构呈现为：心之德与爱之理是仁的一体两面，心之德主要说的是人的道德实践的必要义，爱之理主要说明的是人的伦理行动的法则义。在他看来，心有人心与天地之心两重意涵，理也有人的理性以及自然道理两重意涵，天地之心与自然道理是人心与人的理性的存在基础。从更广的视域看，他实质上还将仁阐释为社会伦常与天地自然秩序性的根源。朱熹仁论呈现为一个逐步展开的逻辑进程，他早期较为注重从天地流行的内在机理来解释仁，将理学从天理释仁与宇宙存有、运化的深层机制关联起来。朱熹中期很长一段时间注重从万物生生之天地之心上诠释仁，即以宇宙固有的特性来论仁，其意义在于振奋道德主体践行自然美德。相比较地，朱熹晚期从天地演化的流行过程中把握和阐释仁，道的色彩与人的色彩被整合为自然宇宙一体的世界观与方法论，统合了必然、当然与自然，也统合了主体、本体与实体，表征出在伦常的生活世界中彰显普遍性的道德价值的思想。这不仅展示了朱熹仁论臻于化境，同时也显示出理学形而上学发展的新动向。

（作者系南昌大学哲学系暨江右哲学研究中心副教授）

注释

〔1〕本文系国家社会科学基金重大项目"明清朱子学通史"（编号21&ZD051）的阶段性成果。

参考文献

钱穆，2011 年：《朱子新学案》第 1 册，九州出版社。
陈荣捷，2007 年：《朱学论集》，华中师范大学出版社。
黄俊杰，2017 年：《东亚儒家仁学史论》，台大出版中心。
向世陵，2006 年：《理气性心之间——宋明理学的分系与四系》，湖南大学出版社。
吴震，2018 年：《朱子思想再读》，三联书店。
《朱子全书》，2010 年，上海：上海古籍出版社，安徽教育出版社。
陈来，2010 年：《朱子哲学研究》，三联书店。
许家星，2021 年：《经学与实理：朱子四书学研究》，中国社会科学出版社。

朱子齐家思想的哲学建构
——以朱子家庭教化实践为中心的考察

◎ 陈苏珍

摘要：在朱子齐家思想意涵中"家"不仅是社会组织的概念，更是一种伦理范畴的本体论建构，折射出宋明理学对于"齐家"环节基于存在论意义的审思。朱子齐家思想从宇宙本体论的发生视角透视了家现象的哲学根基，揭示了"家"在中国传统中重要文化地位背后的存在论基础。朱子的齐家思想涉及家族规训、童蒙教育与礼俗建制等内容，从理与事、教与学、公与私的辩证互释中获得理解周遭世界的基本模式。由朱子齐家思想出发考察中国哲学基于"家"的本体论和存在论建构而延展出意涵丰厚的家文化，对于当代中国家庭道德建设与社会美德弘扬具有重要的现实启发意义。

关键词：朱熹，齐家，家训，家礼，道德教化。

"家"在中国文化中的特殊地位使其成为中国哲学中绕不开的重要论题。儒家的齐家文化是活态传承的有关家庭教化践履的思想体系，构成追溯中华文明与道德之源的起点。儒家所拥有的在处理父子、夫妇、兄弟、师友等伦理关系上的教化实践在朱子齐家思想中尤显集中。近代以来因种种缘故,对"个体"的张扬导致对家文化探察的削弱。唤醒"家"这个沉睡中的哲学命题是回应现代社会对儒家齐家思想价值发显之期待的必然。近年,学界多从中西文化比较视野看待家哲学[1],其中虽然对儒家哲学和朱子思想中的相关内容有所提及,但是尚未深入宋明理学内部探求朱子的齐家思想。朱子齐家思想不能孤立而观,而是同宋明理学的宇宙本体论、生成论、教化哲学以及道德哲学等密切相连。这种庞大的齐家思想体系的建构不仅与朱子思想之集大成有关,同时也不可否认在中国哲学中"齐家"论题本身涉及面向的宽泛性。朱子作为中国近古时代一位百科全书式的哲学家,其有关齐家的论述相当丰富,尤其体现在《家训》《家礼》《谨守勤谨》《小学》《童蒙须知》等篇目中。[2]学界探讨上述单独篇目的成果不少,然而从整体视角考虑朱子齐家思想的研究则付之阙如。朱子齐家思想作为整体命题的出现,或可探赜朱子有关"家"思想问题内在的哲学理路。

一、理与事:义理日用的互涵相成

朱子齐家思想具有浓郁的义理色彩,同时在广义上又是一套关乎人的日常教化哲学体系,尤其注重童蒙时期道德养成实践的重要作用。朱子的人文主义教育理念对中国传统齐家实践产生了重要的影响。《小学》中的童蒙教育思想构成了朱子齐家思想的重要教化内容。从《大学》到《小学》的创作过程就是朱子思想从"用敬"到"致知"的统一。《四书章句集注》可谓朱子耗费毕生精力的撰著,朱子发现其中只有重阐释"致知进学"之"理"的《大学》,还需以"用敬涵养"之"事"的《小学》来补充,方能使得义理与日用皆不偏废。《小学》与《大学》的关系具体体现为理即事、事即理。[3]《朱子语类》言："古者初年入小学,只是教之以事,如礼乐射御书数及孝弟忠信之事。自十六七入大学,然后教之以理,如致知、格物及所以为忠信孝弟者。"[4]且"小学是事，如事君，事父，事兄，处友等事，只是教他依此规矩做去。大学是发明此事之理。"[5]由此，朱子编撰了以日用养成为要的《小学》，以构建完整的教育思想体系，即束景南谓之朱子"人本主义的四书学体系"[6]。朱子撰著《家训》亦顺循这一"说理"与"说事"相辅相成的思路。《家训》仅三百余字，在传统家训史上意义非凡。不同于先前传统家训的鸿篇巨制，朱子将广大精微的义理融进日常生活的道德实践，开创了精炼、质朴又兼具哲理的传统家训体例。朱杰人指出了《家训》在朱子齐家思想体系中的纲领性地位，认为朱子将《家训》的思想提升到哲学与"道"的高度。[7]《家训》将朱子齐家思想融入其理学思想体系中，进行提纲挈领的哲学建构，专门以简练的篇章说"理"，又辅助以《小学》《家礼》等撰著详细说"事"。可见，朱子在齐家思想的义理发显与日用教化上用力之深刻，看似分别论述，实则融会贯通。

家族规训是朱子齐家思想的逻辑发端。朱子晚年为训示家族子弟而撰《家训》，是朱子一生为人、为学、教育子孙的经验总结，是其道德教育思想的精华。《家训》以"君之所贵者，仁也"[8]开篇，常载于朱氏宗谱而被族人奉作修身、齐家、处世的"圣经"，后因"朱子"尊称，而得名《朱子家训》或《朱文公家训》。现藏于尤溪县博物馆的朱子手书"四个之本"齐家板联："读书起家之本""循理保家之本""和顺齐家之本""勤俭治家之本"亦体现朱子义理与日用相融合的齐家哲学思想。黄榦认为朱子把孝悌作为根植于人心的本然之德性，他阐释朱子的教育理念即"所教人以孝弟为人道之大端"〔9〕这正是朱子《家训》中所提倡的君仁臣忠、父慈子孝、兄友弟恭、夫妇和顺与为人诚信等基本的伦理准则和价值理念。朱子另有一篇家训《谨守勤谨》，是对儿子朱塾在外求学时的殷切至嘱。朱子为督促朱塾专心学业，远送其拜师吕祖谦门下，望其能学有所成。该篇家训中除了劝导儿子踏实为学，更有许多日常道德修养和待人接物的细节，爱子情切的慈父形象跃然纸上。正如《论语》中所赞颂的孔子教子之道谓之"君子之远其子也"〔10〕，朱子在教育问题上亦存有"君子之心"，从其教诫儿孙的家规族训，到传道授业解惑的为师之道，再到推广礼俗的社会教化，在教育思想上都具有一致性。故其弟子黄榦、陈淳等在各地任地方官及教授生徒的过程中均奉劝民众从善行孝，积极在实践层面推行朱子的齐家教化思想。

童蒙教育是朱子齐家思想的教化实践。朱子作为教育家的独特身份使其齐家实践的范围不仅局限于个人家族之内。据考证，历史上与朱子有关的书院多达60多所。〔11〕朱子齐家思想体系的形成与传播，与其在各地创建书院，广招生徒，互相研讨和著书立说的教育实践密切相关。朱子齐家思想以教化为其重要途径，其中又以对孩童少年的教育为要，由此，童蒙教育思想不可不谓朱子齐家思想的重要构成。朱子制定《童蒙须知》针对幼童养成教育之初始，细致规定做事的规矩，涉及衣服、言语、洒扫、读书、杂细等日常生活事项。继而针对儿童编撰了《小学》，朱子在原序中说道："古者小学，教人以洒扫应对进退之节、爱亲敬长隆师亲友之道，皆所以为修身、齐家、治国、平天下之本"。〔12〕《小学》是一部教人以儒家伦常的童蒙读本，最主要的就是如何依照伦理规范而行

"事"，"忠信孝弟之类，须于小学中出"。[13]《小学》中不仅引用家训名篇，更融合许多家教故事作为教化的素材与方法。如朱子引《杨文公家训》说："童稚之学，不止记诵。养其良知良能，当以先入之言为主。"[14]杨时家训中关于童蒙教育的观点对朱子"欲其习与智长，化与心成"[15]的教学目的论也颇有启发。又如朱子引范质《戒儿侄诗》十三首五言绝句，其一云："戒尔学立身，莫若先孝悌。怡怡奉亲长，不敢生骄易。"[16]再又云："日记故事，不拘今古，必先以孝弟忠信礼义廉耻等事，如黄香扇枕、陆绩怀桔、叔敖阴德、子路负米之类，只如俗说，便晓此道理。久久成熟，德性若自然矣。"[17]朱子编撰《小学》也反映了传统齐家思想与童蒙教育密不可分。朱子认为应遵循个体成长规律，对儿童和成人的不同阶段实行有层次的教育，实现不同阶段教育的有机统一和相互融通。少儿孩童的教育多是在家庭中完成，家庭由此构成个人成长接受教化的第一个场所，朱子正是看到家庭教育对个人道德养成和社会伦理教化的重要性，他在《小学》序言中就阐明了撰著目的，是为"授之童蒙"，希望能"有补于风化之万一"[18]。

礼学建制是朱子齐家思想的治世理想。朱子编撰《仪礼经传通解》和《家礼》展现了其主要的礼学思想。[19]朱子提出"礼者，天理之节文，人事之仪则也。"[20]，赋予"礼"以天理的内涵。面对当时百姓由于民间礼仪的空缺而无所适从的境况，朱子曾慨叹："礼不难行于上，而欲其行于下者难也。"[21]朱子编撰的《家礼》是以士人和庶民为对象，这也是朱子礼学建制的最大价值之一，即推行一种具有人文情怀的家庭伦理制度，打破了"礼不下庶人"的等级观念，意欲构创"士庶通用"的仪礼。朱子《家礼》由此具有了划时代的意义，这也是朱子《家礼》能够普及化的根源所在。朱子编撰《家礼》正是出于当时社会对齐家礼仪规范的需要。《家礼》涉及通礼、冠礼、昏（婚）礼、丧礼和祭礼，涵盖了社会交往及日常所用之礼，基本上满足了百姓日常生活所涉及的婚丧喜庆礼仪的实际需求。推行"民间通行之礼"摆脱了庶民在礼乐文化上遭受歧视的境地。"这种作为'士庶通用'之礼的《家礼》的出现，在思想上与朱熹的人生观有关"[22]，朱子不以家庭出身对人进行阶层划分，而是以"学问"为导向激发人的潜能，不可不谓"人皆可为圣贤"教化思想的体现。朱子《家礼》通过祠堂、墓祭和祭田等建制给予民间仪礼情感的表达以合宜的实践形式。朱子综合宋儒关于家庙的诸多观点而发明士庶通用的"祠堂"，所谓"古之庙制不见于经，且今士庶人之贱亦有所不得为者，故特以祠堂名之。"[23]祠堂为家族礼仪活动提供了专门的场所，此外还有祭田制度的设立，使得家族祭祀等礼仪活动有了一定的物质保障。由此，"报本反始"的文化价值通过家庭伦理建制得以展现。详细而具体的日常礼仪常常具有强大的教化引导力量，使得国家与社会主流的政治价值观念和伦理规训得以通过礼仪的载体达到对社会百姓的规约。当然，朱子齐家思想的礼学建制更有着不为政治统治范畴所涵盖的文化意涵，其中重要的一个方面就是对传统社会个人道德修养的培育、家风族风的塑造以及社会伦理的建构，有力地维护了传统社会的稳定。朱子齐家思想在文化思想方面的意义经由官学的传播，使其同国家政治实现了紧密联合，对后世伦理建构和道德延承产生了巨大的影响，同时也强化了儒家的经世意识。

朱子齐家思想是一个庞大的思想体系。朱子将理学思想渗透到教化哲学、道德哲学、伦理实践中，实现与日用伦常的互动，彰显了日用与义理的相互补充。朱子齐家思想在表意"事"的"生活世界"和表意"理"的"概念世界"之间建构起双意向的回环路径。这种齐家哲学体系的建构是宋明理学对人存在的基本方式的回应，是儒家理解世界的基本途径，其中的细致内容和相互之间的联系有待更多的研究和发掘。

二、教与学：代际传承的共生互促

朱子以教与学为齐家思想的实践要旨，建构起代际共生传统中的个体与世界的价值联系。朱子齐家思想以家为代际传承实践的纽带，涉及君臣、父子、兄弟、夫妇、师友等基本伦常建制，其中尤以父子关系的代际共生为核心。家庭的教与学展现出代际传承的双重向度，齐家的任务不仅是实现生物基因层面的种族繁衍，更是一种文化价值意义上的世代延承，这一传承离不开教与学的关键环节。朱子所提倡的与家庭教育最密切相关的童蒙教育就是围绕着教与学的审思。"学"不仅是中国哲学的重要命题，也是朱子齐家思想的重要内容，可以说朱子毕生都在致力于探求天理的为学之道。"学"对于人本身在世代中存在以及文化价值的承续与发展无疑具有非凡的意义。朱子在《论语集注》中说道："学之为言效也"，"后觉者必效先觉之所为，乃可以明善而复其初也"[24]。在此，朱子把"学"理解为模仿，这在代际传承中就意味着后代对前代既有的文化生命经验的习得。这样的教与学最初发生在家庭中，人们最先模仿的对象就是自己的父母，展现为代际共生的文化传承。当我们从生命的延续模式来理解朱子齐家思想时会发现，围绕教与学而形成的文化价值延续的生存论意旨，以此为根基建构自身生存的基础，继而让文化伦理通过代际习得在当下甚至未来延续，并逐渐扩展为一个特定群体共有的互动、沟通和交流的文化价值世界。

教与学的传承透析了"生生"的本体论意义。马克思和恩格斯曾明确"家庭"的定义，即"每日都在重新生产自己生命的人们开始生产另外一些人，即繁殖。"[25]这种对家庭关于生命生产的本质属性的认定是确证无疑的，然而马恩并未从文化学意义上对家庭的功能做出更进一步的阐释。[26]中国哲学从代际传承的视角理解生生的哲学意涵无疑是西方哲学传统中所欠缺的。这一概念与西方哲学所谓的"本体"或"存在"最大的不同在于"生生"是动态的表达，天然具有代际传承的意味。中国哲学中独特的本体论概念，可以追溯至《周易》对"易"之本体概念的表达，以阴阳变化的意涵来阐释："一阴一阳之谓道。继之者善也，成之者性也。"[27]及至宋儒则加以发展而提出"生生之谓易"[28]。宋儒常"以生论仁"，周敦颐言："生，仁也；成，义也。"[29]程子言："仁者，天地生物之心。"[30]朱子进一步解释："只天地便广大，生物便流行，生生不穷。"[31]将"生生"的意涵与道德本源之"仁"实现联结，同时又将"仁"理解为一种生意，继而将仁义礼智作为整体的道德考量，从仁的生意出发，于是可以衍生出义、礼、智等德目。陈来解释"仁之生生"时说："天地氤氲，万物化生，创造不已，宇宙即连绵不绝的生生之流……而这一生生流行即是仁。"[32]从生生到仁的阐释展现出了宋明理学中由天道至人道的哲学衍生理路。儒家齐家思想围绕日常人伦展开的生存论分析，是一种可以突破西方传统哲学范畴的不同思路建构，其价值的现代发显或将带来中国哲学对自身发展道路的探求。生生构成朱子齐家思想生存论意义的阐释基础。朱子齐家思想以"慎终追远"的日常伦理建构回应由"生生"发展而成的代际传承共生模式，构成了宋明理学齐家思想的

"价值本体"。从这一层面看来，朱子的齐家思想直面人的生存问题和对生命的体悟。《家训》倡导的为人处世之道，皆是日常必不可免的生活交往需要；《家礼》涉及"冠婚丧祭"等礼仪，通过人生中重要节点的仪礼表达，将生命体悟融入伦理建设中。朱子齐家思想就是把生生不息的精神理念在齐家实践中借由伦理建构和礼乐文明的承载以融入日常道德践履，为生生哲学的基本义理找到了在日用人伦中落脚的踏实的安全感，由此可见朱子齐家思想承载着伦理价值本体论的实践意涵。

教与学的代际共生关系同时也体现为生存依附的关系。人在进入社会成为独立个体之前，必须依附于家庭的给养，在家庭中由父母家人的养育而成长。朱子齐家思想包含化民成俗的教化实践，通过家庭教化以应用于人文教育、社会问题的解决及人际关系的调整，以期达到彰显人性价值、创造和谐秩序的目的。钱穆言："上自父母，下及子孙，一线相承，大生命犹尚超其躯体小生命而存在。"[33]朱子齐家思想正是通过仪礼的实践，包含对死亡问题的处理，保有对生命延续的崇敬，赋予祖先超越生物学意义的文化价值，展现代际延展关系。这突出体现在朱子家礼对传统仪礼的改造与简化，去除了种种繁文缛节，让普通百姓都能运用，并且更加突出以丧祭礼延续对先人存在的意义亦即对生命本源的探寻。朱子《家礼》的创作可谓"天理"与人世间对接的一个重要尝试，是其将形而上的理学思想世俗化的一次社会实验。[34]因此对代际传承共生的齐家伦理的尊重，并非贬低个体存在的价值。强调"生生"在代际传承中的生存论结构与个体的存在与发展并不矛盾，甚至起到对个体成长的助推作用。

梁漱溟尝言："中国之家庭伦理，所以成一宗教替代品者，亦即为它融合人我泯忘躯壳,虽不离现实而拓远一步,使人从较深较大处寻取人生意义。"[35]由此可见,面对躯体泯灭的必然现实,天然的血缘延承体现在文化价值上的永恒意蕴,让中国人对生命之延续和对永生的渴望在家文化的传承中得到慰藉。《孝经》强调:"身体发肤,受之父母"[36],由孝衍生出的各种德行是对家的本体地位的表达。悌是兄弟姐妹之爱的表达,更加依赖于平等、信赖的建构,是走向朋友之爱的过渡情感。《论语》有言"孝弟也者,其为仁之本与"[37],肯定了孝悌在伦理上的重要性,并视之为道德之根本。《孟子》言"仁之实,事亲是也。义之实,从兄是也"[38],以此把仁之德与伦理践行进行了直接对接。孟子从事亲的角度来论述仁的起点,辨明了仁和孝的关系。仁是一个极具包容性的道德概念,可以衍生出丰厚的道德意涵,亲亲之孝就是其中首要的范畴。由此可见,并非另有一个仁与孝相对,如果从仁本身的起点而言,亲亲就是仁的起点。亲亲也显示了对生生文化的重视,代表着宇宙万化流行中的承续性。在生生不息的本体论前提下,亲亲之孝构成了中国传统道德之本。以仁爱为核心的传统道德体系在孝的生存论基础上不断提升与扩大。程子曰:"故为仁以孝弟为本。论性,则以仁为孝弟之本。""盖仁是性也,孝弟是用也。"[39]从代际生存论的视角,仁是孝的延伸。朱子则把仁解释为"爱之理,心之德"[40],更是肯定了其道德本源的重要地位。从家庭层面最基本的事亲到社会生活层面的处世之道,最终到精神层面的立身,都源自家庭中的孝悌之德。

朱子齐家思想以"圣贤坯璞"为教化旨归。朱子把童蒙教育的功能定位为成人,这是儒家教化哲学的价值追求使然。成人是一个以文化人的过程,意味着个体由自然人向社会人的过渡,成为一个具备道德修养，遵循伦理规范的人。孟子言"人之所以异于禽兽者几希"[41]，此中即强调了儒家所提倡的"成人"道德教化路向。朱子提出"蒙养弗端,长益浮靡"[42]，认为童蒙教育重点就在于"养心"与"培根"。儒家"蒙以养正"的核心观点之一就是强调孩童道德的培养与行为的塑造对于个体融入社会和追求学问之道都具有重要的基础性意义。从这个层面来深思朱子以"圣贤坯璞"为教化主旨的童蒙思想，也契合现代教育心理学所强调的早年教育对个体成长的价值。"圣贤坯璞"是一个追求本心的过程，也透析出朱子齐家思想道德教化的价值导向，强调从"明德"到"为学"的道德修养工夫。朱子认为童蒙教育要以培养良好德行的成人为目标，这是一切为学的基础和开端。只有形成良好的道德品质，才能具备追求"圣贤"的基本条件。当然，在朱子看来童蒙教育对象重点是孩童少年，但也适用于一切启蒙教育阶段的人。"圣贤"是儒家传统的理想价值追求，即使未必能人人皆为圣贤，也必须人人都以高尚的道德操守来自我规范。从道德教化意义上看，儒家传统中"为学"与"成人"并非二事，为学即要追求圣贤之境界，而圣贤之人也是道德境界最高的人。如果一定要有所区别，则应该说"成人"是"为学"的基础和导向。从重视道德教化功能视角检视朱子的童蒙教育理念，即可见朱子齐家思想在教化育人方面的"千古卓见"。

朱子齐家思想延承儒家"好学"的思想传统。孔子所讲的"好学"在宋明理学中得到了更深入的阐释，宋儒所强调的道统传承也无不涵盖着好学的意味。儒家把"学"理解为学习者自主的活动，强调学习者主体性的发扬，"主体性是人在其伦理行动中所展现出的自主的、能动的与合目的性的地位与特性的综合性范畴。"[43]朱子齐家思想对个人修养、道德教育的作用，无疑是强调主体性的自觉与发显。朱子齐家思想中德性的养成主要不是通过讲习模式，而是融入日常生活中的行为教化，在不断体认和感悟中唤起为学者的道德感情和生活选择的能力，并促使这种道德选择模式在日常生活中日益成熟。从儒家的角度看，"教"的作用除了知识的传授外，更侧重于教导者所做出的道德榜样。教导者的任务是通过行为互动和道德示范来展现什么是符合道德的，进而引导学习者把自己培养成高尚的人。这样的养成教学思路正是突出"学"和为学者的主体性对教化成效的重要意义，也契合孔子所讲"为仁由己"[44]的道德修养工夫。再思"孔颜乐处"是宋明儒者对"学"之主体性讨论的集中体现。孔子的弟子颜回生活贫困不堪，但内心充盈着问道向学之乐，"一箪食，一瓢饮，在陋巷。人不堪其忧，回也不改其乐"[45]。由"乐"而达成"学"之主体性的最高境界，即由内心的自觉而获得为学的自由，这是超越于物质层面的内在的幸福感。这种幸福感的获得离不开对生命本源价值的体验。所以，从本源道德探寻的视角，朱子认为颜回"元自有个乐"[46]将主体性理解为对生命存在本初意义上的满足。家庭生活中所追求的精神愉悦与和乐，同样也体现对生命本初价值的满足态度。朱子写给女儿的诗句："葱汤麦饭两相宜，葱补丹田麦疗饥。莫谓此中滋味薄，前村还有未炊时。"[47]此是朱子到女儿家做客，怕女儿因家贫无所招待父亲而愧疚，写下充满慈爱的诗句以慰藉女儿。亲情所带来的温暖是家庭伦理生活之乐在朱子齐家实践中最好的表达，也是朱子齐家思想在教与学的文化生命中延展出中国哲学"道不远人"传统的具体体现。亲亲的发显背后是关于"家"的本体论探求，个体面对世界最为核心的内在情绪就是由"家"决定的，透过"家"的和乐之情，对生命的通达与延续有了本体论的观照。家为人们所提供的确定性的安全感需要通过仪式性的表达得到安放，在日用人伦中得以展现。这既是朱子齐家思想伦理建制的生命关怀，也是对"家"存在论意义上的伦理实践回应。

三、公与私：家国同构的治世理想

朱子齐家思想围绕个体和宗族行为的自我约束与养成机制，形成了一套完整的伦理规范和道德体系，并致力社会秩序以及日常生活的建构。在朱子齐家思想中体现了传统礼法与道德的相通性，是发挥"治平"功能的社会规范。朱子齐家思想的建构反映传统礼乐文化大背景映照之下的家庭伦理关系，所形成的伦理价值符合家庭和家族的需要，有很强的实用性和实效性，可以奠定社会民众的道德基础，并有助于解决社会文化认同问题。传统社会从皇权家族到平民百姓，为了进行个体价值观、人生观的培育以及伦理规范训导，多结合时代需求和家族的具体情况，专门订立系统的家规族训，常常以文字形式形成撰著或条例。其中不乏名篇佳作，在流传过程中其影响和作用甚至超出具体的宗族而具有广泛的社会伦理效应。朱子亦即通过对个体与家庭、家庭与社会之间关系的处理来把握传统伦理思路。这不同于近代以来将个体家庭与国家社会截然分别的视域，而是倡导为齐家而修身，为治国平天下而齐家的修养进路，皆是环环相扣、相互促进。齐家成为一个沟通个体与家庭共成长、家庭与社会共发展的关键性中介环节。

从"亲亲相隐"到"民胞物与"，公与私在齐家实践中相交通。孔子言，亲亲相隐，"直在其中矣"[48]，这同时也为在伦理实践中认同差等之爱的合法性提出了解决方案。亲亲相隐透露出一种本体论的承诺，使得个体虽然可能面临家与国的冲突、忠与孝的两难，却并非无解决之道。这是源于比道德更基本的存在论层面的肯定，既提供了化解道德困境的机制，又显示出一个文明体系中不同价值原则之间的基本关系，是对高于法律的生存论原则的尊重。宋儒推崇生命的延续应当享有崇高的地位，认为亲亲相隐在道德上有其正当性根据，强调这是"天理人情之至也"[49]，并获得历朝历代统治者的支持。孝可以说是源于对自然之生生大德的崇敬，转化为对赋予个体生命的父母的爱。原初的孝心继而扩充为对天下万事万物的仁爱之心，也就达成了仁者与天地万物为一体的思想境界。朱子齐家思想中的教与学体现了"亲亲"伦理普遍性的表达。《中庸》言"仁者人也，亲亲为大"[50]正是对伦理本质发源的追问。亲亲作为源于父母与子女的代际情感纽带，是人生在世与他人建立起的最原始情感。这种情感强调了对德性之源的追溯，是在与亲人直接照面中形成的日常伦理，更具有最普遍的道德和价值意义。孟子尤其强调亲亲的良知良能，亲亲可谓"仁义礼智信"等德行之源。亲亲无疑是个体最原初的情感，对生活中最普遍的亲人之爱的确认，这为朱子齐家思想奠定了伦理哲学本体论的基础。只有肯定亲亲的差等，才能理解亲亲之情的推展，人总是由爱自己最亲近的人，进而扩大这种爱的情感。对此，儒家的理解是很宽广的，孟子所讲"仁者爱人"[51]，就是顺循由己及人的道德情感路向。宋儒认为人与天地万物有一个共同的创生根源，故情感对象的扩展不仅包含人类自身，甚至可以推至宇宙间万事万物，人与自然"同得天地之理以为性，同得天地之气以为形"[52]，即将天下之民当作同胞，将世间万物视为同伴。总之，通过"仁"的概念，由亲亲之情到"仁民而爱物"，继而达到"民胞物与"的道德境界。

孝悌就是在亲亲的自然体认中形成的基本德行，家庭为其产生提供了原发性的场域，使得"孝"这个传统核心道德得以生成。曾子曰："夫孝，德之始也"[53]，孝不仅是对生命来处的尊敬，也是对个体维持自我的要求和肯定，由此可言，孝是"亲亲"思想展现的首要德性。"家"作为情感道德的发源场域，从个体对亲人的爱推衍至对社会他人之爱，继而实现对世界万事万物的爱。儒家把这种情感推衍之源称为"仁爱"。道德情感的差等性也体现了人如何通过同情心的建构以突破自我的德性生长过程。"亲亲"赋予爱的差等以天然的合法性，使得公与私之间不再是截然对立，而是从本体论意涵上找到了沟通与联结。家庭伦理中孝悌的表达就是实现推己及人的一种工夫，在朱子齐家实践中的这种功夫导向泛爱众人的普遍道德意识。《大学》有言："其家不可教而能教人者，无之"，"一家仁，一国兴仁；一家让，一国兴让"[54]。朱子在齐家思想的基础上建构理解世界的方式，围绕着"齐家"形成了一整套礼乐文化和成人教化体系，这是朱子齐家哲学的外显践履，也是其思想精义的体现。在这个意义上，朱子齐家思想提供了自我与世界的联结方式是由"家"出发而寻求"天人合一"的路径。"家"作为代际传承的现实场域，则在世世代代的承续中，从文化意义上给予了个体生命的无限延展，以生生不息的家文化显示了人类对不朽精神的追求。将亲亲之孝完全归于私人生活领域的解读之偏颇在于未能把握人与人之间普遍化的关系。亲亲之孝是生活中最普遍的伦理情感。这使得亲亲之孝从超越私人情感的维度获得了普遍性。朱子齐家思想将对亲情关系处理的普遍性价值从遮蔽的状态揭示出来，在私人领域中把握其普遍性，并扩大为社会之"公"的价值意涵，即为儒家齐家思想中的另一种大公。

从"伦理本位"到"互以对方为重",家庭与社会价值在齐家实践中相融通。对传统儒家齐家思想的理解不应以现代叙事中的公私分别进行教条性区分。儒家倡导齐家的价值规训不仅局限在私人领域,其旨在更广大的公共社会领域作用的发挥,在修齐治平之间建立起内在的联结。修齐治平在儒家传统中本然地展现出一个求道的完整过程,并非机械地割裂而是保有积极的互动与融通。在为学先后的次序问题上,修齐治平中前一个环节都被理解为后一个环节开展的基础与必要条件。儒家伦理生活的原初场域就是家庭,家庭伦理建设为社会生活的全面建构提供了"伦理性原则"。中国传统文化中以家庭为中心形成的"伦理本位"[55]的概念揭示了家庭在伦理方面的本体论意义。伦理本位即意味着"家"在传统儒家思想中的优先性。朱子以齐家思想的建构将恪守家礼与政治德性、家庭情感与爱国情感在现实中达成统一。伦理本位的文化强调"互以对方为重"[56],这种特征表现在伦理关系中,就是重视责任、群体、权利与和谐。朱子齐家思想的家庭伦理导向显示了不同角色之间的相互关系以及互以对方为前提所应承担的相应责任。譬如父子关系作为社会伦理关系的核心,并非纯粹是子从属于父的关系。朱子《家训》所言:"君之所贵者,仁也。臣之所贵者,忠也。父之所贵者,慈也。子之所贵者,孝也。兄之所贵者,友也。弟之所贵者,恭也。夫之所贵者,和也。妇之所贵者,柔也。"[57]其中所提倡的基本德目,都具有一定的对应性,体现辩证的、相互制约的伦理关系。"伦理始于家庭,而不止于家庭"[58],在中国传统中,个人进入社会关系网络后,在社会关系的指称上都体现了家庭伦理的印记。如"师父""徒弟""父母官""四海之内皆兄弟"等表示人情亲近与注重情义的称呼,将整个社会关系演绎出家庭伦理的味道。"全社会之人，不期而辗转互相连锁起来，无形中成为一种组织。"〔59〕由此，形成了以仁义礼智信等道德概念为主要内容的基本道德规范和伦理体系。这样的伦理道德体系建构本身就维系了私人领域和公共领域的沟通。

从"家国同构"到"天下大同"，道德教化与社会文明相促进。朱子家礼的实践正发挥了文明礼仪方面的文化认同和凝聚力，让文明的归属以家为基础建构。不再从空间意义上而是从价值意义上定义家的私人领域与国家社会甚至天下之间公共领域的关系。朱子齐家文化倡导文明的归属而非族群的归属，正是通过家庭教化实践来彰显"文明"的价值理念，由此所形成的家庭文化价值构成了凝聚传统社会文化认同的载体。齐家虽然是家庭内部的教化实践，其所意旨的对象却是整个国家社会甚至人类世界，因此齐家具有了强烈的道德含义和责任意识，这是中国文化追求世界大同的心态使然。天下成为道德化的、整体性的和而不同的概念。有学者强调中国文化传统偏重私德，而公德阙如，实是未透视家国之间具有价值上的同构性。《大学》曰："孝者，所以事君也；弟者所以事长也"〔60〕，通过忠与孝在价值观念上的延展，实现从齐家到治国的跨越，也就是"家齐而后国治"〔61〕。家庭在其中正是培养个体合作与相互支持的重要机制。朱子齐家文化包含着对国家社会和天下问题的思考，这与朱子作为一位当时的大儒所具有的爱国主义精神密不可分。黄榦有言："先生平居惓惓,无一念不在于国。闻时政之阙失,则戚然有不豫之色,语及国势之未振,则感慨以至泣下。"〔62〕可见，在朱子看来，齐家与治国并非截然分离，二者之间存在着天然的融合与一致的互通,即"亲亲而仁民,仁民而爱物"[63]。如果仅将朱子齐家思想局限在个人家族内部,那必然是一种窄化,也未能理解儒家传统中"家"在建构个人、社会、国家甚至人类世界中的本体论意涵。朱子齐家思想存在个人家族治理与治国平天下理想的通融,很好地回应了传统儒家在私人和公共领域价值之间的张力。不同于现代公私领域的截然对立,儒家对私人与公共的分野更大意义上是价值领域的划分而非空间场域的划分。"家国天下"既透析出传统伦理的社会渗透也给予了现代"社会大家庭"等政治性概念以传统文化厚重的家庭伦理色彩。

四、结语

儒家文化是以家庭伦理为核心而建立起来的文化形态,以亲亲的自然情感为起点,不断扩充至包含社会、国家乃至天下的道德关怀。家庭关系的和谐成为伦理的发端,并以此构成社会治理以及国家强盛的基础。传统家庭或宗族往往是几十甚至几百人聚居的大家族,实是一个小型社会。齐家过程中必须处理复杂的人际关系以及物质生产生活资料的分配问题。因此,拥有共同的文化信仰就成为凝聚人心的必要条件,朱子《家训》和《家礼》都表现出这样的重要功能,即透过齐家教化实践,自觉地形成一个文化价值相一致的生命共同体。中国传统乡村是由宗法家族所组成的"礼治社会"[64],社会治理主要依靠"礼治"而非"法治"。法治有赖国家的政治权力,而礼治依靠的是社会成员共同认可的行为规范,既是自发的道德力量也是来自伦理规范的约束力。通过家族的道德伦理建制和行为礼仪规范，家族成员的情感与家族认同被激发出来，实现了儒家"齐之以礼"的社会管理和"养之成德"的理想秩序。由此，"源于家庭并扩延到天下国家的德化劝善教育理念便被儒家纳入'天下一家'的价值体系中去"[65]，齐家实践成为稳定社会的重要治理力量。

从历史影响看，儒家齐家思想成为将传统社会核心价值理念贯彻到民间的重要实践。朱子齐家思想的日常实践为传统社会提供了普遍认同的行为仪规和伦理准则，让儒家的核心价值通过礼仪表现出来，不仅抵御了佛、道礼俗的浸染，也使得从社会最小细胞的"家"到整个国家天下，都可通过家庭生活中具体的礼节和伦理规范得以安顿。朱子齐家思想在近世中国凝聚宗族方面发挥了很大的作用，随着朱子学的普及而传播到东亚，对朝鲜、越南、日本等国家，在不同时代都产生深远的影响。从中国哲学自身发展看，家哲学体现了中国哲学不同于西方哲学传统所固有的范畴而彰显其存在论上的自我表达。无论如何，当前中国哲学亟待探寻自我发展的道路，如何从中国哲学中发掘自身的独特性，而不是处于西方哲学传统的标尺之下，是中国哲学之所以为其自身的证明。后疫情时代显现的对人存在方式追问的哲思，有待我们从中国哲学视域重新审思家庭在沟通个体与社会中的重要作用。这无疑是探索中国哲学自身价值的现实维度。从当前社会需要看，朱子齐家思想为中国特色社会主义家庭文化建设提供传统借鉴。新时代家庭的形态、结构、功能和观念等都发生了巨大的变迁，但家庭是社会构成的最小单元的事实没有改变。儒家哲学蕴含着慎终追远的哲学深思，给个体生命以支持和安顿，这也是重检朱子齐家思想以直面现实生活问题的关键所在。有必要说明的是,我们在充分肯定朱子齐家思想哲学价值的同时,并不着意掩盖其齐家具体内容与操作上由于特定时代而带来的局限，仍然要以社会文明发展需求为出发点，实现朱子齐家思想的创造性转化和创新性发展。

（作者系福建师范大学马克思主义学院副教授）

注释

〔1〕参见笑思：《家哲学：西方人的盲点》，商务印书馆，2010年；吴飞主编：《神圣的家：在中西文明的比较视野下》，宗教文化出版社，2014年；张祥龙：《家与孝：从中西间视野看》，生活·读书·新知三联书店，2017年；孙向晨：《论家：个体与亲亲》，华东师范大学出版社，2019年。

〔2〕《谨守勤谨》又名《训子贴》，《童蒙须知》又名《训学斋规》。

〔3〕朱人求.下学而上达——朱子小学与大学的贯通[J].江南大学学报(人文社会科学版).2013(02).

〔4〕黎靖德.朱子语类[M].北京：中华书局,1986.

〔5〕束景南.朱子大传[M].上海：复旦大学出版社,2016.

〔6〕朱杰人.朱子家训[M].上海：华东师范大学出版社,2014.

〔7〕黄榦.黄勉斋先生文集(三)[M].北京：中华书局,1985.

〔8〕朱熹.四书章句集注[M].北京：中华书局,1983.

〔9〕方彦寿.朱熹书院与门人考[M].上海：华东师范大学出版社,2000.

〔10〕朱熹.小学[M]//朱杰人，等.朱子全书:13.上海：上海古籍出版社；合肥：安徽教育出版社,2010.

〔11〕尽管在《朱文公文集》《四书章句集注》《四书或问》《朱子语类》等文献中有较多礼学方面的疏解与讨论，但朱子礼学思想仍主要集中于《仪礼经传通解》和《家礼》中。

〔12〕朱熹.晦庵先生朱文公文集[M]//朱杰人，等.朱子全书:23.上海：上海古籍出版社；合肥：安徽教育出版社,2010.

〔13〕吾妻重二.朱熹《家礼》实证研究[M].上海：华东师范大学出版社,2012.

〔14〕朱熹.家礼[M]//朱杰人，等.朱子全书:7.上海：上海古籍出版社；合肥：安徽教育出版社,2010.

〔15〕马克思,恩格斯.马克思恩格斯文集:第1卷[M].北京:人民出版社,2009.

〔16〕陈苏珍,潘玉腾.马克思恩格斯的家庭教育观及其当代价值[J].学术交流,2018(02).

〔17〕朱熹.周易本义[M].北京:中华书局,2009.

〔18〕周敦颐.周子通书[M].上海:上海古籍出版社,2000.

〔19〕陈来.仁学本体论[M].北京:生活·读书·新知三联书店,2014.

〔20〕钱穆.晚学盲言(下)[M].北京:生活·读书·新知三联书店,2018.

〔21〕朱杰人.《朱子家礼》:从文本到实验——以婚礼为例[C].人文与价值:朱子学国际学术研讨会暨朱子诞辰880周年纪念会论文集,2010.

〔22〕梁漱溟.中国文化要义[M].上海:上海人民出版社,2018.

〔23〕邢昺.十三经注疏·孝经注疏[M].北京:北京大学出版社,1999.

〔24〕张新国.身体、心灵与自然的融通——王阳明心学主体性的结构[J].哲学研究,2020(02).

〔25〕褚人获.坚瓠集(一)[M].上海:上海古籍出版社,2012.

〔26〕曾参,孔伋.曾子·子思子[M].北京:中华书局,2009.

〔27〕梁漱溟.人心与人生[M].上海:上海人民出版社,2018.

〔28〕束景南.朱熹年谱长编[M].上海:华东师范大学出版社,2001.

〔29〕费孝通.乡土中国[M].北京:生活·读书·新知三联书店,2013.

〔30〕曾令巍.朱子学视域下之"明德"新解[J].湖南大学学报(社会科学版).2021(01).

《孟子》末章诠释与理学道统论

◎ 刘增光[1]

摘要：《孟子》末章与理学道统论有着密切关系，朱熹在对此章所作的解释中试图以其作为道统论的文本依据，赋予了此章以道统论的内容。但朱熹的这一过度诠释中多有前后矛盾抵牾之处，且涉及理学道统论的关键问题：道统传承谱系、道统传承方式以及根本的道统合法性。探讨后儒对这些问题的厘清和对朱熹之说的回应，进而由此反思理学道统论的内在问题和外在影响，对于当下探究如何兴复儒学有启发意义。

关键词：《孟子》，朱熹，道统，理学。

《孟子》全书末章叙述自尧舜至孔子共十一位圣人见知闻知、历历相承，《论语·尧曰》首章则记载尧、舜、禹以"允执厥中"递相授受，这两章与理学道统论密切相关。北宋杨时（1053—1135）就曾概括说："《论语》之书，皆圣人微言，而其徒守之，以明斯道者也。故于终篇，具载尧舜咨命之言，汤武誓师之意，与夫施诸政事者，以明圣学之所传者一于是而已，所以著明二十篇之大旨也。《孟子》于终篇，亦历叙尧、舜、汤、文、孔子相承之次，皆此意也。"[2]程朱一系儒者，尤其是在朱熹之后，均一致认为《论语》终篇和《孟子》终篇蕴含道统传承之意。但《尧曰》首章仅涉及尧、舜、禹，而《孟子》末章所涉圣人数量则远过于此，其涉及时段也远至于孔子、孟子之世。考虑到理学家更为关心的是如何在"轲之死，不得其传焉"（语出韩愈《原道》）的后世如何接续和复兴儒家之道这一既具时代性而又超时代性的课题，故而对于理学家阐述道统传承谱系来说，《孟子》末章无疑更合其需要。而理学道统论自萌芽于韩愈《原道》之后，至朱熹方堪称完备，此即以《伊洛渊源录》的编纂为标志，书中以周敦颐为首，继之以二程、邵雍与张载，确立了宋代作为儒家道统传承正宗的"伊洛之统""周程之统"，而朱熹本人则是这个道统的集大成者。[3]

朱熹在《孟子》末章的解释中，正是将二程作为道统传承者。据现有文献来看，包括杨时在内的程门诸儒皆未曾对《孟子》末章作详细注释，遑论在注释中将二程作为道统传承者。唯朱熹对此章颇佳留心，于《孟子集注》（下文简称《集注》）、《孟子或问》（下文简称《或问》）等书中屡屡解析和阐发其中所蕴含的道统论内容，并将理学道统论贯注于对此章的注释中，这无疑正是其出于道统意识所进行的诠释，亦表明朱熹有意识地在对儒家经典的诠释中为道统论奠立文本依据。

《孟子》末章谓：

> 由尧舜至于汤，五百有余岁，若禹、皋陶，则见而知之；若汤，则闻而知之。由汤至于文王，五百有余岁，若伊尹、莱朱则见而知之；若文王，则闻而知之。由文王至于孔子，五百有余岁，若太公望、散宜生，则见而知之；若孔子，则闻而知

之。由孔子而来至于今，百有余岁，去圣人之世，若此其未远也；近圣人之居，若此其甚也，然而无有乎尔，则亦无有乎尔。

韩愈在《原道》中提出一儒家之道的传承谱系："尧以是传之舜，舜以是传之禹，禹以是传之汤，汤以是传之文、武、周公，文、武、周公传之孔子，孔子传之孟轲，轲之死，不得其传焉。"虽无明确证据显示这是据《孟子》末章所提出，但二者的联系却显而易见。不论如何，降至宋代，朱熹正是着意通过对此章进行"过度诠释"而赋予此章以理学道统论的内容，从而为后世儒者树立了注解《孟子》末章的典范。纵观宋代以降的《孟子》学，无数儒者都对这一章偏好非常，倾力于剖析其与理学道统论的关系，从而形成了一波又一波对朱熹解释的回响。正是在后世不断的注解和诠释过程中，朱熹以道统论为内容对《孟子》末章所作诠释中潜藏的问题随之暴露出来，甚至危及理学道统论本身的合法性，从中我们可清晰地认识到理学道统论的内在问题及其在历史上所遇到的质疑和挑战，而这与朱熹对这一章的诠释内含矛盾歧异之处不无关系。简言之，在后人的视野中，朱熹的诠释虽使道统论在一定程度上获得了经典文本依据，但同时又使道统论有被消解的先天性危险。

一、孟子的省略与后人的补阙——传道谱系问题

《孟子》末章历叙尧舜等圣人，但其中竟无武王、周公，这让后来的解释者颇感意外，杨海文所作《孟子末章与儒家道统论》一文将此概括为"两大省略"。[4]后世弥缝孟子的"两大省略"时所持的主要观点是：文王是武王、周公之父，父统子业，故而孟子

言文王即已含武王与周公在内。[5]孟子于武王、周公之推崇屡见于《孟子》中，此无疑义，故而此处不书二人，并不影响孟子对于二人之为圣人的判断，于理学家对于道统传承谱系的建构亦无甚影响。但是，《孟子》末章的其他"省略"却严重影响理学的道统建构：在孔子之下，《孟子》并未提及颜、曾、思三人。这"三大省略"才是宋以来儒者进行"补阙"的重心所在。尤其是程朱理学尊崇《四书》，正与孔子、曾子、子思、孟子的道统传承序列直接对应，所以，如何看待《孟子》末章没略颜、曾、思三人之名，便是关涉道统传承谱系的重要问题。

后儒在解决这一问题上的众说纷纭正是由朱熹模糊的解释所引发。一来，不论是在《集注》还是《或问》中，朱熹都未触及这三人的省略问题，且亦未对《孟子》所说"见而知之""闻而知之"做明确定义，仅有一概略性的说法见于《或问》：

> 禹、皋陶之徒，本皆名世之士，伊尹、太公又汤、文之师，非必见其君而后知之也。至于汤、文、孔子，又或生知之圣，亦非必闻前圣之道而后得之也。此而曰"见而知之，闻而知之"者，盖以同时言之，则斯道之统，臣当以君为主；以异世言之，则斯道之传，后圣当以前圣为师，学者不以辞害意焉可也。[6]

在他看来，孟子所说的见而知之，并非必定亲见君而后知；闻而知之，亦非必亲闻前圣之道而后知。故而见而知之和闻而知之都是一种概说，不可执着于字面意思。二来，朱熹《中庸章句序》却明确称颜、曾为"见而知之者"：

> 若吾夫子，则虽不得其位，而所以继往圣、开来学，其功反有贤于尧舜者。然当是时，见而知之者，惟颜氏、曾氏之传

得其宗。及曾氏之再传，而复得夫子之孙子思，则去圣远而异端起矣。[7]

以颜子、曾子为"见而知之者"，这似乎是就颜子、曾子为孔子弟子故能亲见孔子之道者而言。这与《或问》解释"见知"时所言"以同时言之，则斯道之统，臣当以君为主"完全不相应。参照《孟子》原文，其间问题有三：第一、《孟子》末章并未提及颜子、曾子，也未提及孔子之孙子思，遑论他们是"见而知之者"。相反，孟子说："由孔子而来至于今……然而无有乎尔，则亦无有乎尔。"字面之意是，孔子之后再无圣人出现。反观朱熹之注，显得非常暧昧，他引用林少颖之说为注："孟子言孔子至今时未远，邹鲁相去又近，然而已无有见而知之者矣；则五百余岁之后，又岂复有闻而知之者乎？"[8]这表明朱熹亦认为自孔子以来，"无有见而知之者"。显然，这与《中庸章句序》以颜子、曾子为"见而知之者"互相抵牾。第二、朱熹在《集注》与《或问》二书中均认为孟子是以传道者自任。《或问》言："观其所谓'然而无有乎尔'，则虽若托于不居，而其自任之实可见。"[9]《集注》所加"愚按"中说："（孟子）此言，虽若不敢自谓已得其传，而忧后世遂失其传，然乃所以自见其有不得辞者。"[10]二说完全相符。但若依《孟子》原文，传道者理应要么是见而知之者，要么是闻而知之者，而恰在这一点上，朱熹对于孟子属于哪一种，未置一词。当然，我们也可为朱熹做如下辩解：依孟子所说，每五百年，方有见知者、闻知者兴起，而孟子上距孔子尚不足此数，故而不可以说孟子是见知者还是闻知者。但若依此说而推，则孟子便不可谓是任道者，这与朱熹谓孟子实为"有不得辞者"之间仍有隔阂。第三、若依朱熹之意，孟子以传道者自任，那么，孟子为何没略颜、曾、思三人之名而绝口不提？就传道而言，孟子与三人之间的关系又如何？以上三个问题紧密相关，关涉道统的传承和接续问题，是必须要给予明确解说的。尤其是当理学的影响日益扩大，道统论深入人心时，朱熹的模糊态度就难掩后人的分析和猜疑，歧路多亡羊，乃有后世形色纷纭之说。

第一种说法认为，颜子、曾子、子思为见而知之者。元代金华学派的金履祥（1232—1303）《孟子集注考证》言：

> 此章大意谓——自古五百余岁而圣人出，在当时必有见而知之者，在后世则有闻而知之者。今去圣人之世未远，去圣人之居又甚近，而曾、思辈又皆亡矣，已无有如是见知者，则亦恐遂无复有如是闻知者矣。[11]

朱熹以曾子、子思为继承孔子之道者，故金履祥此说正是本朱熹《中庸章句序》之意而发，以为曾子、子思是"见而知之者"。当然，依照前文分析，金氏此说自然未必符合朱熹《集注》之意。同样身为金华学派的许谦（1269—1337）照搬金氏之说，仅将其中的"曾、思辈"改为"颜、曾辈"，又增补说"盖孟子惜千圣忧后世之心，真切感人，而孟子自任道统之意，亦不容谦谦矣。"[12]金履祥言及曾子、子思，许谦则言及颜子和曾子，二说正互补。

第二种说法认为，孟子不提曾子、子思，正是因为在孟子看来，曾子、子思不足以当"见而知之者"。关于此，元人史伯璿（1299—1354）之说值得提及，他反驳金履祥说：

> 《考证》之意是以曾、思为见而知者，但其已死而不复有耳。愚窃以为不然，尧、舜、汤、文时见而知者又何尝百年不死也，正恐曾、思之徒未可以当见知者耳……孟子与《集注》之意皆以为当时无见知者，其意未尝以曾、思诸人为见知者。

《考证》毋乃不得经、注之意乎。[13]

显然，此说是援朱熹《集注》之说以驳金履祥《考证》，认为金履祥未能理解孟子原书与朱熹《集注》之意。自二者的歧义可见，朱熹在《集注》和《中庸章句序》中自为异说，恰成了后人执此攻彼、是彼非此的导火索，出现了以朱熹驳朱熹的吊诡现象。进一步言之，在朱熹道统论中，孟子之于颜、曾、思三人本是相续相承的关系，但在元人的论说中，却出现了与此相悖的说法：颜、曾、思三人是孟子所认为的不能承接道统之人，故孟子不予以"见知"之列，反倒是自任道统。这三人与孟子就成了对立紧张的关系，其中已隐含有反噬理学道统论的因素。

既然有人主张孟子是自任道统，而朱熹并未明言孟子是自任"见而知之者"还是"闻而知之者"，便难免后人对此遗留问题尝试作解。概言之，后儒形成了三种说法，第一种说法以为，孟子是见而知之者。如明人沈守正《重订四书说丛》中言：

> 此孟子终七篇，继往开来学之意。此自孟子自任见知话，然所望于闻知者，实深守先王之道，以俟后之学者，此章可见……孟子直以其身上接于禹、皋、伊、莱、望、散，而推倒圣门高贤，如颜、曾辈，皆不得与于见知之列，是何胸怀，是何眼界。但其意任而词谦，讲"然而无有乎尔"，勿露自负意于言外见之。[14]

依此说，孟子之所以将这段话作为末章，蕴含着孟子继往圣而开来学之意，故孟子定是以见知自任。他推倒颜子、曾子等孔子弟子，以见知自任，正显示其"舍我其谁"的胸怀和眼界。其中所说"上接于禹、皋、伊、莱、望、散"中的数人皆是孟子所说的"见而知之者"。有明一代，以孟子为自任见知者多有其人，可见此说影响广泛。[15]

第二种说法以为，孟子是见知、闻知二者兼任。明末清初的孙肇兴（1583—1661）《四书约说》谓：

> 要知五百余岁，一闻接一见，则五百岁中皆闻见流布。可知，汤非必借闻于禹、皋，文非必借闻于伊尹，集大成如孔子，益不必藉闻于太公等。所谓尧舜至今在也。历叙五百岁中为闻为见，递接递传，孟子去孔子时任见知则已晚，任闻知则已早，然而二语直是合见知、闻知一身兼之，孟子所以终七篇也。[16]

其意是说，依照五百年一闻接一见的说法，孟子生当战国，未曾亲聆孔子之教而为及门弟子，故而"任见知已晚"。其距孔子之时并不足五百年，故而"任闻知尚早"。但孙肇兴笔锋一转，认为这正表明孟子是以一身兼"见知"与"闻知"二者。孙氏此说，似乎可以作为对朱熹关于孟子是"见而知之者"还是"闻而知之者"的问题为何不置可否的解答。

第三种说法以为，孟子是闻而知之者。[17]明人陈禹谟（1548—1618）即持此观点：

> 孟子……"无有乎尔者"是反说之辞，犹言岂无有也。盖孟子之意以为孔门弟子速肖者七十二人，岂无有见而知之者，则今日岂无有闻而知之者。观于此案，则孟子隐然以闻而知之自任也，意在言表。及观"予未得为孔子徒也"，"予私淑诸人也"之言，则其以闻而知之自任之意，岂不益可见。

观陈氏之意，孔门弟子中如颜、曾辈当即是见而知之者，而孟子则是闻而知之者。在发此议论之后，他对于朱熹和林氏之说大加挞伐："林氏之说可谓不知孟子之言，不知文公何为取之以误来学，惜哉！"[18]这一批评看到了朱熹解释中的模糊性一面，但又忽视了朱熹是明确认为孟子为传道者的，只是未言孟子是见知者还是闻知者。值得注意的是，陈氏崇信阳明心学，在阳明学盛行之时，产生对朱熹模棱两可态度的批评声音，此亦不足为怪。

二、道在遗经抑或道由心传——传道方式问题

朱熹在《集注》"愚按"中一方面说："夫天理民彝不可泯灭，百世之下，必将有神会而心得之者耳。"另一方面又引程颐《明道先生墓表》："先生生乎千四百年之后，得不传之学于遗经……使圣人之道焕然复明于世。"[19]既言"神会而心得"，又言"得不传之学于遗经"，这难免会让后人体察到其间存在的道由心传和道在遗经的紧张。即使程朱之意是通过阅读古人之遗经而心领神会圣人之意，"自心"与"遗经"二者之间孰为根本，仍是后来儒者所穷究不舍的焦点。尤其是当陆王心学一系的儒者在谈及《孟子》末章时，这一紧张体现得愈发淋漓尽致。朱熹本人对这一问题持有明确的立场，此可自《语类》中窥知。

> 蒋端夫问：闻知、见知，所知者何事？曰：只是这道理，物物各具一理。又问：此道理如何求？谓见之于心，或求之于事物？曰：不知所求何物。若不以心，于何求之？求之于事物，亦是以心。[20]

与《集注》所言"天理民彝"相通，此处的"物物各具一理"之"理"即"天理"。由于朱熹之"天理"包含了外化的方面，所以弟子便产生了疑惑，若如此则当向外穷理——"求之于事物"。但朱熹的回答却是"求之于事物，亦是以心"，即从根本上说，还

是要"求之于心"。朱熹论述格物穷理即认为穷究外物之理最终仍是明此心之理,这一点在其思想中是一贯的。[21]但是,作为古人书册的"遗经",仍然是一物,故在根本上仍存在自心之理和外物之理的协调统一问题,这也正是王阳明批评朱熹格物穷理说的关键所在。这一问题,在朱熹的《孟子》末章诠释中即具现为:"求之于心"和"得于遗经"何者为本?

若分析朱熹关于曾子、子思、孟子传道的论述,他对"遗经"的重视跃然纸上。《大学章句序》中说:"(孔子)独取先王之法,诵而传之以诏后世……而此篇(《大学》)者,则因小学之成功,以著大学之明法……曾氏之徒独得其宗,于是作为传义,以发其意。及孟子没而其传泯焉,则其书虽存,而知者鲜矣。"[22]这段话中,孔子所诵自然只能是《诗》《书》之类,而曾子作《大学》,孟子能明《大学》之意,这均体现出朱熹对于典籍书册的重视。《中庸章句序》中又谓:"《中庸》何为而作也?子思子忧道学之失其传而作也……作为此书,以诏后之学者……历选前圣之书,所以提挈纲维、开示蕴奥,未有若是之明且尽也。自是而又再传以得孟氏,为能推明是书,以承先圣之统,及其没而遂失其传焉。则吾道之所寄不越乎言语文字之间。"[23]道之所寄不离言语文字,故而通过典籍书册以明圣人之道,这就是必然的途径,此外别无旁径。这也是为何程朱将读书讲明义理作为"格物穷理"的重要内容之因。

朱熹论述中这一"求之于心"和"得于遗经"的矛盾,就《孟子》末章的诠释来说,其实质就是"见知""闻知"作为知"道"的方式,到底是以什么方式知?质言之,"道"如何在前圣、后圣之间进行传递?这是事关道统论中道的传承方式的重大问题。朱熹在《或问》中否定了"亲相授受"是道之传递的唯一必然方式的说法，他说：

> 禹、皋陶之徒，本皆名世之士，伊尹、太公又汤、文之师，非必见其君而后知之也。至于汤、文、孔子，又或生知之圣，亦非必闻前圣之道而后得之也……至于章末二句，则孟子之致意深矣。观其所谓"然而无有乎尔"，则虽若托于不居，而其自任之实可见。观其所谓"则亦无有乎尔"，则虽若叹其将绝，而所以启夫万世无穷之传者，又未尝不在于斯也。学者诚能深考其言而自得之，则古人虽远，而其志意之所存者，盖无以异乎日相与言而授受于一堂之上也，故于此窃以子程子之传系焉。后之君子，其必将有慨然有感于斯者夫！[24]

在他看来，知"道"的方式有很多种：生而知之的方式，如孔子；"授受于一堂"的方式，如尧授予舜"允执厥中"，朱熹在《中庸章句序》首段即叙述了此段典故；而后世儒者体会圣人之道的方式，则是"深考圣人之言而自得之"。显然，第三种就是朱熹所认为的后世儒者承接和复兴圣人之道的方式，而其典范便是程颢使传至孟子而中断的道复明于世。也即朱熹《集注》"愚按"中所引《明道先生墓表》中所说："先生生乎千四百年之后，得不传之学于遗经，以兴起斯文为己任。辨异端，辟邪说，使圣人之道涣然复明于世。盖自孟子之后，一人而已。"[25]但不得不辨的是，《孟子》末章原不涉及孟子之后道如何传递的问题。故而，朱熹在"愚按"中加入《墓表》一文，实则是借此确立了孟子身后道之传递方式。而这一传递方式的合法性，他则是在《或问》中予以明白揭示的："禹、皋陶之徒，本皆名世之士，伊尹、太公又汤、文之师，非必见其君而后知之也。至于汤、文、孔子，又或生知之圣[26]，亦非必闻前圣之道而后得之也。此而曰'见而知之，闻而知之'者，盖以同时言之，则斯道之统，臣当以君为主；以异世言之，则斯道之传，后圣当以前圣为师，学者不以辞害意焉可也。"〔27〕此亦可参照朱熹的另一说法："尧舜之所以为尧舜，以其尽此心之体而已。禹、汤、文、武、周公、孔子传之，以至于孟子，其间相望有或数百年者，非得口传耳授密相付属也。"〔28〕据此以观，朱熹"不以辞害意"一语实含深意：一方面消解了亲相授受、口传耳授传道方式的必要性和唯一性，另一方面也就树立起了异世传道方式的合法性。在他看来，禹、皋陶、伊尹等人虽然在当时都是天子之辅佐，亲见圣人天子所行之道，但"非必见其君而后知之"。推其意，圣人之道何止五百年，即使是万世之后，仍然可以有知圣人之道、传圣人之道者出现。

在朱熹身后，儒者们对其确立的"神会心得"的传道方式做了进一步的清晰化处理。甚至有人将这一方式转述为"偶然契合"。元人史伯璿（1299—1354）《四书管窥》即推演朱熹《或问》之说，谓：

> 盍以《或问》之意而推之乎？见知者既非必见其君而后知，闻知者亦非必闻前圣之道而后得……孟子之意，正不以亲相授受者为见知，若必亲相授受而后有见而知之者，则五百余岁之后又何所授受而有闻知者乎？禹、皋之于尧、舜，伊、吕之于汤、文，虽则同世，然非有资于君而知其道也，不过偶然契合而知之耳。若武王、周公之圣而不与见知之列者，亦以其与文王事同一家，未免有亲相授受之迹故耳。然则曾、思之于夫子事同一门，实出于亲相授受者，宜亦不得为见而知之者也。如此，则夫子在时，既无偶然契合如禹、皋、伊、吕之于尧舜汤文者矣。五百余岁之后又安有偶然契合如汤之于尧、

舜，夫子之于文王者乎。孟子所谓"然而无有乎尔，则亦无有乎尔"者，此也。[29]

此说极有意味的地方在于，史伯璿认为孟子之意，就是不以亲相授受为见之，不论是禹、皋陶等孟子认为的"见而知之者"，还是文王、孔子等"闻而知之者"，不论同时抑或异世，"知"的方式皆是"偶然契合而知"。且在他看来，孟子正是因此才在末章中只字不提武王、周公，亦绝口不道曾子、子思，因为前者于周文王、后者于孔子都"未免有亲相授受之迹"，有碍于孟子"不以亲相授受为见之"之意。史氏明显是在以注解经，循朱熹之注揣测孟子之意。但如果说孟子不以亲相授受为见之，那么为何孟子说禹、皋陶等人是见而知之者呢？朱熹《集注》《或问》等都未曾道及孟子不提武王、周公、曾子、子思的问题，所以这一关涉传道方式的问题并未显发出来。而当史伯璿推演朱熹之意要解决孟子不提四人的问题时，朱熹的诠释与《孟子》原文之间的龃龉即刻显露无遗。

值得注意的是，朱熹在述及后世儒者如何"知"前圣之道时说"神会而心得"（《集注》）、"深考其言而自得之"（《或问》），又曾说"若不以心，于何求之？求之于事物，亦是以心"（《语类》）。他对求之于心、神会心得的强调，不可避免地会使后人联想到陆王心学。史伯璿即在"偶然契合而知"后，紧接着说：

> 陆象山有言，"东海有圣人出焉，此心同也，此理同也。西海南海北海有圣人出焉，此心同也，此理同也。"此可以为同时偶然契合之证矣。又言，"千古之前有圣人出焉，此心同也，此理同也。"此可以为异世偶相契合之证矣。象山此言虽则有所指，非有赖于亲相授受、远相祖述而后知也。[30]

史氏援陆九渊之说以明朱熹之意，有着鲜明的和会朱陆的色彩。但反观此说，史氏未免忽视了朱熹所强调的在认识圣人之道过程中"深考其言""得不传之学于遗经"的重要性。若然，孔、曾、思、孟的四书体系就成了可弃之赘物，这正反衬出史伯璿之说的陆学倾向。而不得不辨的一点是，他过于强调道之传承的"偶然性"，使得道或天理之亘天塞地、万世不易的"必然性"无从体现，此又万万不能合于朱熹、陆九渊之意者。

在阳明心学盛行的晚明时期，阳明后学焦竑（1540—1620）在《孟子讲录》中以良知学对《孟子》末章所作的注释极具代表性。焦竑在书中直接批评了程朱理学求道于书传遗经之说，在他看来，不论是"见知"，还是"闻知"，都只能是"见以心""闻以心"：

> 见知、闻知，不必取徵于书传，书传所纪者有限，圣贤所知者无穷，吾道之全体大用都在圣贤所知之中也，可以记载之绪论而尽之乎？

见知者，见以心也，不是见之以目。闻知者，闻以心也，亦不是闻之以耳。此之为真见，此之为真闻，而知之真者此也。若说以目而见，则孟子何所见于孔子，以耳而闻，则汤何所闻于尧舜，文王何所闻于汤，而孔子亦何所闻于文王乎？阳明子曰："千圣本无心外诀，六经须拂镜中尘。"又曰："而今指与真头面，只是良知更莫疑。"圣贤所以见知、闻知者，皆此知之谓而已矣。[31]

确实，就《孟子》本文来看，若"见知"可以理解为亲眼所见，则"闻知"却绝不能解释为亲耳所闻，因为孔子距离文王时代何其相远，又怎可能亲闻文王言语。而这也是朱熹的理解。正是顺此理解，焦竑引入阳明心学以作疏通：既然并非以目见，并非以耳闻，那么就只能是以心见，以心闻，且唯有如此方是真知，而"真知"就是"良知"。焦竑于无形之中偷换了《孟子》原文中"知"

的概念。虽然焦竑在解释《孟子》时批评世人"不象山则晦庵,不晦庵则阳明"的学术风气,但他此处无疑是站在了心学的立场上,并对朱熹有明确批评。在他的解释框架中,"见知""闻知",皆非向外去求道,如求于书传经典,而是向内求,认识本心良知,明了了本心良知,便是明了了圣人之知。此正是王阳明"千圣皆过影,良知乃吾师"的思想。[32]

从朱熹到阳明心学,他们对"见知""闻知"的解释又体现出了程朱理学和陆王心学于道问学和尊德性上各有所偏这一宋明理学史的老问题。明代后期曾有儒者借解释《孟子》末章来调和朱陆两家。鹿善继(1575—1636)《四书说约》言:

> "见知""闻知"却须参详。道性善者,孟也。愿学孔子者,孟也……而这个消息岂可以偏见承之乎?"见知"都得两个豪杰,正为怕拘一人之见或见不全也,各就所见以为道,便有未尽。见得未尽,则传得便偏,岂不误"闻知"者乎?孟子之后有周程,有朱陆,人知周程之同以传道也,而不知周程亦自不同……人知朱陆之不同也,而不知朱陆未尝不同也。八字着脚,真实理会做工夫者,南渡以后唯此二人。其不同者,各有所着力,同一为道也,妙在有陆而朱乃不偏。孔子之道大明于天下,"见知"越信该得两个。前边各有两个"见知",一定道同。一定见未必尽同,若尽同,便只该一个,不消并举两个。[33]

在鹿氏看来,孟子在谈及"见而知之者"时,先是举出禹、皋陶,后是举出伊尹、莱朱,继而举出太公望、散宜生,而在谈及"闻而知之者"时则不然,这表明:孟子担心若"见而知之者"仅有一人会发生传道失于有偏的危险,所以孟子并举二人。而朱熹和陆九渊二人之于传道的关系也正是如此，二人虽见未必尽同，但所传道却必同，如此，大道方不因人而裂。这一解释，足可见《孟子》末章在宋明儒者的诠释中所含学术史信息之丰富。

三、见知闻知与道治分合——道统论的合法性问题

比较汉学与宋学对《孟子》末章之注，可发现二者对此章章旨的理解有根本性差别：宋学以为章旨是孟子自任圣道，继往开来；而汉学的解释则认为是孟子哀叹圣人之道不能措行于天下。后者之代表便是赵岐将孟子以"无有乎尔"终篇与孔子作《春秋》"获麟绝笔"相提并论，而清人焦循（1763—1820）所作《正义》亦颇得赵注之精神：

> 此章指言天地掊判，开元建始……莫贵乎圣人。圣人不出，名世承间，虽有此限，盖有遇不遇焉。是以仲尼至"获麟"而止笔，孟子以"无有乎尔"终其篇章，斯亦一契之趣也。（赵岐《孟子注》）[34]

孟子去孔子之生未远，邹鲁又相近，言庶几私淑其人得闻而知之也。然而尧舜汤文不复见于世，则此闻而知之者，无有措于天下，盖自孔子时已无有见而知之者矣，况生百年后，则亦无有见而知之者矣。尔者，辞之终也。乎尔者，决绝之中，尚有余望也。此孟子思王者之不作，而不欲徒托诸空言，其辞逊，其旨婉。或乃以孟子道统自居，夫道无所为统也，为道统之说者，失孟子之教矣。（焦循《孟子正义》）[35]

据赵注与焦氏正义，孟子"无有乎尔"是说自孔子以来再无"见而知之者"存在，而之所以无"见而知之者"，则是因为王者

之不作，没有行王道之圣君出现，那么像孔子这样的圣哲也就不可能"遇"圣天子而成为居天子辅佐之位的"见而知之者"。因此，在他们看来，孟子在末章继承了孔子作《春秋》之志，亦是忧王道不能复行于天下。这与道统的传承、接续没有关系。

反观《集注》之"愚按"，朱熹认为此章是孟子"忧后世遂失其传，乃所以自见其有不得辞者……故于篇终，历序群圣之统，而终之以此，所以明其传之有在，而又以俟后圣于无穷也，其指深哉！"[36]其以孟子为继往开来的圣道传承者之意甚明。而后儒的解释，不论是以孟子为见而知之者，还是闻而知之者，抑或二者兼具，亦皆以孟子为道统的传承者。

由于对《孟子》末章章旨在理解上的根本性差异，汉学与宋学在论及与见知、闻知相关的"位"的问题时亦灼然相异。且看赵岐的注释："见而知之，谓辅佐也……亲见圣人之道而佐行之，言易也。闻而知之者，圣人相去卓远，数百岁之间变故众多，逾闻前圣所行，追而遵之，以致其道，言难也。"[37]其意谓孟子所举禹、皋陶、伊尹等人都是能够辅佐圣主的见而知之者。孔子生不逢时，没有圣天子在上，自然只能是闻而知之者，这便是孟子以孔子为闻而知之者的原因。揣摩赵岐之意，孔子尚且是闻而知之者，颜、曾、思辈最多亦只能是闻而知之者。同理，孟子亦如此。故在谈及孟子时，赵岐说："言己（孟子）足以识孔子之道，能奉而行之，既不遭值圣人，若伊尹、吕望之为辅佐。"[38]这也正是就孟子是否能为天子之辅佐从而使道措行于天下来说。

朱熹《集注》虽遵从赵岐注，亦指出伊尹等人皆为"贤臣"。[39]但与赵注不同，他并不以亲辅圣主、亲闻圣言为见知和闻知的前提。《中庸章句序》说："见而知之者，唯颜氏、曾氏之传得其宗",[40]与赵岐就显然不合。这正是上节在分析朱熹《或问》时所揭示出的一点：朱熹通过自己的解释消解了"亲相授受"为承传道统方式的必要性，从而树立起了通过阅读先圣之遗经而传道这一方式。既如此，后世之为传道者，就无须是亲为圣主之辅佐，或必须亲闻前圣之道方能得道传道。这一解释，很大程度上消解了《孟子》原文中"道"在圣主贤辅之间传递这一特点，从而拓宽了得道传道的大门——无须为圣主，亦无须为天子之辅佐，只要能深考圣人之学，体得圣人之道，便是道的继承者和传扬者。故儒者是否有"位"——不论是天子之位，抑或贤辅之位，都不足以构成明道、传道的障碍。

对观朱熹与赵岐关于"见知""闻知"的解释，汉学的解释在叙述"见知"与贤辅之"位"的统一之时，就突出了孔子"闻知"与"无位"之间的歧义，孔子德为圣人，不能居辅佐之位，亦不能为天子，故不能使王道措行于天下，从而彰显出孔子"知"（闻知）王道却不能"行"王道的历史悲剧。赵岐说孟子"足以识孔子之道，能奉而行之"，却"不遭值圣人"，又何尝不是将孟子的历史命运比之于孔子，故其以孟子重言"无有乎尔"与孔子作《春秋》至"获麟"而绝笔对言，作为孔孟忧叹王道不行的双重悲调，就颇显汉儒的外王关怀。而朱熹之解的归结点则只能是：自孔子以来，虽然圣贤儒者率不能居天子或辅佐之位，但仍然能够明道和传道，孟子即是承前启后的一位传道者。故而，相对于赵岐注释中的感伤与悲剧情怀——"世谓之无有，此乃天不欲使我行道也。故重言之，知天意之审也……'乎尔'者，叹而不怨之辞也"，朱熹的注释则凝聚了一种希望的力量——"虽若叹其将绝，而所以启夫万世无穷之传者，又未尝不在于斯也"。理学鼓励士君子学为圣人、优入圣域的弘道力量即于此彰明。

汉宋虽有别，但亦有同处，二者都含藏了道与治的分离问题。就赵注来说，孔孟犹是知圣人之道者，只是因无位而不能行王道以治天下。就朱注来说，更是明确将后世之传道者系属于无位之儒者。故二者均涉及道与治的分合问题，也正是在这一点上，理学道统论又遇到一大困难。这一困难具体表现为后世儒者所传是"圣人之学"（道学）还是"圣人之道"（道统）？直接关涉道统最为根本的合法性问题。

关于宋明理学"道统"含义的前后变迁及与"治统""道学"的联系，余英时先生剖析甚详。其大意是，程颐《明道先生墓表》与朱熹《中庸章句序》中都分别了"道学"和"道统"之名。道统是尧、舜以来孔子之前的君师合一时代道治合一之统、内圣外王合一之统的称呼。而曾子、子思、孟子所传则名之为"道学"。但随着道统观念的流行，相对应地产生了"治统"的概念，随之，道统含义窄化为专指内圣之统，相当于程朱所言"道学"。而正是后一种含义的"道统"成了后世所习言的道统，并以此道统为抗衡甚至统摄治统者，形成了"道统者，治统之所在"这一理学的政治观念。[41] 以下想要揭示的是，宋明时代持有这种道统观的儒者确实大有人在，但是亦不乏持道、治合一的道统观，并力辨后儒所习言道统观之非者。如阳明后学管志道《孟义订测》中即言：

或问，七篇之后有宋朱文公熹引……颐正叔序文实之，盖将尧、舜以至文、孔相传之道统属明道也，果否？

志道敢飏言曰：此可以论斯文之统，不可以论斯道之统也。后儒执正叔之序为口实，遂将作君作师之道统并而归诸与斯文之匹夫，则固矣。当知文王以前，君师之统合于一，孔子以后，君师之统裂于二。道之大原出于天，天未尝使人裂也。人自裂之耳，正叔序明道，仅以兴起斯文为己任，而不尽据韩退之"尧、舜递传文、孔，孔子传之孟轲，轲死不得其传"之案，良为有见。然自朱熹……遂认帝王之道统匹夫得与……真偏词也……夫匹夫可以任未丧之文，不可以任未丧之道也。道实统于帝王，第辅世长民必以德耳。仲尼既殁，大程未生，四时不行乎？百物不生乎？安可谓继周有作，遂无一君一相与于作君之道统者。〔42〕

管志道所说"正叔序文"，即指朱熹《集注》"愚按"所引《明道先生墓表》，其中说道："周公殁，圣人之道不行；孟轲死，圣人之学不传。道不行，百世无善治；学不传，千载无真儒……先生生乎千四百年之后，得不传之学于遗经，以兴起斯文为己任……使圣人之道涣然复明于世。"〔43〕管志道一针见血地指出，程颐区分了斯文之统与斯道之统二者，"良为有见"，表明程颐是遵循了君师合一、道治合一的道统说的。管氏据此将后世流行的匹夫可以肩承道统的说法归咎于朱熹，这对于朱熹来说却未必客观。因为朱熹在《中庸章句序》中也明确区分了"道学"和"道统"，与程颐的观点保持了一致。但管志道对朱熹的指责并非无据，朱熹《或问》中"以同时言之，则斯道之统，臣当以君为主；以异世言之，则斯道之传，后圣当以前圣为师"的说法，岂不正是以道统归与匹夫么！管氏"道实统于帝王"之说与朱熹正如天渊悬隔。故追本溯源，后世将"道学"和"道统"打并归一，仍然要从朱熹甚至朱熹之前的理学家来寻找。如朱熹在《集注》中就引尹焞（1061—1132）之说："知，谓知其道也"，而非"知其学"。〔44〕返回到《孟子》末章来说，孟子讲的"见而知之""闻而知之"的"知"的内容自汉儒赵岐以来就一直被解释为"道"，即尧舜以来相传的圣人之道，故而若将"知"的内容解释为"学"，就显得乖戾不通。而孟子既然说孔子是"闻而知之者"，那么孔子所闻知的也自然理应是圣人之道。顺而推之，对理学的道统论来说，孔、曾、思、孟，乃至程颢、程颐、朱熹，他们所传的也就是圣人之道，而非仅止于作为圣人之学的"斯文"。如果承认自尧舜至孔子所"见知""闻知"的内容是一致的，那么又分辩说尧舜所传是道治合一之道或曰道统，有德无位的孔子以及后来儒者所传仅仅是圣人之学或曰道学，这一点正是管志道所持观点在面对《孟子》原文时所无法化解的矛盾。[45] 但这一观点却代表了宋明时期对于理学道统说最具代表性的批判声音，直接触及道统论的根本合法性问题。

余论、经典解释与道统论的评判

据上所述，当我们考量《孟子集注》《孟子或问》以及《朱子语类》中关于《孟子》末章的解释时，会发现其中多有前后矛盾抵牾之处，朱熹未能予以一贯、清楚的解释，而正是这些矛盾抵牾关涉理学道统论的关键问题：道统传承谱系、道统传承方式以及最为根本的道统合法性。这些问题的产生当然不能归咎于《孟子》末章，而只能归咎于朱熹的"过度诠释"——欲赋予《孟子》末章以道统论的内容。后人意识到朱熹的矛盾抵牾之处，并尝试进行厘清，在这样的"清道夫"式工作后，我们才得以洞悉朱熹以道统论解释《孟子》末章时所遇到的诸多难题。朱熹对于理学道统论之贡献无疑是巨大的，他是第一个通过极细致的经典注释工作，为理学道统论寻找经典文本依据的人。[46] 通过他，《孟子》末章成为理学道统论无可置疑的文本依据。但也正因朱熹诠释与《孟子》原文之间的断裂，导致后人在依据《孟子》末章理解理学道统论时，使道统论的内容显得破绽百出，道统论也就存在着被《孟子》原文消解的危险。例如，站在汉学的立场上，《孟子》末章就并非讲道统，焦循正是据此批评理学根据《孟子》末章建构道统论是完全错误的，"为道统之说者，失孟子之教矣"。[47]而上文所引朱熹身后理学家的诸多观点，如：孟子与颜子、曾子、子思之间是对立关系，道的传递是依靠"偶相契合而知"，孔孟与后儒仅可承斯文之统而非斯道之统。这都无一例外地挑战着道统论内容的严密性与合理性，这在很大程度上正是导源于《孟子》末章和朱熹诠释之间的紧张和分裂。朱熹本是为道统论奠立文本的依据，但却反而造成了经典文本对于道统论的反噬，使得道统论在随着《孟子》末章的不断诠释而流传的过程中有着被后人解构的风险，这或许正是理学道统论寻求文本依据时所必然遭遇的吊诡式困境。

就此，我们应对理学道统论做出如下反思。

第一，就理学道统论而言，一般认为，"朱熹以后，道统论逐渐变得法则化、形式化"。[48]但诚如上文分析，后儒对道统论的看法仍然存有诸多歧义。故而可以说，理学的道统论虽然早在韩愈即已奠基，但却几乎从来没有真正地完成其建构。究其因：（1）陆王心学与程朱理学对宋代以下道统继承者的认识截然二致，故而作为在儒学内部争夺正统地位的手段，对道统论进行异样化解释就成为必然途径，如对道统传承方式的重新表述。（2）理学道统论与佛教传灯论的差异在于，佛教讲师资相承，传承法统者必经传授者之印可。而道统论则允许出现空缺，哪怕相隔千年，程朱仍可以绍述孔孟之道自任。[49]正因此，就不如佛教传灯论代代有传人之严密，故而道统论在理论的表达上就相对显得比较"随意"。如宋初的石介等人尚认为韩愈为承道统者，但理学道统论起而代之以北宋五子。理学道统论的成立是基于对"道"之普遍性与恒久性的认可，而"道"既然无乎不在，理学却又排斥三苏蜀学、荆公新学、陆九渊心学而自立为道统的传承者，这便与其标榜的"道"之遍在性构成了矛盾，故而其"随意"性又与其争正统性为一体之两面。（3）理学道统论在宋代的建构本有批判佛老异端、强化儒者对于儒学的认同意识并加以弘扬的意图。因此理学在以孟子为道统承担者之时颇为强调孟子辟杨、墨之极功，韩愈亦如此。但理学所使用的"异端"一语虽出自孔子，却并非孔子之原意。故将道统相承的谱系上溯至孔子以及之前的尧、舜，甚至是画卦之伏羲，这也只能是一种后人的塑造。否则，伏羲、尧、舜之时有何异端可辟。明代之时，阳明学士人多有对"异端"作重新解释者，如谓"端"为"端倪"，"与愚夫愚妇异者即是异端"之类的说法，反映了时人对于三教关系的重新思考和定位，其中也自然蕴含了对于道统和异端的重新考量。故简言之，随着时代思潮的变换，理学的道统论是很难维系其稳定性的。

第二，就以理学道统论诠释《孟子》末章而论。孟子原文实有本于郭店楚简《五行篇》，其中谓："未尝闻君子道，谓之不聪。未尝见贤人，谓之不明。闻君子道而不知其君子道也，谓之不圣。见贤人而不知其有德也，谓之不智。见而知之，智也。闻而知之，圣也。"且认为圣高于智，"圣人知天道也"。[50]依此以观，孟子以商汤、文王、孔子为闻而知之者，我们也只能明确地说孟子是在推崇此三人为圣，并不能从中必然地梳理出一道统，比如汉儒。故朱熹的解释中多有矛盾歧异处，其"不以辞害意"的字眼多少有"不打自招"的味道，表明他深知自己的解释与原文有不合处。在朱熹理学的影响之下，后世儒者对《孟子》末章的注解，皆从道统论角度作解，"此亦一述朱，彼亦一述朱"，而非直探孟子原文。

这对于儒家经典解释的发展、对于汉唐注疏的继承、对于儒者思想的创新，皆有一定的负面影响。这与理学道统论的排他性如出一辙，其弊会导向削弱儒学的丰富性和活力。

客观说来，理学道统论在促进儒学发展的同时，有着不可忽视的狭隘性一面。《孟子》末章以伊尹为"见而知之者"，至周敦颐提出"志伊尹之所志，学颜渊之所学"，但理学道统论的侧重点实在继承"颜渊之学"，即内圣之学，在外王一面的建树不大。反观赵岐的《孟子》末章注，其侧重点则在行道于天下的外王之学。这从某种意义上反衬出理学是对儒学进行过滤后的一种儒学形态，而道统论则是理学家用以筛选其他各家思想是否真正的儒学之标尺。立足于现代学术视野，探讨当下如何继承和复兴儒学的问题，必然不能持狭隘的道统论意识，否则便难以真正认清原本丰富多彩的儒学样貌。当下学界有提倡建设儒教者，亦有提倡政治儒学者，二说其实均可追溯至康有为。不论哪一种主张，都与现代新儒家如牟宗三等所提倡的心性之学为主的儒学形态截然相异。就儒教、儒学的宗教性而言，传统的观点一般认为儒学是理性的学问，但自上个世纪末以来关于儒学、儒教的争论开启了理解儒学史的又一维度，而若回溯儒学在三教合流盛行的明代中后期之发展，可知在当时儒学的宗教化已是士大夫在解释儒家经典和理论建构的过程中自觉发生的事实。[51]时下儒学研究呈现出多元样态并存的形势，表明将儒学定位为纯粹的心性之学至少是不准确的，且对于当下如何恢复儒学的生命力，使其在培育礼仪道德、扶植世道人心方面发挥作用，已显得捉襟见肘。这给予我们的启示是：应当以包容的眼光言说道统，全面深入地阐发儒学所包含的资源，而非言必以理学为尊，学必以心性为是。因为忽视儒学的丰富性，就是忽视了当下重新兴复儒学生命力的多种途径，而且很可能是更为有益的途径。

（作者系中国人民大学哲学院副教授）

注释

〔1〕刘增光，1984年生，现为中国人民大学哲学院副教授，主要研究宋明理学、经学史。

〔2〕朱熹：《四书章句集注》，中华书局，1983年，第194页。

〔3〕参看彭永捷：《朱陆之辨：朱熹陆九渊哲学比较研究》，人民出版社，2002年，第258—259页。

〔4〕杨海文：《孟子末章与儒家道统论》，《国学学刊》，2012年第2期，第69页。

〔5〕杨海文先生在文中引及元人袁俊翁之说。经查，明代归有光亦持此说。（载徐方广：《四书或问小注》，清康熙61年刊本，第23页。）究其源，此说肇始于南宋真德秀《四书集编》："至于独言文王而不及武王、周公，则以父子同道，举文王则余在其中故而。或者遂谓孟子有不取武王之意，岂其然邪？"（载《儒藏精华编》，北京大学出版社，2012年，第612页。）凡此皆为朱熹之后的说法。与朱熹同时的湖湘学派张栻（1133—1180）有另外一种解释："此章言道之所传，尧、舜、禹、汤、文王、孔子，皆举其圣之盛者……尧、舜则并言，文、武则独称文王者，文、武皆圣人而文则生知者，故曰举其盛也。"（《癸巳孟子说》，载《文渊阁四库全书》第193册，台北商务印书馆，1986年，第551页）但张栻非程朱一系，本文不论。

〔6〕朱熹在《或问》中的说法，参见《四书或问》，载《朱子全书》第6册，上海古籍出版社/安徽出版集团，2002年，第1015页。

〔7〕朱熹：《四书章句集注》，第15页。

〔8〕《四书章句集注》，第377页。据《朱子语类》可知此林氏，即林少颖。参见黎靖德编：《朱子语类》，岳麓书社，1996年，第1320页。

〔9〕《朱子全书》，第1015页。

〔10〕《四书章句集注》，第377页。朱熹之注，实有所本于赵岐。此处即为其表现之一，赵岐说："言己（按，指孟子）足以识孔子之道，能奉而行之。"表现之二，朱熹《中庸章句序》中在谈及道统圣圣相传时，说："若成汤、文、武之为君，皋陶、伊、傅、周、召之为臣，既皆以此而接夫道统之传。"（《四书章句集注》，第14页。）其中提及傅说，亦是本于赵岐："如傅说之中出于殷高宗也"（孙奭：《孟子注疏》，北京大学出版社，1999年，第409页）。

〔11〕金履祥：《孟子集注考证》，载《文渊阁四库全书》第196册，第148页。

〔12〕许谦：《读四书丛说》第三册，丛书集成本，上海商务印书馆，1936年，第304页。

〔13〕史伯璿：《四书管窥》第五册，卷十，敬乡楼丛书第三辑，第46—47页。

〔14〕沈守正：《重订四书丛说》，载《续修四库全书》第163册，上海古籍出版社，2002年，第787页。

〔15〕如焦竑《四书讲录》："问，颜曾思三子正是见知孔子者，孟子却舍之而自以为见知，何也？曰，此与不动心章舍颜闵诸公而愿学孔子之旨一样，自任之重故如此。"（载《续修四库全书》第163册，第360页。）

〔16〕孙肇兴：《四书约说》，载《续修四库全书》第164册，第163页。

〔17〕值得指出的是，此说的最早提出实为张栻："孟子于孔子实闻而知之者，然其为言如此，不敢居其传，其待学者与来世之意深矣。"（张栻：《癸巳孟子说》，载《文渊阁四库全书》第193册，第551页。）

〔18〕陈禹谟：《经言枝指》，载《四库全书存目丛书》经部第159册，齐鲁书社，1997年，第607页。

〔19〕朱熹：《四书章句集注》，第377页。

〔20〕《朱子语类》，第1320—1321页。

〔21〕格物穷理的目的是要明此心之全体大用，也即明此心之理。如："天下之理，偪塞满前，耳之所闻，目之所见，无非物也，若之何而穷之哉！须当察之于心，使此心之理既明，然后于物之所在从而察之。"（《朱子语类》，第358页。）

〔22〕朱熹：《四书章句集注》，第2页。

〔23〕朱熹：《四书章句集注》，第14—15页。

〔24〕《四书或问》，载《朱子全书》第6册，第1015页。

〔25〕《二程集》，中华书局，1981年，第640页。《四书章句集注》，第377页。

〔26〕值得注意的是，朱熹《四书章句集注》在注释"若孔子，则闻而知之"时，说："子贡曰，'文武之道，未坠于地，在人。贤者识其大，不贤者识其小者，莫不有文武之道焉。夫子焉不学？'此所谓闻而知之也。"（《四书章句集注》，第376页。）其中的子贡之言语出《论语·子张》。朱熹一方面在《或问》中认为孔子是生知之圣，一方面又于《集注》中说孔子未尝不学文武之道。这亦是朱熹解释中一矛盾处。这很可能是因为朱熹欲在《集注》的注释中将"文、武、周公传之孔子"（韩愈《原道》）这一传道序列加进去。

〔27〕《朱子全书》第6册，第1015页。

〔28〕朱熹：《李公常语上》，《朱文公文集》卷七十三，载《朱子全书》第24册，第3525页。

〔29〕史伯璿：《四书管窥》，第46—47页。

〔30〕史伯璿：《四书管窥》，第47页。

〔31〕焦竑：《四书讲录》，载《续修四库全书》经部第162册，第360页。

〔32〕《王阳明全集》卷二十，上海古籍出版社，1992年，第796页。顺便提及周汝登之说，"自古圣人无有一法与人，亦无一法从人而得见者。自见知者自闻知者，自知而已……圣圣正相传，自见自闻，自知同归于宗，如水合水，非真有物可相授受之谓也。"（载《东越证学录》，台北文海出版社，1970年，第288—289页）

〔33〕鹿善继：《四书说约》，载《续修四库全书》经部第162册，第689页。

〔34〕孙奭：《孟子注疏》，第409页。唐人陆善经有《孟子注》一书，其注释亦与赵岐一致。此书《孟子》末章尾句作"然而无乎尔，则亦有乎尔。"陆氏注言："邹鲁相邻，故云近圣人之居。无乎尔、有乎尔，疑之也。孟子意自以当之，以况绝笔于获麟也。"（马国翰《玉涵山房辑佚书》从孙奭《孟子音义》中辑出，可见，北宋时的孙奭仍有取于此说。）

〔35〕焦循：《孟子正义》，中华书局，1987年，第1038—1039页。需要注意的是，焦

循不主张以道统论来解释《孟子》末章，其因或可从两方面来考虑：一是与他的儒学史观有关系。焦循曾说过："孔子曰'述而不作'，学者亦曰'述而不作'，然唯孔子能述伏羲、尧、舜、禹、汤、文王、周公，惟孟子能述孔子。孟子殁，罕有能述者也。述其人之言，必得其人之心；述其人之心，必得其人之道。学者以己之心，为己之道，以己之道，为古人之言，曰吾述也，是托也，非述也。学者不以己之心求古人之言，朝夕于古人之言而莫知古人之心，而曰吾述也，是诵也，是写也，诵写非述也。"（《述难一》，载《焦循诗文集》，广陵书社，2009年，第132页。）据此可知，在焦循看来，孟子之后，无人能真正地祖述伏羲以至孔子之心、之道。焦循对宋元以来之学尤其鄙夷，他说："宋元以来，人人读孔子之书，皆自以为述孔子，而甲诋乙为异端，乙斥甲为杨墨，究之孔子所以述伏羲、神农、尧、舜之教者，果有能得之者乎？"（《述难二》，同上，第134页。）二是与他"以礼代理"的政治观有关系。他不满宋明儒的天理论，认为自孔子便主张以礼让为国""治天下即以礼，不以理也"，但"后世不言礼而言理"，他认为二者的区别是：礼论辞让，理辨是非。知有礼者，虽仇隙之地，不难以揖让处之，若曰虽伸于理，不可屈于礼也……理足以启争，而礼足以止争也。

〔36〕朱熹：《四书章句集注》，第377页。

〔37〕孙奭：《孟子注疏》，第408页。

〔38〕孙奭《孟子注疏》，第409页。

〔39〕朱熹：《四书章句集注》，第376页。

〔40〕朱熹：《四书章句集注》，第15页。

〔41〕参见余英时：《宋明理学与政治文化》，吉林出版集团，2008年，第18—24页。

〔42〕管志道：《孟义订测》，载《四库全书存目丛书》经部四书类第157册，齐鲁书社，1997年，第703—704页。

〔43〕朱熹：《四书章句集注》，第377页。

〔44〕朱熹：《四书章句集注》，第376页。语出尹焞：《孟子解》，载《文渊阁四库全书》第154册，第132页。

〔45〕管志道的这一分辨在明代不乏同调，如明人鲁论所撰《四书通义》亦批评流行的道统观说："三代以上，道统传自帝王，至孔子而闻知一变……或曰三代以下，治教两分，承治统者，不必有道统。嗟夫！此亦不通之论也。后世凡开创之主，中兴之主，制礼作乐，何忝汤文。执中用中，何非尧舜。一代典章，赫赫王言，载在令甲，藏之石室，何非谟诰。"（载《四库全书存目丛书》经部165册，第734页。）

〔46〕元代朱子学传人朱公迁撰《四书通旨》，专列"道统"一目，蒐集四书中的相关内容作为道统相承之文本证明。参见朱公迁：《四书通旨》，载《文渊阁四库全书》第197册，第571—573页。

〔47〕焦循：《孟子正义》，第1039页。认为《孟子》末章非论道统的说法，在明代就已出现，参看沈守正《重订四书说丛》，载《续修四库全书》经部第163册，第787—788页。

〔48〕土田健次郎：《道学之形成》，上海古籍出版社，2006年，第474页。

〔49〕参见土田健次郎：《道学之形成》，第469页。

〔50〕李零：《郭店楚简校读记》，中国人民大学出版社，2007年，第102页。

论胡炳文"明德本心"说对朱子的承继与发展

◎何 玮

摘要：元初新安理学家胡炳文的《四书通》以维护朱学正统为己任，被肯定"有功朱子，莫若云峰"。朱子在"明德合是心或性"的问题上呈现出了以心性兼言之的判断倾向，但因此问题无一明确定论，从而引发了后世讨论。胡炳文提出了"明德即是吾之本心"的观点，以"本心"一词涵括朱子对于"明德"的解释，以"心外无理，理外无事，即事以穷理"讨论"明明德"工夫，彰显了元代前期朱陆思想交汇的色彩。从中具体呈现出元初朱子学是如何面对并且回应来自象山心学的冲击，同时体现了朱子学在元代初期的流变特色。

关键词：胡炳文，朱子，明德，本心，朱陆合流。

南宋以降，朱子学开始在中国思想史上占据重要的一席之地。随着在元代其官学地位的确立，朱子《四书章句集注》成为千百年来士子的必修之书。此书及其相关传注是朱子后学的用力所在，元明清等学者多基于此书发挥并构建自身的思想体系。元初新安理学家胡炳文（字仲虎，号云峰）是朱子的四传弟子，其祖父胡师夔曾直接受业于朱子，精通五经；父亲胡斗元师从朱子从孙朱洪范，尤精于《易》。在著书立说上，他梳解朱子著作而成的《四书通》[1]以维护朱学正统为己任，"悉取《纂疏》《集成》[2]之决于朱夫子者删而去之，有所发挥者则附己说于后"[3]，避免读者"得其辞未通其意"。历史上对《四书通》的评价莫衷一是，吴澄赞扬其"有功朱子，莫若云峰"[4]，四库馆臣却批评其"知有《注》而不知有经""守朱子一家之言"。而《四书通》是倪士毅《四书辑释》的重要参考，也是《四书大全》频繁所引的著作之一，后者作为明代官学书目，构成了明代思想的底色。不仅如此，《四书通》在高丽末期于朝鲜半岛也普遍传播，李滉、尹拯、权近等朝鲜理学家都对其中涉及的心性情等一系列问题展开了激烈讨论[5]。

学界在分析元代朱子学时，往往集中于吴澄、郑玉等人的思想[6]，但倘若仔细分析胡炳文的《四书通》，不难察觉其并未对朱子亦步亦趋，而是欲克服朱子后学空虚与支离的弊病，发朱子未尽之言，其思想已呈现出了一定的融汇朱陆的倾向。本文以胡炳文《大学通》中"明德即是吾之本心"一说为中心，较之朱子对"明德"的诠释，讨论其说对朱子思想的承继与发展，从中具体呈现元初朱子学如何面对并且回应来自象山心学的冲击，体现朱子学在元代初期的流变特色。

一、明德合是心或性：朱子"明德"之意涵

《大学》开篇即云，"大学之道，在明明德"。"明德"作为《大学》的核心概念，历来是各家关注之焦点，朱子于其上亦所论

颇丰。若要理解朱子"明德"之意涵，需着重关注其晚年在《大学章句》中的定论，也是其对"明德"做出的最为经典的表述：

明德者，人之所得乎天，而虚灵不昧，以具众理而应万事者也。但为气禀所拘，人欲所蔽，则有时而昏；然其本体之明，则有未尝息者。故学者当因其所发而遂明之，以复其初也。[7]

依此定义，"明德"可以从"人之所得乎天""虚灵不昧""具众理而应万事"三个方面进行理解。"人之所得乎天"点出了"明德"所具有的性的向度，是为朱子在《中庸》"天命之谓性"下注解到的，"于是人物之生，因各得其所赋之理，以为健顺五常之德，所谓性也"[8]。"人之所得乎天"强调了人禀受天理而拥有的，未被气禀所拘、人欲所蔽的纯善无恶的天命之性。但就"虚灵不昧""具众理而应万事"而言，却又显现出了"明德"所具有的心的向度。结合朱子对《孟子》"尽心"章的解释，"心者，人之神明，所以具众理而应万事者也"[9]，可以发现两者的表述结构和文字内容非常相似，都突出了"人之神明""虚灵不昧"和"能具众理而应万事"两大特征。对于第一个特征，朱子说过"虚灵自是心之本体"[10]，虚是心的湛然面貌，灵是心的意识活动神妙不测，不昧则体现了不含混沌、充满光明，这一本然状态不由人力而改变。第二个特征则体现了知觉是心的功能发用，实际以第一个特征作为前提，正因为心本虚灵、神妙不测，才能够具众理而应万事。

而朱子在《大学或问》中对"明德"的理解同样兼具有心、性两个向度："唯人之生，乃得其气之正且通者，而其性为最贵，故其方寸之间，虚灵洞彻，万理咸备，盖其所以异于禽兽者，正在于此，而其所以可为尧舜，而能参天地以赞化育者，亦不外焉，是则所谓明德者也。"[11]

人与物均禀赋天理为本然之性，而因人所禀得的气正且通，故人之性"为最贵"。但紧接着，"方寸之间，虚灵洞彻，万理咸备"的主语却为人之心，万理具于虚灵之心中而又通过虚灵之心彰显。那么，朱子定义中包含的两个向度的理解就指向了一个问题，"明德"合是心或性？

这一问题在当时就引起了朱子弟子的注意，《语类》中多条均有记载，以下列举一二。

或问："明德便是仁义礼智之性否？"曰："便是。"[12]

或问："所谓仁义礼智是性，明德是主于心而言？"曰："这个道理在心里光明照澈，无一毫不明。"[13]

从问答中可以看出，朱子言"明德"时并未十分明确地分判其是心是性，虽肯定"明德"有性理的意涵，但每每又会强调此理具于心中而光明照澈。正是因为他在"明德"的解释上留有一定空间，才引起了后世不断的争论和探讨。其中大致可以分为三种：一是"明德"属"性"，如陈淳提出"所谓'明德'者，是专以理言之"[14]；二是"明德"属"心"，如王夫之认为"缘'德'上著一'明'字，所以朱子直指为心"[15]；三是"明德"兼"心""性"，如吕留良主张"'明德'兼身心性情、合体用而言"[16]。但这些主张多以注解形式出现，少有以严密逻辑整篇论说。而在现代学者中，以牟宗三先生为代表的学者持"明德"属"性"说；另一派学者则偏向"明德"兼"心"与"性"。[17]

牟先生认为朱子对"明德"的定义并不准确，混淆了心性，应改为"'明德'者，人之所得乎天'而可以由虚灵不昧之心知之明以认知地管摄之'之光明正大之性理之谓也。"[18]结合其所批评朱子的"性"只存有不活动这一观点，便能够理解他的用意。"明德"属"性"，故以"虚灵不昧"这一属"心"的特色描述"明德"并不合适，这一修改强调的是"明德"作为性理无法知觉发用，需要借助于心的活动才能在现实中落实。此改动或有不妥之处，先不论朱子在《大学章句》上的审慎态度与用力之勤，在朱子的架构中"明德"固然关联着心，但并不能说"明德"无法自觉发出。从他与弟子关于明镜之喻的讨论中即可证实。弟子将"明德"比喻为磨镜，朱子说道："镜犹磨而后明。若人之明德，则未尝不明。虽其昏蔽之极，而其善端之发，终不可绝。"[19]

"忽然闪出这光明来，不待磨而后现，但人不自察耳。如孺子将入于井，不拘君子小人，皆有怵惕、恻隐之心，便可见"[20]。

"未尝不明""不待磨而后现"均表明"明德"的当下自发性，这是心必然之活动，虽由心发出，但由性提供善端。虽可能因气禀偏全有明暗之别，但其原初状态就是光明无污染，自然而不需加工。陈来先生的理解则更为周全，他肯定了"在朱熹哲学中有以明德为性和为心之本体两种不同的说法"[21]，并认为这两种说法未对朱子的理论造成大的矛盾，心之本体一方面以其虚灵不昧而区别于性，另一方面因其本然状态的光明无污而与性同。

如果说朱子在受弟子多次请教后，仍未意识到他在"明德"这一概念判定上的模糊性，似不现实。实际上，通过《语类》的记载，可以发现朱子对这一问题并不是没有思考，甚至体现出以心性兼言"明德"的倾向。

问："天之付与人物者为命，人物之受于天者为性，主于身者为心，有得于天而光明正大者为明德否？"曰："心与性如何分别？明如何安顿？受与得又何以异？人与物与身又何间别？明德合是心，合是性？"曰："性却实。以感应虚明言之，则心之意亦多。"曰："此两个说着一个，则一个随到，元不可相离，亦自难与分别。舍心则无以见性，舍性又无以见心，故孟子言心性，每每相随说。"[22]

其中朱子一连反问的五个问题，或可看作是他考虑"明德"意涵的思路，以心性之别作为问题的出发点，经由人物之生与善端之发的过程，最终落实到"明德"合是心或性。在朱子的理论中，性即理，而心具有知觉活动义和主宰统包义，心性无法等同，否则与陆氏心学无异。人物之生，禀理以为性，禀气以为形，而明德作为人先天禀赋之理具于人心之中。其虽有被后天私欲遮蔽之可能，但本自光明，通过心的活动呈现善端，这就是"明"的安顿之处，本然之心与天赋之德也得以贯通。所以对于弟子性是实理，心重在虚明感应的回答，朱子并不满意，而是得出了"舍心则无以见性，舍性又无以见心"的结论，突出性与心的紧密相连，这可能也是他对于明德合是心或性的态度，即不应做出严格的归属。

明明德的目的就是要复其初，通过工夫而去除私欲的干扰，回复到心的本然状态。而明德之德"便是心中许多道理，光明鉴照，毫发不差"[23]。可见，心中所具之理保证了明德的至善本质，心的虚灵本体提供了明德所存空间。正因如此，在有人询问"明德是心是性"时，朱子并没有直接选择其一，而是回答道："灵底是心，实底是性。性便是那理，心便是盛贮该载、勇施发用底。"[24]人之性禀赋天理而实在于人心，但因无动静造作，需要心的发用使其显现。质言之，朱子在对明德合是心或性的问题上有以心性兼言之的倾向，落脚点在于明明德工夫的展开，但因其未有直接之答案，故给后世留下了一定的讨论空间。

二、明德即是吾之本心：胡炳文"明德"之诠释

宋末元初正是朱陆思想碰撞讨论激烈之时，胡炳文作为朱子的四传弟子，以维护朱学正统为己任。而面对来自陆氏心学的冲击与朱子后学日益繁琐、流于训诂的现实状况，胡炳文需要有所回应，其中他的"明德本心"说就颇具特色，可以看作是其融合朱陆的一次尝试。

胡炳文在《大学通》中提出了"明德即是吾之本心"[25]这一命题，将明德与本心相等同。具体而言，胡炳文强调明德自具全体大用：

> 盖明德即是吾之本心，明德自具全体大用，本自广大，特为气禀所拘、物欲所蔽尔。知既至，则无一毫之不明，而气禀不得以拘之；意既诚，则无一息之不明，而物欲不得以蔽之，所以其心之广者固存也。张子曰"有外之心，不足以合天心"，心本无外，须臾之顷，毫发之微，少有间断，便是有外，便是不广。[26]

此处他引用了饶鲁"具众理是全体，应万事是大用"[27]一说，认为"具者，其体之立有以妙之，则其用行；应者，用之行有以宰之，则其体立"[28]。全体指的是本心湛然光明而具众理，体现明德之虚；大用指的是本心主宰意识活动而应万事，体现明德之灵。在此意义上，明德就是全体大用之心，落实到心性结构上则体现为性体情用。

于是，胡炳文立足于"本心"解"明德"，发挥朱子"心统性情"一说，并运用到对《大学章句》的理解中。他直言：

>《章句》释"明德",专以心言,而包性情在其中。"虚灵不昧"是心,"具众理"是性,"应万事"是情,"有时而昏"又是说心,"本体之明"又是说性,"所发"又说情。盖心虽有时而昏,然性之本体具于心,则不可得而泯,故必有时而发焉。学者当因其发之端而遂明之,即孟子言仁义礼智之端,而谓知皆扩而充之也。[29]

在胡炳文认为,"虚灵不昧"是心,"具众理"是性,"应万事"是情,而心包性情在其中。因此,胡炳文提出"《章句》释明德专以心言",在表述上弱化了性的位置,欲以"本心"一词涵括朱子对于"明德"的理解。在此基础上稍加推衍,也就能得出明德包性情的结论。"包"字较"统"字更具整体性,突出了明德状态下心性的统一,同时也强调明德对性情的主导统摄作用。明德对情而言,本心所具之理作为意识主体对于情感起主导作用;明德对性而言,本心之清明能够保证性的发用自然流露,进一步在心发而为意时能够有所保障。朱子说过"性虽虚,都是实理。心虽是一物,却虚,故能包含万理"[30],性具于心保证心之明未尝而息。胡炳文据此注重学者当因性之本体所发而扩充于心,并引用张载"有外之心,不足以合天心"一说,强调通过"明明德"实现心量的扩大与心体的宽广,隐约有陆九渊立足善端、发明本心的意味。

那么,何谓"本心"?朱子并未以"本心"一词来解释明德,在《论孟集注》中涉及的"本心"二字,多指向心所具之理与本体之明,以下各举一例。

>盖心之全德,莫非天理,而亦不能不坏于人欲。故为仁者必有以胜私欲而复于礼,则事皆天理,而本心之德复全于我矣。[31]

>则又其本心之明有终不得而息者,此其所以卒能受命而自

觉其非也。[32]

可以看出，朱子认为人心之全德是由天所赋予之理，此理是人之所以能明明德、能复其初的意义与保证，而本心之德、本心之明也就是人们所要追求达到的工夫境界。胡炳文发现朱子在《四书章句集注》中三次提到了"复其初"，其中"《大学》谓人之心，其初本自光明，学者当明之以复其初"[33]，即《大学》着重论人之心的本来状态为光明湛然，学者需要做明明德工夫以回复本初。而胡炳文将明德等同于了本心，此本心也就是朱子认为的人心的本来状态或是心之本体[34]。

相较于朱子，"本心"一词更多见于象山。

> 孟子曰："所不虑而知者，其良知也；所不学而能者，其良能也。"此天之所与我者，我固有之，非由外铄我也。故曰："反身而诚，乐莫大焉。"此吾之本心也。[35]

> 道塞宇宙，非有所遁隐。在天曰阴阳，在地曰柔刚，在人曰仁义。故仁义者，人之本心也。[36]

> 盖人受天地之中以生，其本心无有不善。[37]

象山的"本心"概念从孟子的"良知良能""四端之心"中转出，此本心是天之所与的人人皆具的仁义之心，而不是人的知觉活动之心。它作为一切价值的根源，是一种先验的道德理性或价值自觉能力，人若能依此本心而视听言动则合于道德的要求。因此"人皆有是心，心皆具是理"[38]，本心即是具有普遍意义的理。这也是朱子少用和慎用"本心"一词的原因，容易使学者模糊心与性的区别，从而将知觉活动之心与天理直接等同，导致人人皆能随心所发而沦于物欲。

胡炳文自幼精读诗书，不会意识不到两者之间的区别，但他在明知此问题的情况下，仍旧选择以"本心"一词解"明德"，或许可体现其欲融汇朱陆的想法。特别是在对"心"的表达方式上，胡炳文有多处均与象山相似。如"自尧舜以至夫子，圣圣相传，只传此心"[39]，"天之与我，其初固存，存天所与，以与子孙"[40]，而圣圣所传之心、吾存与子孙之心，就是作为明德的本心，是心与理同一之心。之所以能等同，在于天所赋予之性；之所以能代代相传，在于颠扑不破之理。在此意义上，胡炳文的"本心"近似于象山的"本心"，是由天授予的，是纯粹至善的，但并不能说其"本心"就成为超越性的道德主体。[41]就此得见，胡炳文的"心"实际上具有两个向度，一层在性的向度上，立足于"本"，这种本然状态下心性同一，本心之明发而不息，此心是能代代相传之心，心即理；另一层在心的向度上，心为知觉活动之心，被耳目之欲和形气之私裹挟，心性并不同一。基于朱子说的"道心、人心，本只是一个物事"[42]，胡炳文强调"能一于道心，是即守其本心之正而不离也"[43]，默认了存在有一具备全德的本心作为人心不偏离的方向。

回归到《大学》文本上来看，"明德即是吾之本心"则暗含有胡炳文对于明德合是心或性的判断，他以"本心"一词统合了"明德"具有的心、性两个向度。毫无疑问，胡炳文承认"性之本体具于心"，遵循着朱子以"明德者，为人之所得乎天"的说法，明德在本质上更接近于性与理。但他意识到朱子在这一问题上的游移，因为明德能够自觉发显于心上这一特性，心包性情而能具众理、应万事，所以不能仅以"性"来判之。于是他一方面在表达方式上将具有一定心学色彩的"本心"融汇其中，从工夫效验的角度强调心的本体之明，心性的本然同一；另一方面也不忘"本心"被后天气禀物欲所遮蔽的现实，立足于"明明德"作为工夫之始的角度，突出学者当明之以复其初。

三、心外无理，理外无事，即事以穷理：
胡炳文论"明明德"工夫

以"吾之本心"解"明德"后，胡炳文以"明明德"统摄《大学》三纲领八条目，直言"明明德"是《大学》一书之纲领：

"明明德"一句是《大学》一书之纲领，所以《章句》释"明明德"一句，亦该一书之旨。才说具众理，已该格物致知，格物致知者即事穷理，而众理之具者无不贯也；才说应万事，已该诚、正、修、齐、治、平，诚、正、修、齐、治、平者以理应事，而万事之应者无不当也。[44]

"明德"作为全体大用之心，具众理是心之体，应万事是心之用。格物致知、即事穷理后，众理才能通贯；诚意正心、修齐治平后，万事的发用才自然正当。此虚灵不昧之心本自广大，知致后气禀不得以拘，意诚后物欲不得以蔽。由此，胡炳文将"本心"贯穿于八条目之中，从中也可看出胡炳文"明德本心"说意在将朱子的"心"归于工夫领域。而后他明确到"明明德工夫所在又莫先于在格物"。朱子在《章句》中对"格物致知"有一精简定义，格物是"穷至事物之理，欲其极处无不到也"[45]，致知是"推极吾之知识，欲其所知无不尽也"[46]，可见其强调即物、穷理、至极三个特征。胡炳文就此提出了"心外无理，理外无事，即事以穷理，明明德第一功夫"的命题：

世之学者论事则支离，而不根于理；言理则空虚，而不贯于事，未免歧理与事而二之。所以《章句》释"明德"则兼事与理，释"至善"亦曰事理，释"格物"亦曰"穷至事物之理"。心外无理，理外无事，即事以穷理，明明德第一功夫也。故不曰"欲致其知者，先格其物"，而曰"致知在格物"。此一"在"字又与章首三"在"字相应，《大学》纲领所在莫先于"在明明德"，而明明德工夫所在又莫先于"在格物"。[47]

虽然胡炳文是朱子学的捍道者，但"心外无理"一语却容易使人联想到陆九渊的"心即理也"、两百多年后王阳明的"心外无理"等命题，故需在此进行辨析。胡炳文此心当是作为明德的吾之本心，明德中自具全体大用，心之体用本就光明而无污染，在此情况下可以说心即理，理即心。格物本质上是复其性而保持心的虚灵知觉，所以此心必然不能指向私欲所蔽、气禀所拘之心。这与格物的追求有所矛盾，命题中的"即事以穷理"也不存在必要性，更不用说是"明明德"的第一工夫。杨泽对胡炳文这一命题做出过解读[48]，她一方面从"理"对人的意义的角度分析，认为"对人没有任何意义的理便是空虚无用之理，是不存在的，所以'心外无理'"；另一方面从心的功能特点的角度分析，认为"离开吾心就不能'具众理而应万事'，所以'心'外一定无'理'"。此看法承认胡炳文的"心外无理"之心是指其"本心"，突出了人的主观能动性，但忽略了这一命题的最终落脚点在于"即事以穷理，明明德第一功夫"；再者，第一种分析有循环论证之嫌，且未与心学做出分殊。若就整一命题来分析，胡炳文提出"心外无理"的目的在于强调格物是心与理一的前提，心外无理是即事穷理后所能达到的境界，并非是心学所说的心与理相即不离。

"理外无事"一语较好理解,胡炳文继承朱子"物,犹事也"一说,一事必有一理,理不离事,事中具理。人无法直接把握无形无象的形上之理,通过实在之物才能见得实体,所以需就事上理会,即事才能穷理。这决定了胡炳文并不属于心学,他的第一工夫还是落实在具体事物之上,而并不只在心上求理。同时也反映了胡炳文对于佛氏空言性理的不满与对朱子后学空虚和支离两大倾向的纠偏。"论事则支离,而不根于理",格物的目的在于穷理,盲目格物而不知理将如无根浮萍没有方向,导致理分散而无法通贯;"言理则空虚,而不贯于事",格物需落于事事物物上,空言性理只会失去理的实在性。所以,"理外无事"上乘"心外无理",下接"即事以穷理",注重明明德工夫要追求心与理的合一从而避免走向支离,在具体事物中真正落实从而避免流于空虚。

由此,胡炳文强调"即事以穷理,明明德第一功夫",解释了《大学》文本之所以是"致知在格物",而不是"欲致其知者,先格其物"的原因。首先是因为"致知在格物"的表达方式能够与开篇"大学之道,在明明德,在亲民,在止于至善"相呼应,"在明明德"为《大学》的纲领之首,而"在格物"又为"明明德"工夫之首。其次,"欲"要如此,需"先"如何的这一结构不如一"在"字衔接紧密。就字义而言,"格即是致",不格无致,更不必论"至",要在事物上穷理才有推扩的可能:"'人心之灵莫不有知',此'知'字是良知之知,得于天性。'理有未穷,知有不尽',此'知'字是致知之知,得于学力。经不曰'欲致其知者,先格其物',独变文曰'致知在格物',格即是致,不格未见其至。欲致其知,舍格物非所以为知。"[49]

值得注意的是,胡炳文在广义的"致知"概念下,又立足于先天与后天区分了良知之知与致知之知，良知之知由天性所赋予，致知之知非学力无法获得。"良知"一词在朱子的表述中并不常见，《语类》中有一条记载与胡炳文此区分相似："穷理者，因其所已知而及其所未知，因其所已达而及其所未达。人之良知，本所固有。"[50]

朱子此条之意在于突出知的广泛性与深入性，体现致知的穷理、至极特点。致知不但要推极吾之知识，由已知推至未知，由已达推至未达，而且需推至极处，穷究彻底，达到所知无不尽的程度。若进一步分析，人生来具有的良知即是吾所已知，而"未知""未达"则指向了致知之知，故在此句中也暗含有朱子区分了良知之知与致知之知的想法。

另外，朱子在解释《孟子·尽心》的"良知良能"概念中简要注解到过"良者本然之善也"。而胡炳文加以补充道："必学而能者，由夫人之质有纯驳也；必思而后知者，由夫人之气有清浊也。良知良能皆无所由者，天命之性，非气质之性也。"[51]"良知良能皆无所由，而知又能之所由。"[52]

从"皆无所由"与"能之所由"可推出，前一"知"字指的是良知之知，为本心所有，不需借助后天而获得；后一"知"字指致知之知，因人的气质有纯驳清浊之异，光明本心有被遮蔽晦暗之嫌，故需要通过格致工夫而获得致知之知，从而达到本心之全体大用无不明，此时心之所发顺理应物，自然合德。可以推见，胡炳文之所以要在广义的"致知"概念下细分良知之知与致知之知，目的即在于他提出此区分段落的结语——"欲致其知，舍格物非所以为知"。也就是说，良知之知不足以构成广义的"致知"，缺少了即事以穷理的环节，学者必须立足于良知之知而推究其极，通过后天的学养而复归明德状态。在这一意义上，可以说胡炳文的良知之知偏重于明德本心，而致知之知偏重于明明德工夫。

同时，胡炳文注意到了朱子在《或问》中对"致知"的解释与对"明德"的解释相互呼应，提出明德本心能够具众理而应万事的原因在于"知"。

> 此章《或问》则又曰："知者，心之神明，所以妙众理而宰万物。"其释"知"字与释"明德"政自相应。盖此心本具众理而妙之则在知，此心能应万事而宰之亦在知。具者，其体之立有以妙之，则其用行；应者，用之行有以宰之，则其体立。明德中自具全体大用，"致知"云者，欲其知之至而此心之全体大用无不明也。[53]

在朱子的注解中，"知"是"心之神明，所以妙众理而宰万物"，"明德"为"人之所得乎天，而虚灵不昧，以具众理而应万事"。胡炳文将二者联系起来，认为"此心本具众理而妙之则在知，此心能应万事而宰之亦在知"，"妙之""宰之"突出了心的知觉义与主宰义，心具有认识事物的能力，这是心具众理而应万事之所以可能的根据所在。"本具众理"对应着心外无理，"能应万事"对应着理外无事，联系本节开头所引"才说具众理，已该格物致知"，"才说应万事，已该诚、正、修、齐、治、平"，胡炳文的根本目的还在于强调明明德的第一工夫在即事以穷理，这才是心与理事得以合一的关键。吾心之全体大用是知至的境界，也是明明德的目的。

总而言之，综观朱子在"明德合是心或性"这一问题上的思考，从其强调的"灵底是心，实底是性"，"舍心则无以见性，舍性又无以见心"等语句中，呈现出了以心性兼言"明德"之意涵的判断倾向。但因此问题无一明确定论，故终是悬而未决。宋末元初之际，胡炳文宗本朱子，在《大学通》中提出了"明德即是吾之本心"的观点，继承朱子"心统性情"一说而发展为明德包性情，其中"虚灵不昧"是心，"具众理"是性，"应万事"是情。胡炳文的"本心"为人之心的本然状态，光明照澈而善端之发不可绝，学者当做工夫以复其本心；同时此"本心"也具有一定的心学色彩，此心由天授予而纯粹至善，在此意义上可等同于陆象山的"心即理"。胡炳文从而以"本心"一词涵括朱子对于"明德"的解释，以"心外无理，理外无事，即事以穷理"论"明明德"工夫。他坚持朱子将格物作为明明德工夫之首的立场，针对朱子后学之弊病，要求学者追求心与理的合一从而避免走向支离，在具体事物中穷其至理从而避免流于空虚。而明明德工夫最终也是要落实于本心之上，复归于本心之全体大用无不明的状态。

　　基于以上分析，得见胡炳文将"本心"作为对"明德"的诠释，回答了朱子"明德合是心或性"的问题，统合了"明德"具有的心、性两个向度，是其思想的特色所在，故文章以"明德本心"说概之。从胡炳文的"明德本心"说对朱子的承继与发展可以看出，元初朱子学面对治学日趋空虚与支离的征兆，已呈现出一定的融汇朱陆的倾向。"本心""心外无理""良知之知"等表达，不论是胡炳文有意为之或是不自觉受时代的影响，其尤为从工夫效验的角度强调心性的本然同一这一点不可否认。相较于宋代学人对朱子《语类》《文集》编辑汇录的关注，由于以真德秀《四书集编》和赵顺孙《四书纂疏》为代表的集编体的出现，以及以浙江、江西、新安为中心形成的地域性的理学传承，以胡炳文为代表的朱子后学植根于《四书章句集注》进行朱子思想的再思辨，强调理学的实用性，反对脱离人事空谈性理。学界在提及元初朱陆和会思想时，常据吴澄所提"朱、陆二师之为教，一也"[54]、"朱子于道问学之功居多，而陆子以尊德性为主……故学必以德性为本"[55]等观点，将其作为元代和会朱陆的代表性学者。而吴澄与胡炳文、赵汸、陈栎等元初朱子学者均有密切的学术往来，和会朱陆这一议题并不是某位学者开启的结果，而是作为朱子后学共同的问题意识，根植于工夫论中，成为时代思想发展的必然产物。可以说，朱陆合流思想在客观上起到了承上启下作用，接续宋代理学，下启明代心学；在主观上，或也是朱子学内部自我发展演化的结果，如胡炳文一向被看作朱子之绝对拥护者，但就"明德本心"说而言，足见其所发挥。

（作者系复旦大学哲学院博士研究生）

注释

[1]《四书通》分为《大学通》《中庸通》《论语通》《孟子通》。
[2]《纂疏》《集成》分别为宋末赵顺孙的《四书纂疏》与吴真子的《四书集成》，后者已佚。
[3]（元）胡炳文：《四书通·序》，《通志堂经解》影印本，第1页。
[4]（元）胡炳文撰；江增华校注：《云峰胡先生文集》，芜湖：安徽师范大学出版社，2015年，第1页。
[5]详见，田炳郁：《胡炳文的知行论及其对韩国儒学的影响》，《朱子学研究》，2022第2期，第158—172页。
[6]陈荣捷的《朱学论集》、侯外庐主编的《宋明理学史》、朱汉民的《宋明理学通论——一种文化学的诠释》、徐远和的《理学与元代社会》等著作，均在元代理学部分肯定了和会朱陆的思想是元代学术发展的一大关键，但对元代前期思想的探究略显不足。
[7]（宋）朱熹：《四书章句集注》，北京：中华书局，1983年，第3页。
[8]（宋）朱熹：《四书章句集注》，北京：中华书局，1983年，第17页。
[9]（宋）朱熹：《四书章句集注》，北京：中华书局，1983年，第349页。

〔10〕（宋）黎靖德编：《朱子语类》，北京：中华书局，1986年，第87页。

〔11〕（宋）朱熹：《四书或问》，上海：上海古籍出版社，合肥：安徽教育出版社，2001年，第3页。

〔12〕（宋）黎靖德编：《朱子语类》，北京：中华书局，1986年，第260页。

〔13〕同上。

〔14〕（宋）陈淳：《答梁伯翔》，《北溪大全》卷三十，文渊阁四库全书本。

〔15〕（明）王夫之：《读四书大全说》，《船山全书》第六册，长沙：岳麓书社，2011年，第396页。

〔16〕如陈来、吴震、朱汉民等学者均持此观点。详见，陈来：《朱子哲学研究》，北京：生活·读书·新知三联书店，2010年，第337—339页。吴震：《朱子思想再读》，北京：生活·读书·新知三联书店，2018年，第121—124页。朱汉民，周之翔：《朱熹<大学>"明明德"诠释的理学意蕴》，《哲学研究》，2012年第7期，第34—39页。

〔17〕牟宗三：《心体与性体（第三册）》，台北：联经出版事业有限公司，2003年，第414页。

〔18〕（宋）黎靖德编：《朱子语类》，北京：中华书局，1986年，第261页。

〔19〕（宋）黎靖德编：《朱子语类》，北京：中华书局，1986年，第377页。

〔20〕陈来：《朱子哲学研究》，北京：生活·读书·新知三联书店，2010年，第339页。

〔21〕（宋）黎靖德编：《朱子语类》，北京：中华书局，1986年，第88页。

〔22〕（宋）黎靖德编：《朱子语类》，北京：中华书局，1986年，第265页。

〔23〕（宋）黎靖德编：《朱子语类》，北京：中华书局，1986年，第323页。

〔24〕（元）胡炳文：《四书通·大学通》，《通志堂经解》影印本，第19页。

〔25〕（元）胡炳文：《四书通·大学通》，《通志堂经解》影印本，第19页。

〔26〕（元）胡炳文：《四书通·大学通》，《通志堂经解》影印本，第15页。

〔27〕（元）胡炳文：《四书通·大学通》，《通志堂经解》影印本，第5页。

〔28〕（元）胡炳文：《四书通·大学通》，《通志堂经解》影印本，第2页。

〔29〕（宋）黎靖德编：《朱子语类》，北京：中华书局，1986年，第88页。

〔30〕（宋）朱熹：《四书章句集注》，北京：中华书局，1983年，第131页。

〔31〕（宋）朱熹：《四书章句集注》，北京：中华书局，1983年，第263页。

〔32〕（元）胡炳文：《四书通·孟子通卷三》，《通志堂经解》影印本，第11页。

〔33〕此本体不能等同于存在的本原性实体，而指存在的本来状态。文中所用"本体"一词均为此意。

〔34〕（宋）陆九渊：《陆九渊集》，北京：中华书局，1980年，第5页。

〔35〕（宋）陆九渊：《陆九渊集》，北京：中华书局，1980年，第9页。

〔36〕（宋）陆九渊：《陆九渊集》，北京：中华书局，1980年，第154页。

〔37〕（宋）陆九渊：《陆九渊集》，北京：中华书局，1980年，第149页。

〔38〕（元）胡炳文：《四书通·论语通卷一》，《通志堂经解》影印本，第25页。

〔39〕（元）胡炳文撰；江增华校注：《云峰胡先生文集》，芜湖：安徽师范大学出版社，2015年，第174页。

〔40〕贺麟先生曾提出过一观点，"朱子对于《大学》'明德'的解释，即相当于象山所

谓本心——本心即得自天之德性，即心与理一，具有仁义礼智之心"，详见贺麟：《近代唯心论简释》，北京：商务印书馆，2017年，第98页。胡炳文以"本心"解朱子的"明德"与贺麟先生此说极相似。但不论是朱子或者胡炳文，他们的"本心"都不能等同于陆九渊的"本心"，需是在工夫效验的意义上才会承认"心即理"，仁义礼智为性而不为心，否则他们所坚持的格致工夫即会失去必要性。

〔41〕（宋）黎靖德编：《朱子语类》，北京：中华书局，1986年，第2010页。
〔42〕（元）胡炳文：《四书通·中庸序》，《通志堂经解》影印本，第3页。
〔43〕（元）胡炳文：《四书通·大学通》，《通志堂经解》影印本，第1页。
〔44〕（宋）朱熹：《四书章句集注》，北京：中华书局，1983年，第4页。
〔45〕同上。
〔46〕（元）胡炳文：《四书通·大学通》，《通志堂经解》影印本，第5页。
〔47〕杨泽：《胡炳文"心外无理"思想初探》，《中国哲学史》，2014年第4期，第74—79页。
〔48〕（元）胡炳文：《四书通·大学通》，《通志堂经解》影印本，第14页。
〔49〕（宋）黎靖德编：《朱子语类》，北京：中华书局，1986年，第392页。
〔50〕（元）胡炳文：《四书通·孟子通卷十三》，《通志堂经解》影印本，第11页。
〔51〕同上。
〔52〕（元）胡炳文：《四书通·大学通》，《通志堂经解》影印本，第5页。
〔53〕（清）黄宗羲 著，全祖望 修：《宋元学案》，北京：中华书局，1986年，第3046页。
〔54〕（清）黄宗羲 著，全祖望 修：《宋元学案》，北京：中华书局，1986年，第3037页。

参考文献

〔1〕（宋）朱熹.四书章句集注[M].北京：中华书局,1983.
〔2〕（宋）黎靖德编.朱子语类[M].北京：中华书局,1986.
〔3〕（宋）朱熹.四书或问[M].上海：上海古籍出版社,合肥：安徽教育出版社,2001.
〔4〕（宋）陈淳.北溪大全[M].文渊阁四库全书本.
〔5〕（宋）陆九渊.陆九渊集[M].北京：中华书局,1980.
〔6〕（元）胡炳文.四书通[M].通志堂经解影印本.
〔7〕（元）胡炳文撰，江增华校注.云峰胡先生文集[M].芜湖：安徽师范大学出版社,2015.
〔8〕（明）王夫之.读四书大全说[M].长沙：岳麓书社,2011.
〔9〕（清）吕留良.吕晚村先生四书讲义[M].北京：中华书局,2015.
〔10〕（清）黄宗羲 著,全祖望 修.宋元学案[M].北京：中华书局,1986.
〔11〕牟宗三.心体与性体（第三册）[M].台北：联经出版事业公司,2003.
〔12〕陈来.朱子哲学研究[M].北京：生活·读书·新知三联书店,2010.

〔13〕朱汉民,周之翔.朱熹《大学》"明明德"诠释的理学意蕴[J].哲学研究 2012(07):34—39.

〔14〕杨泽.胡炳文"心外无理"思想初探[J].中国哲学史 2014(04):74—79.

〔15〕贺麟.近代唯心论简释[M].北京:商务印书馆,2017.

〔16〕吴震.朱子思想再读[M].北京:生活·读书·新知三联书店,2018.

〔17〕田炳郁.胡炳文的知行论及其对韩国儒学的影响[J].朱子学研究 2022（02）:158—172.

朱子学的中心转移说
—— 基于东亚视角的考察

◎ 谢晓东

摘要：从东亚视角考察朱子学可以发现一个重要事实：朱子学的中心出现了多次转移。基于此种现象，本文提出了朱子学的中心转移说。在朱子之后和罗整庵去世之前，朱子学的中心无疑是在中国。罗整庵之死以及十六世纪中期韩国性理学的高度繁荣标志着朱子学的中心转移到了朝鲜半岛。十六世纪末叶至十七世纪前期韩国的内忧外患以及日本德川时代朱子学的崛起标志着朱子学的中心从朝鲜半岛转移到了日本列岛。朱子学的两次中心转移现象背后的动力是：天理及其实现方式的不同。

关键词：朱子学，中心转移，东亚，动力。

朱子学不仅是一个中国现象，也是一个韩国、日本和越南现象。换言之，朱子学是一种东亚现象。基于东亚视角去看朱子学，可能就会发现一些仅仅研究国别儒学所无法感知到的有趣的事情。就本文而言，我们只关注其中的一个重要事实：朱子学的中心转移[1]。以此为枢轴所形成的学说，可以命名为朱子学的中心转移说。因而，本文的主要任务就是考察朱子学的两次中心转移的大致情况，并分析中心转移的动力机制。当然，在该转移说得到可靠的证明之前，我们应该视之为一种假说。

一、概念界定

在对"朱子学的中心转移"说予以分析之前，首先需要澄清几个关键概念，分别是"朱子学""中心"以及"转移"。

1.何谓朱子学

所谓朱子学，有广狭二义。狭义的朱子学是指朱子（1130—1200）本人的哲学和思想，广义的朱子学是指在朱子去世之后，后世认同其学说，坚持其哲学基本原则的人对朱子本人的哲学进行一些修正、创新和发展所形成的学说思想体系。从理论上讲，西元1200年之后世界上所有符合上述定义的人都是朱子学者。需要指出的是，本文使用的是广义的朱子学概念。我们认为，对朱子学必须要有明确的边界意识，不能随意地把某人的思想说成是朱子学。那么，朱子学与非朱子学的标准何在呢？首先，朱子学持有的是"性即理"而非"心即理"的基本命题，从而程朱理学就明显区别于陆王心学。此点罗整庵（钦顺，1465—1547）已经清楚地指出了。[2]其次，在修养方法（工夫论）上朱子学侧重渐修而不是顿悟，此点就和禅宗以及陆王心学不同。最后，朱子学非常注重《中庸》所说的学、问、思、辨的重智路线，而禅宗与阳明学则不是这样的。一般来说，以上三条标准就足以区分朱子学与非朱子学特别是反朱子学。仿效《汉书·艺文志》对儒家的描述，我对广义朱子学的刻画为：游文于《四书》之中，留意于理、气、心、性之际，祖述孔孟，宪章周、张、二程，宗师元晦以重其言，于道最为高。

2.何为"中心"

"中心"的本义为与四周距离相等的位置或物体的中央。[3]"中心"的引申义为居于中枢地位，起主干作用的存在，或事物的主要部分。中心的反概念是非中心，是对中心的否定。从本文的立意来看，我们需要区分"重心"与"中心"两个概念。熟悉中国经济史的人都知道，从长时段去看中国经济重心有一个从北方转移到南方的现象。[4]那么，什么是重心呢？应该说，"重心"本是一个物理学概念，指"物体各部分所受重力的合力的作用点"，它是"一个定点，与物体所在位置和如何放置无关"。[5]经济史家借用了这个物理学概念去描述上述的重心转移现象。应该说，这种借用很有启发意义。但是，"重心"和"中心"有两个基本区别：第一，类比意义下的中心是可以消失的，而重心是无法消失的，这个意义上的中心不等于重心。第二，类比意义下的中心可以是多，而重心只能是一。但是，本文的一个基本预设就是朱子学的中心是一，是单中心而非多中心，这个意义上的中心=重心。因而，本文也会偶尔在此意义上使用重心转移的术语。此外，"朱子学中心"的精确含义是朱子学的研发和创造中心，而不是数量中心，即研究和学习朱子学的人数最多的地方。就后者而言，无疑明清时代的中国是数量最多的。

3.何谓"转移"

"转移"的基本义是迁徙和移动，意为将某物移动到某地。[6]

该语出自《周礼·天官·大宰》："九曰闲民，无常职，转移执事。"此外，其引申义为改变，比如顾炎武在《日知录·两汉风俗》中写道："嗟乎！士君子处衰季之朝，常以负一世之名，而转移天下之风气者，视伯嚭之为人，其戒之哉！"[7]"转移"明显涉及空间的变化。就本文而言，具体的空间范围包括中国、朝鲜半岛和日本列岛。换言之，就是地理意义上的东亚。

4.何谓"朱子学的中心转移"说

"朱子学的中心转移"是指朱子学的思想创造中心从地理(空间)上看发生了从A地到B地的变动现象。需要指出的是，A地和B地不属于同一个控制中心，即不属于同一个国家。因而，国家内部的A地到B地的中心转移不属于本文所研究的对象。而"朱子学中心的转移"说则是对朱子学的中心在中国——韩国——日本间转移现象的具体描述以及原因分析的一套学说。就该说的系统阐释而言，需要注意以下三个问题。

第一，构成朱子学中心转移说中首次和二次转移的两个时间节点如何把握，是需要解决的首个重点问题。朱子学的中心转移说的成立关键在于确立两次转移的大致时间、人物和事件。不仅涉及转移出的一方，还涉及转移到的一方。也就是说，一次中心转移，分析处理的是两个不同国家的相关情况。这和分析同一个国家内部的学术转型，比如唐宋转型和明清转型，难度会明显加大。如果此问题不解决或解决得不够好，那么朱子学的中心转移说的说服力就不充分。

第二，朱子学之所以发生两次中心转移现象，其原因何在？换言之，其背后的动力机制何在？对此，不能流于一般的现象层面的分析，而应提升到历史哲学的高度。为此，本文发掘出天理及其实现方式的不同去解释中心转移的内在动力。当然了，这么做也存在一定的风险，需要避免给人留下一种宿命论的印象。这就需要厘清解释的有效空间及其限度。

第三，每一次朱子学中心之转移的开始与完成都是学术事件与政治事件交互作用的产物。就此而言，本文将会细致而微地证明思想与社会是如何互动的。不难发现，这种写作具有明显的思想史特质。当然了，我们也会确立一个基本原则，那就是更加注重强调朱子学中心转移里思想内部的因素，而尽量避免得出中心转移乃纯粹或主要是政治事件之产物的片面结论。

二、朱子学中心的首次转移

十六世纪中叶，出现了朱子学的首次中心转移现象，具体来说是从中国大陆转移到朝鲜半岛。那么，首次中心转移何以可能？这就涉及对中心的移出方和移入方的一些条件的扼要分析。

1.朱子之后罗整庵之前朱子学的大致状况

朱子学是由南宋的朱子所创立的学问。当时中国处于多个政权的分治状态之下，赵复（1185—1265）把朱子学传到北中国。蒙元帝国在军事上由北向南征服整个中国，不过南宋的文化和哲学特别是朱子学却趁机向北拓展。西元1313年，蒙元恢复科举制度，朱熹的《四书章句集注》成为标准化的教科书。元代的主要思想倾向是和会朱陆，朱子学的发展不大。1368年，朱元璋建立明朝，他继承了元代的不少做法，朱学依然保持了官学或官方意识形态的地位。

在1508年王阳明（1472—1529）龙场悟道之前，可以视之为明初，其特点是朱子学的一统天下。但是从朱学角度来看，其中也有隐忧，那就是陈白沙的江门学派已经有了一定的影响，从而对朱子学有了一点挑战。元明以来，朱学出现了一个明显的趋势，那就是理逐渐去实体化，其高潮就是罗钦顺（号整庵，1465—1547）的"理气一物说"。

一般认为，明初朱子学缺乏创造性，诚如《明史·儒林传序》所云，"原夫明初诸儒，皆朱子门人之支流余裔，师承有自，矩矱秩然。曹端、胡居仁笃践履，谨绳墨，守儒先之正传，无敢改错。"[8]不过，从哲学角度去看，也还是有一些进展的。曹端（1376—1434）讲"太极有动静"，明显不同于朱子的理不动说。此后，薛瑄（1389—1465）以日光飞鸟之隐喻去说明理动。薛氏的学说宗旨乃是"复性"，他还说道："自考亭以还，斯道已大明，无烦著作，直须躬行耳。"[9]这句话深刻地说明了明初朱子学在学理层面为何进展不大。而理一旦去实体化，"理先气后"的命题就失去了前提，而实际上这就是薛瑄的观点，即"理气无先后"从而直接挑战了朱子"理先气后"的基本命题。吴与弼（1392—1469）是明代早期朱子学领袖，但是他"一禀宋人成说。言心，则以知觉而与理为二，言功夫，则静时存养，动时省察"。[10]这里的宋人其实指的就是朱子。胡居仁（1434—1484）和陈献章（1428—1500）都是吴与弼的弟子。其中，胡氏的"理乃气之理，气乃理之气。混之则无别，二之则不是"[11]命题值得关注。其后他更为注重"有此气则有此理，理乃气之所为"[12]的观点。其主敬而反对主静。而白沙则主张"回到周子"，他提倡"主静"，强调"为学须从静中坐养出个端倪来，方有商量处"，[13]他开启了彻底的反求内心的内向路线，对王阳明有一定的启发。

2.罗整庵之死标志着中国丧失已经保持了近四百年之久的朱子学中心的地位

"明代朱子学一哥"是罗钦顺，他是明代中国最为重要的朱子学者。容肇祖称他为"朱学的后劲"，[14]陈来把他看作是明代中期朱学的代表人物。1508年之后，阳明学席卷天下，几乎垄断了中国的学术。"嘉、隆而后，笃信程、朱，不迁异说者，无复几人矣。"[15]在这种情况下，罗钦顺挺身而出，努力以发展朱子学的形式捍卫朱子学。"时天下言学者，不归王守仁，则归湛若水，独守程、朱不变者，惟（吕，笔者加）柟与罗钦顺云。"[16]罗氏的代表作是《困知记》，完成于他一生中的最后二十年，是其哲学思想的总结。

罗氏思想的重要性体现在以下几个方面。

第一，从"安内"方面来看，他修正和发展了朱子学。他在理气论上集元明以来理的非实体化倾向的大成。比如，吴澄认为理在气中但理不是一物，胡居仁强调理乃气之所为，这些观点均为罗氏所继承。他重新解释了朱子理气论中的"所以然""主宰"等描述理的观念，从而得出了"理气一物"的命题，这就明显和朱子"理气二物"的主流观点不同。[17]在心性论层面，罗钦顺也有创造力。朱子的人心道心思想把道心人心都视为已发的情，而罗氏则修正成道心为性人心为情的道心人心体用说。罗氏的哲学集中体现了朱子学者们是如何坚守与发展朱子学的，这种"安内"工作是需要解决的一个重点问题。不同于"攘外"的消极性，"安内"是积极地发展朱子学，或者是在新的历史条件下对朱子学的重新表述。

第二，从"攘外"方面去看，他坚决反对禅宗、反对阳明学。对于正统朱子学者来讲，他们一方面要坚持和发展朱子学，另一方面还需要反击各种儒门内外的"异端"。朱子学的正统意识和道统意识都非常强烈，故而具有很强的"攘外"情结。比如，他们排斥佛教特别是禅宗、排斥道家与道教、排斥韩日的本土宗教等。此外，他们还排斥儒门内的陆王心学特别是阳明学，其做法是指控对方为禅学。王阳明反对朱子的思想，他编辑了《朱子晚年定论》一书试图把晚年朱子定位为陆象山的同路人。而我们知道，阳明和象山的学术宗旨是一致的。对于王阳明的这一举动，罗氏进行了坚决的批评。罗王的辩论相当程度上凸显了朱子学和反朱子学之间的博弈是如何展开的。

第三，影响韩日很大。罗氏的思想不但在中国颇有影响，其代表作对韩日朱子学有巨大影响。比如，其道心人心体用说就在韩国儒学中影响深远，卢稣斋同意罗氏的基本观点、理据，并在此基础上撰写出了东亚儒学史上第一篇人心道心专题论文《人心道心辨》，李退溪、奇高峰和李栗谷等人都对罗氏的人心道心说予以了评价。此外，李退溪还撰专文《非理气为一物辩证》批评罗氏。[18]而李栗谷则对罗氏的学术水平予以了高度评价，他认为罗氏的性理学修为在李退溪之上，而李氏又在花潭徐敬德之上。[19]此外，罗整庵除了对韩国朱子学有重大影响外，其对日本朱子学影响也不小。比如林月惠就认为罗钦顺的"理气为一物"对林罗山、贝原益轩产生了直接影响。[20]

为何说罗整庵的去世标志着朱子学的中心离开了中国？理由有二。

第一，此后的三百多年朱子学在中国缺乏明显的发展。一直到明亡，都是阳明学占据主导地位。期间，有几个抗议者，比如陈建（1497—1567）反击王阳明的《朱子晚年定论》。明末有几个人鼓吹"回到朱子"，比如高攀龙。清初"回到朱子"成为潮流，有的人描述为"由王返朱"，再加上官方的推崇，朱子学在清初重新占据了学术界的主流地位。不过，章太炎的著名论断"清世理学之言，竭而无余华"的判断是有道理的。钱穆也有类似话语，"但若我们真能了解了宋明两代的理学，有清一代对此方面的造诣，其实则精华已竭，无法再超越宋明了。"[21]其中陆世仪（1611—1672）和陆陇其（1630—1692）是其代表。清代学术主流是顾炎武所开创的考证学，朱子学成为一"伏流"（钱穆语）。朱子学在晚清有一个回光返照的过程，随即和清朝一起灭亡。其中唐鉴（1778—1861）、倭仁（1804—1871）和曾国藩（1811—1872）是主要代表。

第二，韩国朱子学此后获得了长足进步。这是下文所要处理的问题。

3.韩国何以能够取代中国成为朱子学中心

韩国人安珦（1243—1306）在1290年把朱子学引入朝鲜半岛。1392年，李氏朝鲜建立。他们大力支持朱子学，并以之取代了佛教在此前高丽时代的主导地位。韩国学习中国搞了科举制度，而朱子学也成为官方意识形态。换言之，韩国官方明确支持朱子学，而这非常重要。此后，朱子学逐渐在韩国实现本土化。1415年，明朝出版了《四书大全》《五经大全》和《性理大全》。1419年，这些著作传入朝鲜半岛并得到广泛使用，非常有利于韩国士大夫学习朱子学。此外，十五世纪初韩国的印刷业大发展，性理学书籍得以普及。

李氏朝鲜五百余年朱子学一直占据统治地位，韩国人以类似宗教的虔诚去对待朱子哲学及其制度。诚如狄百瑞所言，韩国人彻底采纳朱熹所提出的思想和制度时严肃认真、全心全意，明显超过中国。[22]16世纪中期出现了韩国性理学的高度繁荣，"到了16世纪后半期，全国春光明媚百花盛开。"[23]这就是以李退溪（1501—1571）和李栗谷（1536—1584）为关键人物的韩国朱子学的黄金时代。

韩国何以能够取代中国成为朱子学中心呢？原因有三。

其一，著名的四大士祸（1498、1504、1519、1545）中最后一次结束于1545年，即在1547年之前两年就已经结束了，知识分子逐步成为当权派。而此前，他们常常遭到勋旧派的迫害。可以说，朱子学的重心在十六世纪中期顺利转移到韩国，这和"士祸"的结束不能不具有密切的关联。

其二，经过两百多年的生根发芽，朱子学实现了在地化发展。

第一，晦斋李彦迪（1491—1553）是最早开展性理学论争的人物，其理论基调为主理论。1517年，他27岁时和曹汉辅展开无极太极之争，他支持理先气后论。[24]李退溪认为李彦迪是韩国道学的源头。再比如，韩国大儒卢稣斋（1515—1590）在西元1559年写下世界上第一篇专门论述人心道心问题的论文《人心道心辨》。[25]该文呼应了罗整庵的观点，从而在韩国儒学中引起了轩然大波。

第二，通过狙击阳明学以及把韩国大儒纳入文庙，说明韩国儒学克服了从属性。王阳明的《传习录》传入朝鲜半岛后遭到批判，特别是李退溪的论文《传习录论辨》在1566年发表。他运用道学的辟异端论，逐条批评，"贼仁义，乱天下，未必非此人也。"[26]这种正统主义的学风再加上退溪的崇高地位，使得阳明学在韩国始终影响甚微。1574年王阳明配享受于中国的文庙，明朝要求朝鲜也这样干，但是遭到拒绝。相反，韩国政府刊行了阳明的批判者陈建的著作《学蔀通辨》。1610年，韩国本国的五贤配享于文庙。这充分地体现了韩国儒学的自觉的主体意识和独立意识。

其三，关于四端七情问题的大辩论的展开。不难发现，第三个原因才是根本的，而这和韩国朱子学"双璧"李退溪和李栗谷关系极大。退溪在1559—1566年间和奇高峰（1527—1572）展开了首次四端七情大讨论，[27]使得韩国朱子学发展出了独特的学术问题。1572年，栗谷和成牛溪（1535—1598）就四端七情问题展开了第二次大辩论，而且在这一过程中还把道心人心问题与四端七情问题绾合起来，这就把四端七情问题锁定为韩国朱子学的枢轴问题。此后三四百年间，四端七情问题成为韩国朱子学的基本问题。"朝鲜时代儒学者的头脑的70%—80%消耗于四端七情论，朝鲜儒学的相关著述的核心即是四端七情论。"[28]在本文看来，李退溪和高峰的四端七情之辨标志着朱子学的中心开始转移到韩国，而李栗谷和牛溪的四端七情和道心人心之辨则标志着朱子学的中心已经完全转移到韩国。

4.首次中心转移的意义

朱子学中心转移出中国而抵达朝鲜半岛，意义非凡。就中国而言，则失去了此前保持了近350年的朱子学（思想原创）中心地位。总结中国的经验教训，以及借鉴韩国把朱子学成功在地化发展，都颇有意义。此外，凸显核心问题意识的重心转移说，使得我们聚焦于韩国儒学中1547—1627年这关键的80年。与此同时，以两次四端七情之辨为中心，分析重心转移这一过程在二十余年间（1547—1572）如何迅速地完成，也是一件颇为有趣的事情。

三、朱子学中心的再次转移

上文揭示朱子学在16世纪中期所经历的首次重心转移的过程、表现及其意义。那么,此后朱子学的中心是否还经历过类似的转移呢?我们的答案是肯定的:大致在17世纪上半叶,朱子学中心再次发生了转移,即从朝鲜半岛转移到日本列岛。

1.韩国为何在17世纪上半叶丧失朱子学中心地位

"朝鲜时代的性理学,发展到明宗(1546—1566)、宣祖(1567—1607)之世,名儒辈出,可谓儒学的全盛时代。"[29]可惜好景不长,此后韩国在短时期内先后经历了日本丰臣秀吉入侵的壬辰倭乱(1592—1599)、皇太极入侵的丁卯胡乱(1627)和丙子胡乱(1636—1637)三次外敌大规模入侵,社会经济等元气大伤,逐步走上了下坡路。[30]此其一。可以发现,这里侧重从政治、经济和军事等非学术领域寻找原因。

其二,17世纪早期韩国朱子学学派形成,或者说韩国朱子学分化为两大学派:退溪学派和栗谷学派。两大学派在学术上彼此争鸣,政治上相互攻击。换言之,韩国的学术与政治的结合非常紧密。这就导致学术求真意识削弱,学术遭到政治派系倾轧的严重影响。18世纪初的人性物性异同论之争其实是栗谷学派的再分化。教条化了的韩国朱子学,逐渐失去了活力,这就导致此后三百多年时间里朱子学在韩国缺乏明显的进步。

2.日本为何能够取代韩国成为朱子学中心

日本何以能够取代韩国成为朱子学中心呢？原因在于韩日的政治和学术条件的变化，关于韩国的原因上文已经予以了扼要分析，现在分析日本的相关原因。

在我看来，日本朱子学崛起的原因有二。

其一，1603年德川幕府建立之后，日本结束了战国年间的近200年的国内混乱，实现了此后二百六十多年的和平与繁荣。著名学者福山告诉我们，此间的日本甚至给人以一种历史已经终结了的错觉。德川政府的建立需要有正当性证明，而朱子学就是一个很好的工具。与此同时，也可以利用朱子学打击日本此前占主导地位且已经腐败了的佛教。不难发现，德川日本和李氏朝鲜，建立新政权前都是佛教占据思想和学术的主导地位。其实，在新儒学崛起之前的中国又何尝不是如此呢？看来，东亚三国的近世都是通过和佛教搏斗并制服佛教而实现的。

其二，经过对中韩朱子学的长期吸收，日本朱子学实现了在地化发展，取得了长足进步。在13世纪，朱子学就逐步传播到了日本，不过那时它是依附于禅宗而存在的。"禅儒一致论"就是对这个事实的反映。德川初期日本的朱子学学者，大多出身禅宗僧徒，比如藤原惺窝（1561—1619）和林罗山（1583—1657），此后回归六经。日本哲学与思想受到明代中国的巨大影响，比如朱子学和阳明学先后传入日本并取得重要地位。日本朱子学和阳明学作为中国思想本土化的产物，和李氏朝鲜与中国本部有明显的授受关系。比如，德川朱子学的诞生就受到了朝鲜儒者姜沆（号睡隐，1567—1618）的影响，而姜氏是韩国大儒成浑（号牛溪）的学生。1598年，38岁的藤原惺窝去拜访被掳入日本的朝鲜朱子学者姜沆。姜氏对后者的影响主要表现在两个方面：一是反佛教，"夫庋天理、废人伦，何以谓之真？"〔31〕二则是把李退溪等人所理解的朱子学传给了惺窝。其实，日本朱子学的始祖并不死守程朱教条，比如佐藤一斋就曾经说过："我邦首倡濂洛之学者为藤公（即惺窝），而早已并取朱陆如此。"〔32〕惺窝的门徒林罗山则是朱子学官学化的第一推手。陈来甚至认为，"林罗山的出现，标志着17世纪以后的朱子学中心开始向日本转移，朱子学从此在日本获得了进一步的发展。"〔33〕林罗山的哲学倾向为理气合一和神儒合一，他也批评阳明学，有阳明出而皇明之学大乱矣的感叹。需要指出的是，神儒合一的倾向在山崎暗斋（1618—1682）那里表现得更为明显。

3.朱子学中心再次转移的意义

继在佛教领域日本取得了大发展之外，在朱子学领域，日本也成为东亚的中心。如上文所言，阳明学也存在一个中心转移现象，这次是直接从中国到日本。那么，日本何以在德川时代先后成为东亚朱子学和阳明学的中心呢？之所以如此，是因为日本很少受教条主义的影响，实用性比较强，其主体性也强。在这种情况下，更能主动地有选择地吸收对其有用的事物。对于阳明学来说，还有一个特殊原因：1644年明清鼎革，许多中国学者视阳明学为明亡的祸首，故而导致其在入清后的中国迅速衰竭了。就朱子学而言，其中心出现了中国、韩国和日本的依次转移，是非常独特的一种思想现象，值得予以更深的发掘。就本文的主旨而言，朱子学中心的再次转移说明了朱子学具有强大的生命力和在地化发展的能力。从哲学角度来看，证明了朱子学具有一个明确的普遍主义向度。在建成人类命运共同体之前，首先在东亚实现东亚命运共同体是完全可能的，其基础之一就是三国所分享的共同的文化与哲学——朱子学。

4.对第二次中心转移的可能的反驳及其回应

或许，有人会提出质疑：不存在所谓的第二次中心转移，换言之，朱子学的中心就不曾离开过韩国。我将以同情地理解的方式阐明其理由如下。

第一，韩国儒学在18世纪初还出现了湖洛论战，19世纪有心说之辨，而且接近20世纪时还有艮斋田愚与寒洲李震相的论战，这些都说明其有强大的生命力。在这种情况下，怎么能说韩国朱子学在十七世纪中叶之后缺乏进步和发展呢？

第二，反观日本朱子学，大都是对朱子思想的简单叙述，根本就没有创造性。比如，有人就这样评价日本的朱子学派，"除了叙述或者敷衍朱子学说之外，别无其他……作为朱子学派之人，不得不忠实崇奉朱子学说。换言之，是朱子之精神奴隶。因此朱子学派之学说几乎不可避免地千篇一律。"[34]没有创造性，谈何朱子学中心？不是中心，何谈中心的转移？

对此，本文扼要回应如下。

第一，韩国儒学在17世纪以后的发展固然是对朱子学的一些逻辑可能性的揭示，在一些论题上还构成了论辩，但是这无法否认其思想基调其实已经在16世纪中期就确定了。简单地说就是从理气形而上学的角度分别去考察情（四端七情）、心（道心人心）等。虽然此后还有花样翻新，但是理论价值和学术意义有限。

第二，日本朱子学并非像个别人认为的那样依葫芦画瓢，而是也有着重要的创造性。比如林罗山的理气观就不同于朱熹和王守仁，而是具有自己独特的理路。而且，日本的朱子学发展不强调引入原汁原味的朱子学，而是试图一边引进一边创造。换言之，就是把朱子学和本土的神道结合起来，从而实现朱子学的本土化和神道的理性化。这点在山崎暗斋那里体现得尤其明显。而这，正是韩国朱子学所欠缺的。

四、中心转移的动力机制

在短短一百余年的时间里，朱子学中心在东亚就经历了两次转移。应该说，这种现象在东亚和世界都是非常罕见的。人们会自然地产生如下疑问：中心转移的动力机制何在？这就是下文所要试图回答的问题。

1. 动力机制的阐释

中心转移说的成立，需要说明其外在助缘与内在动力，而对内在动力的说明相当程度上就需要上升到历史哲学的高度。在这种情形下，"天理及其实现方式的不同"就成了基本的问题意识。当然，动力机制其实也就是一种因果解释。

第一，理是朱子学的首要概念，以它来说明其他一切概念而自身不需要其他概念来说明。周代确立了天以取代殷商的帝或上帝，天和理其实是同一对象，故而朱熹有天即理也[35]的命题。那么，天理的内容是什么呢？在传统朱子学者看来，理就是仁义礼智信等儒家的价值。而这些价值，绝不仅仅适用于中国人，也适用于一切人。而一切人，不言而喻地包括韩国人和日本人。在天为理，在人与物为性。而性即理也，故而理也在人，具体来说就是在心，所谓"心者性之郭廓"是也。对于朱子学来讲，心具众理。心有个体性的特征，那么作为一个群体的民族或国家是否可以在比喻的意义上使用心这个概念呢？如果答案是肯定的，那么天理在一个群体之心中是否会有不同的表现呢？

第二，理的表现的重点不同。根据朱子的思想，理气化合产生万物，当然也包括人。但是，有的人禀受得仁多一些，有的人禀受得义多一些，有的人禀受得忠多一些。对于个体的人来说是这样，对于群体的人来说也应该如此。就此而言，东亚三国对仁义礼智信等天理的禀受也存在差异。比如，中国更重视仁爱的仁，而韩国更重视民族大义的义，而日本则更重视公忠体国的忠。[36]就此而言，可以说天理在中韩日三国的具体表现形态或重点存在明显差异。问题在于，为何会有这样的差异？即便存在上述差异，这又和朱子学的中心转移有什么内在的关系？对于这些问题的答案，需要在其社会政治中去寻找。

第三，明清时代东亚三国专制程度对于朱子学中心转移的影响。一般认为，秦汉以来的中国政治制度为君主专制。不过，钱穆对此提出了异议。在他看来，中国只有到了明清才是真正的专制。其基本理由在于1380年朱元璋废除了外庭的宰相制度，而由皇帝直接领导六部。钱穆的明清专制说，或可说明中心转移的原因之一。就李氏朝鲜的政治制度来看，也大体上可以视为君主专制。但是，在韩国存在文武两班制度，而两班属于贵族阶层。贵族是世袭的，这就很大程度上构成了对王权的限制。就此而言，韩国的专制程度比明清中国要轻。至于德川日本，其政治制度是典型的封建[37]分权制度，万世一系的天皇作为国家的象征而存在，故而是虚君，实际权力掌握在幕府的将军手中。将军掌握中央政府，作为地方诸侯的大名则控制着地方权力。这类似于西欧意义上的封建制度，其特点是分权。权力继承的方式是血缘，故而也是世袭制的。比如，林罗山的子孙就世袭德川日本儒官（大学头）一职。不难发现，东亚中韩日三国的专制程度是逐渐减弱的，而这也是朱子学中心转移的方向，这不是偶然的！

2.何以需要历史哲学

历史哲学，大都是目的论的，即认为历史有其自身的目的，而不是一堆僵死的材料。我们以天理及其实现方式作为基本的历史哲学预设去考察中心转移，这就需要将历史与理论有机地结合起来。而如何切实地做到这一点，则构成了我们这项研究之成败的关键所在。应该说，天理本身就体现了规范性，其和反专制或自由具有密切的联系。而本文在一定程度上为封建正名，其出发点便基于自由。秦汉以后的中国，封建、井田等理想依然活在一部分儒者的心中。西方有封建不是自由的敌人，而是自由的朋友的说法。这些都说明天理有一个自由向度。因而有关朱子学的重新建构，必须预设一种历史哲学层面的思考。而这种思考，如果不把自由纳入其中，那么其方向可能就是错误的。

五、余　　论

到此为止，我们对朱子学的中心转移说已经予以了扼要的分析。但是，有三个相关问题依然需要关注。

1.朱子学中心的消失

或许有人会产生疑问：难道世界朱子学的中心自十七世纪上半

叶以来就一直在日本吗？回答是颇为辩证的。1790年的宽政异学之禁，意味着日本朱子学的衰落。[38]衰竭了的日韩中朱子学说明朱子学中心消失了。换言之，朱子学在日本江户时代占据了非常重要的地位，其在1628—1790年甚至成为世界朱子学的中心所在。在本文的论证中我们并没有区分"重心"和"中心"，而是视其为实质相同，故而经常互换使用之。但是正是在中心可以消失而重心无法消失这个意义上，两个词语是有明显区别的。其实，这也是论文题目选用的是中心转移而不是重心转移的最为关键的理由所在。

2.朱子学中心是否已经重现

从历史上看，朱子学先后在中韩日成为官学，从而和权力结下了不解之缘。正如道安所云："不依国主，则法事难举。"[39]而从现代来看，由于政治国家和市民社会的分离，学术很大程度上需要脱政治化而与权力保持距离。对于朱子学来说，更是如此。近七八十年来，平民化的朱子学研究与创造在东亚和世界上都方兴未艾。特别需要指出的是，20世纪40年代前后冯友兰开创了新理学，21世纪一些学者也在进行相关的理论建构，比如陈来的仁学本体论等，这是否意味着中国重新成为东亚（以及世界）的朱子学中心呢？！

3.本文对陈来观点的修正与发展

还有一个问题需要说明：本文和陈来的论断的基本差异何在？在陈来相关论断的基础之上，本文系统地证明了发生在16世纪、17世纪的两次朱子学重心转移现象。换言之，试图将其建构为一套较为精密的能够自圆其说的理论。不难发现，我们并没有盲从陈来的看法，而是在几个基本方向上不同于他。其一，凸显了罗整庵的地位。我们以为，作为明代最有影响力的朱子学者的去世，标志着中国朱子学丧失中心地位。其二，不同于陈来"李退溪的思想体现了朱子学的中心在16世纪已转移到韩国"[40]的单一判断，我们认为退溪和高峰之间长达8年之久的首次四端七情之辩标志着朱子学中心转移的第一步，而栗谷和牛溪在1572年进行的二次四端七情之辩才标志着朱子学中心转移的第二步（完成形态）。其三，分析了重心转移的内外条件。此点不再赘述。其四，陈来以为，"林罗山的出现，标志着17世纪以后的朱子学中心开始（黑体字乃笔者加）向日本转移，朱子学从此在日本获得了进一步的发展"。我们以为，山崎暗斋的思想标志着此次中心转移的正式完成。理由之一是暗斋把日本的传统的神道朱子学化，从而创立了垂加神道。这就导致了朱子学的弥散式发展。理由之二则是他特别强调师道尊严，而这在日本还算是首次。1658年，日本当时的诸侯（大名）井上侯欲见暗斋，暗斋却说道："侯若欲问道，先来见。"[41]又比如其门下三杰之一的佐藤直方曾经回忆道："昔师事暗斋，每到其家入户，心绪惴惴如下狱，及退出户，则大息似脱虎口"。[42]一般认为，师严而后道尊，师道立则学者兴[43]。其门徒甚多，或达六千人。理由之三是暗斋颇有思想上的独立性。他曾经问弟子们："方今彼邦（中国）以孔子为大将，孟子为副将，率骑数万来攻我邦，则吾党学孔孟之道者，为之如何？弟子咸未能答。曰：不幸若逢此厄，则吾党身被坚手执锐，与之一战，擒孔孟，以报国恩。此即孔孟之道也"。[44]这种强调精神的自主性，在韩国儒学中是不多见的。其五，本文进一步把日本朱子学黄金时期结束的标志确定在1790年的"宽正异学之禁"。1790年之后的100多年里，中日韩三国的朱子学都衰落了，导致没有了朱子学中心。换言之，东亚的朱子学中心消失了。最后，本文对中心转移的动力机制予以了一定的分析。

（作者系厦门大学哲学系教授、博导，中国朱子学会秘书长）

注释

〔1〕需要指出的是，"朱子学的中心转移"现象并非笔者所单独发现，此前陈来教授就有过相关的论断，具体论述参阅氏著：《宋明理学》，沈阳：辽宁教育出版社，1991年，第343页；《近世东亚儒学研究》，北京：北京大学出版社，2018年，第338页，以及该书《序言》的第3—4页。本文所做的主要工作是，试图把陈氏的论断发展为一套较为严密的系统的学说。

〔2〕[明]罗钦顺：《困知记》，阎韬点校，北京：中华书局，2013年，第47页。

〔3〕《辞海》第七版，上海：上海辞书出版社，2020年，第5763页。

〔4〕郑学檬：《中国古代经济重心南移和唐宋江南经济研究》，长沙：岳麓书社，1996年，第一章和第二章。

〔5〕《辞海》（缩印本），上海辞书出版社，1999年，第103页。

〔6〕《辞海》第七版，第5852页。

〔7〕[清]顾炎武：《日知录》，严文儒、戴扬本点校，上海：上海古籍出版社，2012年，第525页。

〔8〕[清]张廷玉等撰：《明史》卷282，北京：中华书局，1974年，第7222页。

〔9〕《明史》卷282，第7229页。

〔10〕[明]黄宗羲：《明儒学案》卷一，沈芝盈点校，北京：中华书局，2008年，第14页，

〔11〕[明]胡居仁：《居业录》卷三，台北：商务印书馆，1986年，第317页。

〔12〕黄宗羲：《明儒学案》卷二，第35页。

〔13〕[明]陈献章：《陈献章集》卷二，孙通海点校，北京：中华书局，1987年，第133页。不过，《明儒学案》引用此条时修改为"静坐中"。改后更好。

〔14〕容肇祖：《明代思想史》，郑州：河南人民出版社，2016年，第183页。

〔15〕《明史》卷282，第7222页。

〔16〕《明史》卷282，第7244页。

〔17〕陈来：《宋元明哲学史教程》，北京：三联书店，2010年，第390—391页。

〔18〕[韩]李滉：《退溪集》卷四十一，《韩国文集丛刊》第30辑，首尔：景仁文化社，1998年，第414页。

〔19〕[韩]李珥：《栗谷全书》卷十，《韩国文集丛刊》第44辑，首尔：景仁文化社，1996年，第216页。"近观整庵、退溪、花潭三先生之说，整庵最高，退溪次之，花潭又次之。"

〔20〕林月惠：《罗钦顺与日本朱子学》，《湖南大学学报（社科版）》2012年第1期。

〔21〕钱穆：《宋明理学概述》，北京：九州出版社，2010年，第331页。

〔22〕[美] 狄百瑞：《东亚文明：五个阶段的对话》，何兆武、何冰译，南京：江苏人民出版社，2012年，第55页。

〔23〕[韩] 琴章泰：《韩国儒学思想史》，韩梅译，北京：中国社会科学出版社，2011年，第94页。

〔24〕杨祖汉：《从当代儒学观点看韩国儒学的重要论争》，台北：台大出版中心，2005年，第1—61页。

〔25〕[韩] 卢守慎：《稣斋先生内集 下篇 惧塞录 甲二》，《韩国历代文集丛刊》第35辑，第369页。

〔26〕[韩] 李滉：《退溪集》卷四十一，第419页。

〔27〕李明辉：《四端与七情：关于道德情感的比较哲学探讨》，上海：华东师范大学出版社，2008年，第159—196页。

〔28〕[日] 高桥亨：《李朝儒学史に於ける主理派主气派の発达》，载京城帝国大学法文学部编。

〔29〕林月惠：《异曲同调：朱子学与朝鲜性理学》，第239页。

〔30〕[英] 崔瑞德 [美] 牟复礼编：《明代中国与朝鲜的朝贡关系》，《剑桥中国明代史》（下）第五章，北京：中国社会科学出版社，2006年，第266—274页。

〔31〕转引自朱谦之：《日本的朱子学》，北京：人民出版社，2000年，第179页。

〔32〕转引自[日] 井上哲次郎：《日本朱子学派之哲学》，万丽莉译，北京：中国社会科学出版社，2021年，第13页。

〔33〕陈来：《近世东亚儒学研究》，第338页。

〔34〕井上哲次郎：《日本朱子学派之哲学》，第354页。

〔35〕[宋] 朱熹：《四书章句集注》，北京：中华书局，1983年，第65页。

〔36〕陈来：《近世东亚儒学研究》，第346页。

〔37〕为封建社会的用法。具体论述可以参阅冯天瑜：《与三先生议"封建"》，《人文论丛》2020年第1辑，第3—10页。

〔38〕第三期朱子学（即1790年之后到1867年）"作为学问仅仅是第二期之微弱表现，未留下任何明显印迹。"[日] 井上哲次郎：《日本朱子学派之哲学》，第354页。

〔39〕转引自汤用彤：《汉魏两晋南北朝佛教史》，北京：北京大学出版社，1997年，第142页。

〔40〕陈来：《近世东亚儒学研究》，第338页。

〔41〕井上哲次郎：《日本朱子学派之哲学》，第225页。

〔42〕[日] 佐藤直方：《先达遗事》，转引自[日] 井上哲次郎：《日本朱子学派之哲学》，第229页。

〔43〕钱穆：《中国近三百年学术史》（上），北京：商务印书馆，1997年，第3页。

〔44〕[日] 原念斋编：《先哲丛谈》卷之三，转引自[日] 井上哲次郎：《日本朱子学派之哲学》，第240—241页。

儒学化的神道体系建构
——论雨森芳洲之"圣统"

◎刘 莹

雨森芳洲（1668—1755）作为长期活跃在中朝邦交第一线的对马藩儒，其外交与翻译思想一直备受学者称赞，而"朝鲜外交的专家"以及"开明的外交官"已然成了定型的"芳洲像"。实际上，除了广为人知的外交家的身份之外，作为"木门十哲"之一，他还被其师木下顺庵评价为"后进领袖"；作为"朱子学正统派的硕学"，古文辞学派开创者荻生徂徕亦评论说，"洛有伊元藏，海西有雨伯阳，关以东则有室师礼"，将芳洲与伊藤仁斋、室鸠巢并举，足见芳洲在当时日本儒者心中的地位。芳洲师从顺庵，有着良好的理学修养，然而与同门的室鸠巢或新井白石专崇朱子学不同，他不仅崇尚儒学，更以儒学思想为根基，构建起了较为完整的神道体系。芳洲曾言，"吾平生文字，只有《大宝》一说耳"，所谓的"大宝"，即是指神道。芳洲所论的神道，无论从形式到内容，皆以儒学为其底色，因此我们可以称之为"儒学化的神道"。本文即是从儒学史的视角出发，从"圣统"、圣学、圣职三个维度，尝试论述芳洲儒学化的神道体系。

一、圣统

作为日本本土的传统宗教，神道有着颇为复杂的形成过程。而且因为神道思想中往往夹杂着儒释道等多重因素，导致在不同人物的思想体系中，其存在的具体样态差异颇大。从芳洲的思想来看，其以儒学思想为本体建构神道思想的意图非常明显。具体而言，从建构宗教体系的意图出发，逻辑上首先需要寻找到神圣性的来源，从而为整个思想体系固定一个支点或者中心。对于芳洲而言，要借助儒学的体系重塑神道，那么木门所传的理学的形式以及内容就显得尤为重要。简言之，理学之判教极重"道统"，芳洲即以之为基底，构建起了以神器为核心的日本神道圣圣相传之统。

圣人财成辅相，为之制度，极尽乎爱护养育之道，则天之报复其子孙者，犹如良守令之析圭担爵，传世而不绝也。在昔三代之有天下，或四百，或六百，或八百，其国祚之长也，岂非天之报复者耶？唯我国前有七圣，后有五圣，积德累善，率真为治，以清净之心，行和煦之政。巍巍乎，荡荡乎，养成一国万世仁寿忠质之俗。

从以上论断可知，芳洲显然也接受了儒学"福善祸淫"的主张，认为三代之盛况必是出于圣人爱护养育天下之心。引文中提到的"前有七圣，后有五圣"，即是芳洲模仿中国的道统，塑造出的日本圣圣相传之序列，正是由于他们"积德累善，率真为治"，才养成了日本不断绵延的仁寿忠质的风俗。通常日本的儒者并不会主张日本如中国一样也有圣人，毕竟制礼作乐才是衡量圣人与否的终极指标，然而芳洲却非常强调日本也有圣人。

或曰："我国无圣人。"曰："前有七圣，后有五圣，何谓无圣人乎？"曰："其教如何？"曰："其仁明武乎。""何谓唯一？"曰："允执厥中。""何为清净？"曰："祓而能，祓之而不已，则污秽除。污秽除，则清净复。清净者，本原澄澈，心德之明也。正直者，功效之著也。"

芳洲并未直接指明所谓的前七圣和后五圣究竟为何人，不过当有人问及"古今当以何人为第一"的问题时，芳洲回答说"其菅丞相乎？观其制作，皆非众人所能。"由此看来，可以推测菅原道真或可为芳洲心目中的日本圣人之一。回答中的"制作"颇具深意，既然"作者之谓圣"，而芳洲又以菅原道真能"制作"，那么以之为圣人也就在情理之中了。对于日本圣人以何为教，芳洲答之以"仁明武"，而这即可视为圣圣相传的核心内容。除了圣人传统的序列之外，更为重要的是所传的内容。一般而言，"十六字心传"（"人心惟危，道心惟微，唯精唯一，允执厥中"）是"道统"的核心精神。仿此格局，芳洲也寻找到了日本神道圣圣相传的根基：

窃惟三宝之设也，一曰玺，二曰剑，三曰镜。玺者，仁也。剑者，武也。镜者，明也。明以烛之，武以断之，而仁以成之。上之所守，下之所宣，圣圣相传，际天蟠地。我东之所谓神道者，舍此乎何求？

芳洲明确指出，日本所谓的神道，即以玺、剑、镜这三种神器为中心。三种神器的出处虽源于古代神话，然而却已然成为神道中不可或缺的圣物。芳洲将其分别与儒学中固有的概念相对应，即玺——仁，剑——武，镜——明，这就与纯粹作为宗教的神道相区别开来，成了带有儒学色彩的神道。芳洲不仅赋予了神器以儒学的色彩，并且非常强调这种"圣圣相传"的过程：

夫天下之大，四海之广，非仁则不育，非明则不浊，非武则不整。此乃天理之常，而帝道之规也。窃惟上古神圣之道，所重在乎三器也已。尧舜之授受著于言，神圣之传继托于器。嘻！大矣乎哉！三器全备，则天下大治。一不备则倾，二不备则危，无一焉者亡。

从以上引文可知，芳洲对理学的"道统"和神道的"圣统"做出了区分，即尧舜授受之际相传者为"言"（"十六字心传"），而神道所传则是"器"。"尧舜之授受著于言，神圣之传继托于器"，这应该可以视为芳洲仿效"道统"以立神道之统的明证。当然，无论是"言"还是"器"，都代表着实现天下大治的关键。就神器而言，玺代表着仁，剑代表着武，而镜代表着明，他们分别发挥着育、烛和整的效用，也就是说关系着万物的繁育、光明的照耀以及国土的完整，因此缺一不可。

除了将神道中最具象征性的三种神器儒学化之外，对于神器所存之地日本，芳洲也不遗余力地进行了儒学式的神圣化。一般而言，在神道思想中，日本人是居住在高天原上的天照大神的后裔。然而在芳洲看来，日本作为神土的优越性，并非源于为神的后代所居住，而在于圣人孔子的青睐。《论语·子罕》篇有载，"子欲居九夷。"芳洲以此做文章，认为孔子欲居的"九夷"即是日本：

中原之人，喜为夸毗，动辄鄙陋乎四方之国，甚者至于比为禽兽。然其言曰："南蛮从虫，北狄从犬，西羌从羊，惟东夷从大从弓，俗仁而寿。"我东用大弓，其来尚矣，万国之所无有也。仓颉制字之始，已知东方有君子之国，故指事成划，书之以"夷"字。是以君子待之也。比诸羌狄，视为异类者，奚啻天渊。然则我东之闻于中原，在于唐虞之前，其当七五之季世耶？孔子尝曰："少连、大连善居丧，东夷之子也。"既而欲居九夷，曰"君子居之，何陋之有？"亦闻我东有仁寿之俗也，所谓"九夷"，盖"九筑"也。

对于"九夷"，朱子注为"东方之夷有九种。欲居之者，亦乘桴浮海之意。"芳洲以《说文解字》的造字规则为依据，认为无论是蛮、狄还是羌，均与虫兽相关，唯有夷字，"从大从弓，俗仁而寿"，不仅不带任何贬义，甚而有褒奖之义。因此芳洲以为所谓的"东夷"，并不与其他非中华之地的称呼相类，不仅不是异端，而且是连圣人都赞许之地。而孔子想要居住的"九夷"，就在日本本土之上。如此，芳洲就把神国日本塑造成了君子之国、仁寿之国，是圣人所愿居住之地。具有仁、寿风俗之日本，甚至可以超越中国的三代：

> 呜呼，盛矣哉！夫我之为国也，太阳之所由始而在于地之东。或曰"君子之国"，言其仁也。或曰"东方之寿域"，言其龄也。仁者，天地生生之理也，在方则为东，在时则为春，我在于地之东而当于春，此其所以仁也欤！

"日本"名为太阳所出之地，日出之地当然居于最"东"，"东"在《易》中又对应春，而春为万物复苏生生不息之季节，此即所谓的"生生之谓易"。因理学崇尚"生生"的意趣，故而芳洲以此论证日本所处地位之优越。除了地理优势之外，日本为岛国，在古代虽然面临着交通受限的不便，却也因此而具备了防止外国入侵的天然屏障：

> 夫上下欢洽，甘其食，美其服，乐其俗，安其居。世无刻薄之风，人有慈悯之心，国之为形，屹然立于瀛海之中，未尝受干戈于外国。皇皇如，熙熙如，举域内之民，相安于无事之境，安有中道夭折之患？嗟乎！仁而寿者，非君子之国，其能然乎？

芳洲以儒学理想中的三代之世为蓝本，描绘出了一个不受外侵，圣人仁治，百姓安居乐业的图景。在此图景之中的日本即便说是"远超三代，蔑视汉唐，寔有非天壤间万国之所能仿佛者"也不为过。然而，儒学史上之所以崇尚三代，非常重要的因素是三代之时有制礼作乐之文明。与此相对，日本尚武，在礼乐文治方面并无与中原相媲美的文明，对此，芳洲以文质的关系解之。

神道有三。一曰神玺，仁也。二曰宝剑，武也。三曰镜，明也。我东尚质未有以文之者。虽然，深信笃行而有得焉，则何必言语文章之为哉？或不得已而欲求其说，则求之孔门六艺之学可也。所谓三器者，本经也。邹鲁之所述者，我注脚也。人或有杂以释老异端之说者，其去神道也远矣。

这就明确地表明了在芳洲的思想中神道与儒学之间的紧密关系。概言之，三器为经，而儒学为神道之注脚。所谓的三器本经，应该是说神器与儒学中的经典一样，为圣圣所相传而为常为本。所谓的儒学注解神道，则可以视为以儒学建构神道的体系。"神代一卷，不可以不尊重，其为言也，辽澜奥颐，弗究可也。人欲求其的确，可谓无识矣。"儒学既然是注脚，那么神道的中心地位是不言而喻的。神道尚质而无文，故不可探其究竟，这是作为非合理的宗教的神道，而借助儒学则可以阐扬儒学化后合理主义的神道，也正可以弥补日本在"文"上的缺憾：我国富强醇厚，未必让于齐鲁。而拈毫弄翰之美，终有愧于鸡林矣。夫天之生人也，古今同一理也，华夷同一气也。则蕴而为道德，发而为文章，何独有少于我国哉？

所谓"鸡林"是指当时的朝鲜，芳洲讲的"有愧"，是认为朝鲜当时的"文"胜于日本。不过，从理学的角度而言，既然古今同理、华夷一气，那么理论上只要勤于学文，日本人也可以写出与朝鲜甚至中国相媲美的文章。

通过以上论述可知，仿照儒学"道统"的格局，芳洲塑造了以神器为中心的圣圣相传的神道之"圣统"。芳洲不仅借助儒学将神器进行了神圣化，而且也将日本塑造成了孔子向往的"九夷"之地。既是圣人向往之地，那么日本就非但不是与南蛮、北狄、西羌等中华周边并列的蛮荒之地，反而是君子之国、仁寿之地。在芳洲勾勒的图景中，日本不曾受外国入侵，百姓安居乐业，足可以与圣人治理的三代媲美。如此，芳洲已然通过儒学将神器和日本都进行了儒学式的神圣化。

二、圣　教

在芳洲的认识中，日本是既仁且寿的君子之国，神器圣圣相传，然而文却不若朝鲜，因此必须努力学文，此即为圣教的展开。至于学习的目标，"余平素揭示书生曰：'学者所以学为人也。'自以为一生所得，只有此一句。""学者所以学为人也"，此语原出尹焞，朱子以为切要之言，芳洲也以为至要，并进一步论述"为人"道：

> 盖学问之道，非止一端，然探其本而提起要，则不过乎知人之所以为人之道而已矣。何者为人，何者不为人，必也孟子所谓大丈夫者，然后乃可以谓为人，舍之则非人也。

简言之，芳洲将学习为人的目标定在了孟子的"大丈夫"上。孟子所谓的"大丈夫"，具有富贵不能淫，贫贱不能移，威武不能屈的坚定心识。除了孟子式的大丈夫之外，芳洲还非常强调儒学中的"明伦"：

> 夫为学之道，唯以明伦为重。夫子所谓行有余力，则用学文，亦斯也已。世降俗敝，人不知本。彼其以文词自喜，博杂自夸者，藻言缋语非不美也，汗牛充栋非不勤也，而于道德毫无干涉。间有以经学自名者，亦不过于寻章摘句，唔咿讲诵以应故事而已。夫为人师而不以明伦为教，则师之罪也。为人弟子而不以明伦自力，则弟子之过也。

寻章摘句两种做学问的方式。芳洲明确地将学问分为了三等："学业有三等，一曰经学，二曰史学，三曰文学。"芳洲指出，虽然经学包括了整个十三经，然而"近世专以新注为主，该贯淹通无不浃洽。若夫古注，只备检阅，不消诵习。"所谓"新注"，即是指朱子学了。芳洲非常重视四书，尝有言，"读《大学》，立入德之门。读《论》《孟》，触类旁通，晓天下之故。读《中庸》，识透根底，知道之大原出于天。只此四书，勾矣。"芳洲虽然重视朱子学，但在处理三教之间的关系上，表现出了非常包容的心态：

> 夫至理之所在，见识明而本心正，则天下无可废之学，亦无可退之术。兼容并包，统会融通，咸可以为正修治平之资。今夫芫菁斑猫，杀人之物也，医官犹收之于药笥。彼其恶而斥之固是也，然收而藏之，亦未必非也。

"兼容并包，统会融通"，如果能做到见识明本心正，那么天下无废学。芳洲虽然崇尚儒学，追求神道，然而能有这样超然于门户的见识，确实值得肯定。在这种"无废学"的思路下，三教各司其职，皆可以融会贯通：

> 老聃者，虚无之圣者也，释迦者，慈悲之圣者也，孔子者，圣之圣者也。三圣人之言形而上也，不谋而合，盖天唯一道，理无二致故也。其言形而下也，则差矣。

这实际上是"理一分殊"的思路。从一理的角度而言，老聃、释迦、孔子皆为圣人，形而上之学并无二致，他们的差别不过是形而殊。

> 曰："'上天之载，无声无臭。'无声者，无形也，无臭者，无体也。佛家谓之虚空，道家谓之自然，儒家谓之理。"曰："然则三家同门乎？"曰："立教有异，自修不一。五官四肢谓之体，凑而名之谓之形。"

对于形而上之无形无体，佛教称之为虚空，道家释之为自然，而儒家则名之曰理，这在芳洲看来，名虽不同而实指却无差异。不过，虽然程朱也讲理一分殊，然而却不讲三教一致，对于这种差别，芳洲有其自觉：

> 老释之于我道也，立教有异，自修不一。余尝言三圣一致而未敢言三教一法也。然为斯言也，自知其为洛闽之罪人也。

即便是自知己为洛闽之罪人，芳洲仍然不断强调"立教有异，自修不一"，而且认为此是他毕生所学之心得。

> 仆不肖窃立三家断案曰："天惟一道，理无二致，立教有异，自修不一。"一生所得，唯有此十六字耳，未知果然耶？否耶？

除了讲求三圣一致之外，作为对马藩的藩儒，"芳洲的学问不仅限于朝鲜、中国的儒学，朝鲜语的造诣亦颇深"，这确实是作为儒者的外交官的中肯评价，不过值得注意的是，芳洲还建立起了一套较为系统的教学方法论。

首先，教人以身教为最优。从历史上来看，三代以后，虽有孔子传经典于后，然而人们通过书本、言语学习到的知识，不过都是记诵辞章之学，这种口耳相传之学最大的问题是心不在焉，"天下之言道者，发诸口而入之弟子之耳，弟子得诸耳而又入之其弟子之耳，口耳相传而心无与焉，何益？故曰：'教之以言，不如教之以身。'"

其次，芳洲强调学习汉语要用直读而非训读的方法：书莫善于直读，否则字义之精粗，词格之逆顺，何由乎得知？譬如一个助字，我国人则目记耳，韩人则兼之以口诵，直读故也。较之，我国人差矣。

汉语的学习需要直读，因为训读会改变汉语原来的句式结构，如此就让口诵变得困难。而要直读，则需要学习唐音，这较之训读当然非常困难。芳洲自己就花费了大半生时间学习唐音：余用心唐话五十余年，自朝至夕不少废歇，一如抟沙难可把握。七十岁以上略觉有些意思，也是毡上之毛了，二三子用工亦当如此。

芳洲是如此自学也如此教学的，他用教学的结果证明了只要努力坚持，直读是完全可以学会的，"人或致疑于直读难通，余教诸生多以唐音，其中直读稍通者不止数人，可见有志者事竟成矣。大体学唐虽云专在习惯，然亦顾其立志浅深，用力勤惰如何耳。"

第三，芳洲之所以强调唐音直读，是因为解经的根本在字义：夫圣贤之道存乎书，书之意在言，言之义在字，字学不可以不明。然字学不可以徒得，必也既能博学，又兼能诗能文，擅名域内，如先生门下鸠巢等诸人者，可以当中华人百分之一，亦难矣。今世所谓经生家者，仅读四书、小学等书，讨论讲说略觉超出庸众，则抗颜为师，以明经自负。彼其字且不识，意何由而通？意且不通，圣贤之道何由而明？

由此，芳洲勾勒出了道——书——言——字的解经模式，而字学是一切的根本。从这个角度而言，日本人正因为未通字义，所以难以领会经典的深意，"日本人字义不通，故读书虽久，识义理终浅。"而要真正习得字义，需要博学诸书，且擅文章，不仅需要熟读四书、小学，还需要广泛涉猎其他经典。

第四，掌握了学习方法之后，还需要持之以恒的坚持，这种坚持需要量化到每一天的努力：年少攻学者，能如宁越之用力，则十年工夫可以为域内之雄矣。盖每日作诗一首，每月做文三篇，读书除四书五经外，一日读半卷，积至十年，当得诗三千六百首，文三百六十篇，书一千八百卷。如是而学不成绪者，未之有也。今年少者名为攻学，而十年之内能勾此数者，千中难得一人。然则虚过岁月，实无一年工夫，与孟子所谓专心致志者殊矣。

芳洲自己就是一个专心致志且坚持不懈的人。

乡人有诽之者曰："叟将近八十，读书不倦，是不自知其学之竟不能成也，可谓愚矣。"曰："活一日，读一日，务欲上前，乃吾党之志也。学之莫能成也，吾知之久矣。"

"活一日，读一日"与今天所倡导的"活到老，学到老"如出一辙，芳洲之勤学可见一斑。当然，芳洲如此用功读书有着明确的目的，"天下之事固无善恶，善用之则为善，不善用之则为恶。……天下之善事莫大于读书，然以君子之心而读书，则为治平之具。"君子之读书乃为治国平天下，而儒学要如何运用到现实的政治中去，则关乎下一节要探讨的"圣职"的议题。

三、圣　职

日本仿效唐制建立起律令制度，然而并未引入开科取士的科举制，这就导致日本的儒者无法直接通过儒学而致仕，因此在日本也有提倡科举的声音，然而芳洲对设立科举制持否定态度。

或曰："科举可行于今。"曰："科举之法，至烦至难，自汉以来，历千百年而后定，唐有李训郑注，弗思而致耳。露之变令，则有子弗思而欲行科举之法，何其粗也？他事姑且置之，能立时文治式者亦且无有矣，何况有难于此者乎？"

在芳洲看来，科举之制"至烦至难"，因此不便于在日本施行。除了制度本身的繁琐艰难之外，还因为中国的儒者将圣贤之书视为了登第的阶梯，"读书学文中国人徒为科举之资"，反而导致"故读书学文之人未必是贤人君子"，如此本来开科取士是为了选拔贤才，然而当圣贤经典被异化为仕途的工具之后，以文章论人选拔出的不过是长于舞文弄墨之人，而非贤人君子，不过是记诵辞章的"俗儒"。

或问俗儒、记诵辞章。曰："俗儒，言世俗之儒，非三代之儒也。记诵辞章，即科举之学也。三代以下，凡仕宦之人，莫不由科举而进，科举莫不以记诵辞章为业。其所以勤力不已者，专在于仕宦而不在道德，是之谓俗儒。记诵辞章儒则谓之俗儒，文则谓之时文，皆非古也。"

在芳洲看来，正是在科举制度的刺激下，产生了记诵辞章之俗儒，这不仅背离了开科取士的本义，也使得讲求道德的儒学变质为了记诵辞章之学。作为科举的替代，芳洲以为"以材艺进者，自文学、射御以致书医卜伶，给以厚禄，终身而止，此法一立，则真材必辈出矣。"以厚禄招致有才者，虽说是放宽了拔擢人才的标准，然而此举简单粗暴，而且以厚禄招才与以仕途吸引人才本质上恐怕并无差别。当然，虽然芳洲提出取代科举的录用人才制度尚有可斟酌的余地，但是他对于科举弊端的认识应该说是中肯的。除此之外，芳洲还设计了圣人在上，四民在下，各司其职的儒学式治理图景。

首先，圣为士之首。"盖天地之道，有治人者，有治于人者，各职其职，互相维持，而后天下至于泰平之境。彼农工商，贱者也，治于人者也。士者，贵者也，治人者也。圣人者，士之首，而以治人为职者也。始于修身而至于平天下，岂非尽其职乎？"芳洲以天地之道为依据，将治人者和治于人者的逻辑正当化。士农工商的等级区分常见于儒者的论述之中，芳洲的特点在于强调圣人本质上也是"士"的阶层，而为士之首。当然，圣人之所以能为士之首，也是因为其思虑高出众人，"思虑高人一等，便为一等之人。等而上之至于圣人，高人不知其几何，所以为万世之教主也。"在圣人的统御之下，所谓平天下的天下太平，就在于各人尽其"职分"。

其次，政事惟在教与养。"夫大道之行乎天下也，无往而不存，无时而不有。明白坦夷，洞然无疑。其见于政事也，唯有教与养而已矣。教者何？正心修身之谓。养者何？衣服饮食宫庐之制。上自王侯，下至黎庶，凡所以自康自乂之道，舍此则无他也。"统治者要想行大道于天下，则需要两个方面的努力，一为教，一为养。所谓的以正心修身为教，就是以儒学为教。

第三，确立四民等级，不可颠覆。"人有四等，曰士农工商。士以上劳心，农以下劳力。劳心者在上，劳力者在下。劳心者，心广志大而虑远。农以下劳力，自保而已。颠倒，则天下小者不平，大者乱矣。"

以上，便是芳洲以圣人为治，四民各安其职的理想之治。然而现实的日本并非如此，尤其是武家时代开启之后，芳洲以天皇一脉为圣统传续的主张无疑受到了巨大的挑战，然而他始终坚持以天皇为首的伦理纲常，"君是纲常之主，只此一句，识得明白便是明君，辅得周到便是贤相，朝夕匪懈，便是良有司。"以天皇为君，那么德川家即便实力在握，位极人臣，也终究是臣，芳洲以批判足利义满和丰臣秀吉的方式，表达了对天皇的尊崇：

> 是故愚妄如义满，强暴如秀吉，举皆低头缩手，不敢垂涎于九鼎，知天命之不可犯，而皇座之不可觊也。由是观之，神胤圣孙，蛰蛰绳绳与生生之理，无穷于霄壤，可不卜而知也。

芳洲与新井白石同出于木门，且其出任对马藩也由白石举荐，虽然二人私交甚笃，然而在"尊王"的立场上，他们却站在了截然对立的阵营。这种分歧在关于"国号"一事的争论中集中地表现了出来。正德元年（1711），白石在迎接朝鲜使节的国书中，建议朝鲜一方把"将军"的称呼恢复为"日本国王"，理由有二：首先，"日本国王"乃旧例，有典可依。其次，林罗山时改称的"大君"，其弊有二，一是有受朝鲜国官职之嫌，二是易与天皇相混。芳洲闻白石此举，即致信辩驳：

> 寻承内议，有称王之举，而其说亦出于执事之主张。仆一闻之，且惊且痛，窃怪以执事之学问见识，素明《春秋》之义，而乖剌颠倒，一何至于此哉？区区褊性，不忍缄默。

芳洲所谓的《春秋》之义，应该是指"尊王"的主张。白石亦讲"尊王"，毋宁说正是因为主张"尊王"，所以才试图以"日本国王"之名替代为人臣的"将军"之名。日本这种名实的混乱与春秋时期周天子势衰而诸侯崛起的历史有相通之处，因此芳洲回顾了这段史实：

> 窃唯国家源平相轧以来，王纲日弛，不绝如线。徒拥虚器，为域内之共主。而世掌兵权者，名虽大臣，实乃国主。爵禄废置，皆出其手。遂使域内之人，不复知有体天并日之圣统，巍巍然据亿

兆臣民之上。冠裳倒置，莫此为甚。

也就是说，自武家时代开启以来，随着武家实力的增强，天皇一脉一直处于势微的状态。所谓"徒拥虚器"，即神器虽然仍掌握在天皇一系，然而实权却旁落。芳洲也很清楚，将军不仅手握兵权，而且掌控着爵禄的升废，因此"名虽大臣，实乃国主"。天下之人只知将军，而不知天皇所代表的圣统，可见名实的倒置助长了圣统的衰微。此种情况下，若是以"日本国王"命名将军，则可以说是对"圣统"的彻底颠覆，因此可以推测芳洲是决计不能接受的：

> 唯有臣子恭顺一节，可以当饩羊之告朔者，不敢公然自称王号于朝鲜耳。夫称我为君而我不辞，我即君也。呼我为臣而我不怒，我即臣也。历代将家不敢自王，而朝鲜称以殿下之书，欣然输纳，未尝为之一辞，是以王自居也。则与夫自王者，固自无间，然此犹有可恕者存焉。今乃废历代特起之定例，创一切无稽之新规，上则失恭顺之义，下则悖祖上之法。吾以为凡为臣子者，固当从容规谏，继以犯争，务使其君不陷于逼上欺下之地，然后乃可谓不负圣贤之书矣。

芳洲从儒学的君臣名分论出发，始终认为天皇是君，而将军是臣。在他看来，只有严格遵循君臣之序才能实现天下大治，"君臣、上下、尊卑、大小各尽其分而已，无侵渎之患，则天下治矣。"之前我们提到了白石反对"大君"称谓的缘由，然而在芳洲看来，"宽永十二年以来，东台书札始用'大君'为号。'大君'，即'家君'。犹言天下诸侯之长耳，非至尊之称也。"也就是说，正因为"大君"之称谓不过是"诸侯之长"，也就是始终位极人臣，所以才不会导致"以下犯上"。芳洲虽然极力宣扬以天皇为尊，然而"芳洲的尊王论并非国粹主义的天皇中心论。京都的朝廷和江户的幕府何者置于上位的问题，于芳洲而言，有着对日本的政治形态和文化关系的深入思考。芳洲是有着以儒家、朱子学为治的王道德治主义考量的儒学者。"这样的定位应该是恰切的，由此看来，芳洲虽然从儒学的名分立场维护了天皇的权威，然而并非民族主义甚或国粹论者。

四、结　语

本文尝试着论述了雨森芳洲儒学化的神道思想。在芳洲的思想中，虽然神道为最高，然而作为一个崇尚朱子学的儒者，他没有如一般的日本神道者或者国学者一般排斥儒学，而是通过儒学将神道进行了系统地重塑。这种建构主要体现在以朱子学的道统为蓝本，创建了以三种神器为中心的日本圣圣相传之统。在儒学化的神道"圣统"之下，日本的神圣性不再源于天照大神的神话，而是源于孔子欲居"九夷"。通过将"九夷"解释为日本的"九筑"，日本成为不逊色于三代的君子之国、仁寿之国。除了重视儒学之外，芳洲对三教采取了"兼容并包"的态度，并明确指出只要"见识明而本心正"，那么天下无废学。除此之外，芳洲还提出了唐音直读、由字入道等一系列较为完整的学习方法。学以致用，将儒学运用到政治实践上即是芳洲对名分论的阐发。芳洲主张以圣人为首之士，要带领四民各司其职。而在日本的现实中，所谓的"君"只有天皇一人，将军无论实权多大，也不过是一介臣子。因此围绕国号问题，芳洲与白石展开了一系列的争论。需要注意的是，即便芳洲尊皇，也与后来的神道学家不同，他始终是以儒学为论据展开论述的，这也是其神道论已然儒学化的表征。

虽然在芳洲的体系中儒学或许只是神道的注脚，但是如果没有这个注脚，神道也无法实现理论化和体系化。芳洲在将日本神圣化之时，为了抬高日本的地位，往往有与中国抗衡的词句，这虽然可以视为一种民族主义的觉醒，然而与后来的排他性民族主义还是有很大的区别，这点可以从芳洲以下的论述中得知：

人之生也，有禀于天而存乎心者，不以华夷而殊，不以古今而变。及其成也，可与天地同化，而其传也，可遗万古而不朽。

华夷不殊，万古不朽，这或可作为一介儒者芳洲的愿景。

（作者系中国人民大学哲学院讲师）

朱子《太极解义》中的"体用"观念

◎陈睿超

摘要：朱子在《太极解义》中以太极之"用所以行""体所以立"释"阳动""阴静"，使得"体用"观念构成了朱子《太极图》宇宙观建构的重要线索。"体用"与"阴阳"的关联可追溯至以形质为"体"、功用为"用"的"形质论"传统，而朱子进一步借助张咏"公事有阴阳"之论，将与"阴""阳"相应的"体""用"之意涵普遍性地把握为"已定"之确定性与"未定"之可能性。通过这一普遍内涵，朱子在《太极图》诠释中统合了"阴阳体用"与"理气体用"两种范畴下的"体用"观念，由此将"阳动""阴静"阐释为太极作为形上"所当然"之理内在禀具的确定性之"体"（"必然"）与可能性之"用"（"能然"）两方面要素在形下气化层面相继不已的实现环节，推进了古代哲学关于阴阳统一性问题的思考。

关键词：朱子，《太极解义》，体用，阴阳。

"体用"是朱子哲学的重要观念,其在朱子《太极图》诠释中的运用尤其值得关注。朱子于其中岁写就的《太极解义》中,将天道层面之"阳动""阴静"诠释为太极之"用所以立""体所以行",并将这一"阴阳体用"模式下贯至对于人道之"动静"与"人极""中正仁义"的诠解,使得"体用"构成了其贯通天人的《太极图》宇宙观建构的基础性思想框架。有关《太极解义》中的"体用"观念,需要详加考索的是:应当如何解读朱子这里与"阴阳"相应的太极"体用"之含义?又当如何透过"体用"去把握朱子所论太极阴阳关系,乃至作为天理本体的"太极"自身的哲学内涵?上述围绕"体用"观念展开的问题,对于深入理解朱子哲学之形上学、宇宙论具有不可忽视的意义。

一、太极"体用"与动静阴阳

我们知道,周敦颐在其《太极图》宇宙观中,以图式第二圈所示本根"太极"之动、静解说阴阳的产生。朱子的《太极图》诠释则进一步将阴阳动静归结为"太极"本体之"体用"。《太极解义》之《图解》云:者,阳之动也,〇之用所以行也;者,阴之静也,〇之体所以立也。(《朱子全书》第13册,第70页)

此以太极之"用"与"体"分别对应《太极图》第二圈左半"阳之动"与右半"阴之静"。这一直接将"体用"与"阴阳"相关联的做法并非朱子独创,在北宋邵雍的先天学思想中,我们可以找到十分相似的表达。邵雍《皇极经世·观物外篇》云:阳者道之用,阴者道之体。(《邵雍集》,第143页)

其同样是将阴、阳分别视为"道"即先天学之本根"太极"

的"体""用"。实际上，邵雍将"体用"与"阴阳"相应，依据的是一种十分古老的"形质论"体用传统，即以事物之形体为"体"，形体所发出的作用、活动为"用"。（见张岱年，第515—518页；李震，2020a，第96—97页）隋代萧吉《五行大义》提出"体者，以形质为名；性者，以功用为义"（萧吉，第10页）来辨别五行之"体"与"性"，实即为形体、功用之分。唐代崔憬释解《易传·系辞》"形而上者谓之道，形而下者谓之器"也说："凡天地万物皆有形质，就形质之中有体有用，体者即形质也，用者即形质上之妙用也。"并以有形之形质为形下之器，形质所生无形的作用为形上之道。（李鼎祚，第442—443页）凡此皆为"形质论"体用传统的反映。朱子在《语类》中谈及"体用"之意，也常举事物之形体与功用为例证，如说："譬如此扇子，有骨，有柄，用纸糊，此则体也；人摇之，则用也。"（黎靖德，第102页）表明其思想中也相当程度地保留了上述"形质论"的"体用"传统。邵雍正是在"形质论"的意义上，基于事物功用之能动、易变与"阳"之特质的相合，以及事物形体之受动、不易变与"阴"之特质的相合，将"体""用"与阴、阳相配，并进一步联系先天数理推演出一套极为繁复的先天学体用架构。（见陈睿超，2018年；李震，2020b）朱子《太极解义》以太极之"体用"释阴阳，盖于邵子之学有所取法。

尽管如上所论，体用与阴阳的相应是本于其"形质论"的朴素含义，不过阴阳作为古代宇宙观中一对具有极其广泛、丰富意蕴的哲学范畴，与其相应的"体用"也应当具备超越形体、功用义的更具抽象性和普遍性的概念内涵。邵雍虽广论体用，但从未对其含义加以一般性的说明。而朱子则借助北宋名臣张咏（号乖崖，谥忠定）论阴阳之语对道出了"体用"的普遍意涵。《语类》云：张乖崖说"公事未判时属阳，已判后属阴"……公事未判，生杀轻重皆未定；及已判了，更不可易。（黎靖德，第1899页）

张乖崖云："阳是人有罪，而未书案，尚变得；阴是已书案，更变不得。"此人曾见希夷来，言亦似《太极图》。（同上，第3093页）

张咏此说素为朱子所重，其在《语类》与书信、著作中谈及《太极图》宇宙观之太极阴阳关系时曾反复引证。张咏举公事（断罪书案）之"未判""已判"为喻以论阴阳之意，实际上是将"阳"归结为事物之"未定"即尚未确定、仍有变化之可能性的状态或因素，将"阴"归结为事物之已定、"不可易"的确定性状态或因素。"未定"之可能性与"已定"之确定性显然构成了对于阳、阴观念的一般化、抽象化的理解。朱子在《语类》中曾效仿张咏之说，以扇为喻论阴阳云："摇扇便属阳，住扇便属阴，莫不有阴阳之理。"（同上，第1604页）这是以扇子摇动的可能变化状态为"阳"，以扇子放下的不变确定状态为"阴"。《语类》他处复以同样的"扇喻"论"体用"云："譬如扇子，只是一个扇子，动摇便是用，放下便是体。"（同上，第2372页）可知在朱子，确定性与可能性同样可看作对于相应"阴""阳"的"体""用"观念的普遍性内涵的界说。

下面，我们便可从确定性、可能性这一普遍意涵出发，重新审视《太极解义》的"阴阳体用"观念。首先，"体用"最初得以与阴阳建立关联的形体、功用之原始含义，在朱子这里也可从确定性与可能性的角度来诠释。朱子在《语类》曾以水为喻论"体用"云：

> 如水之或流，或止，或激成波浪，是用；即这水骨可流，可止，可激成波浪处，便是体。（黎靖德，第101页）

此例中，"水骨可流，可止，可激成波浪"，是说水之形质具有"流动性"这一特定活动方式与性能，唯水可流可止，他物则不可，故为确定性之"体"，朱子特意以强调确定不变特质的"骨"字形容之；而在水的现实活动变化中，其形体的流动特性究竟如何呈现，则并不确定，而有"或流，或止，或激成波浪"的种种或然性，故为可能性之"用"。由此可见，"形质论"传统下形体、功用义的"体用"，完全可以被归纳到源自张咏阴阳说的"体"为确定性、"用"为可能性的广义范畴当中。

其次，当体、用仅取一物之形体、功用义时，二者显然只能是同时并存的。而"未定"之可能性与"已定"之确定性作为更具普遍性的"体用"内涵，则可在两概念之间引入一种历时相续的维度，使二者能够作为事物活动过程的不同阶段递相呈现。张咏以公事之"未定""已判"言"阳""阴"，即是将二者分别视为同一事件从未定能变的可能性状态进至已定不变的确定性状态的相继阶段。而周子的《太极图》宇宙观，也恰恰是以阳动、阴静为太极生生万物的不息活动中生机彰显多变与收敛凝定的连续环节（见陈睿超，2017年）。可见，张咏论公事之阴阳与《太极图》论太极之动阳静阴在形式上正相契合，朱子特赞其"言亦似《太极图》"，确非虚语。实际上，朱子《太极解义》对《太极图》根本于阴阳动静的天道、人道诸要素的诠释，皆是在可能性与确定性历时相继的意义上贯彻了与阴阳相应的太极"体用"模式。

具体来说，《图解》阐释图式第二圈时，以"所以行"形容太极之"用"而释左半阳动，强调太极"动而生阳"时段生机显发、不定流行的可能性；以"所以立"形容太极之"体"而释右半静阴，则强调太极"静而生阴"时段生机敛藏、定立不易的确定性。《太极图说解》在此基础上，进一步联系周敦颐《通书》首章所引《乾·象传》《易传·系辞》"一阴一阳之谓道"章之文，以及"诚"之"通""复"之说，描绘出天地万物于源出"太极—诚"体之体用、阴阳、动静的循环推移中生生不息的总体进程：

> 其动也，诚之通也，继之者善，万物之所资以始也。其静也，诚之复也，成之者性，万物各正其性命也。（《朱子全书》第13册，第72页）

按照《语类》记载朱子与门人的相关讨论，太极之"动"即"用所以行"，属于《通书》所言"元亨，诚之通""继之者善""万物资始"的阶段，此阶段中"造化周流，未著形质"，万物生命因天理而继继方生，于一气运化之中得其初始、尚未定型，充满了生长更新、"流行变动"的丰富可能性。太极之"静"即"体所以立"，则是《通书》所言"利贞，诚之复""成之者性""各正性命"的阶段，此阶段中万物"丽于形质""转动不得"，各自依据其禀受自太极天理的特定本性而获得确定的成熟形态，呈现"一成而不返"的确定性。（黎靖德，第2390—2391页）朱子在书信中答廖德明"不当以继善成性分阴阳"之疑时，谓"盖天地变化不为无阴，然物之未形则属乎阳。物正其性不为无阳，然形器已定则属乎阴。"（《朱子全书》第22册，第2080页）亦是此意。

朱子进一步将此太极可能性之"用"与确定性之"体"历时相继的模式灌注至《太极图说》的人道层面，揭示了人之"动静"以及"人极""中正仁义"的"体用"结构。《图解》云：

中也、仁也、感也，所谓也，〇之用所以行也。正也、义也、寂也，所谓也，〇之体所以立也。（《朱子全书》第13册，第71页）

这是将《太极图说》论常人"五性感动而善恶分"之"动"关联于《系辞》"感而遂通"之"感"，相当于朱子"己丑之悟""中和新说"所谓心"已发"之时，为人心感物、应变不定的可能性状态，属"阳动"即太极之"用所以行"。而将圣人"定之以中正仁义而主静"之"静"关联于《系辞》"寂然不动"之"寂"，相当于"中和新说"所谓心"未发"之时，为思虑未萌、性体凝定的确定性状态，属"阴静"即太极之"体所以立"。故朱子于《语类》中云："只是一个太极，流行于已发之际，敛藏于未发之时。"（黎靖德，第2372页）而对于"人极"即圣人定立的人世价值标准"中正仁义"，朱子首先将其与儒家"五常"之德"仁义礼智"联系起来，认为"中即礼，正即智"（《朱子全书》第13册，第103页），又进一步根据易学传统中天道"乾之四德""元亨利贞"与人道"仁义礼智"之间的配位关系划分阴阳体用：仁、中（礼）对应元、亨，属阳动，为太极之"用所以行"，二者皆随人事情境而有具体灵活的变化调适；义、正（智）对应利、贞，属阴静，为太极之"体所以立"，二者皆需遵循确定不移的道德原则。朱子在《太极图说解》中进一步以"行""发"言"中""仁"，显其发用能变，以"处""裁"言"正""义"，显其定立不移（同上，第75页），并将四者看作圣人"全乎〇之体用"（同上，第71页）的道德实践的不同环节。对于"中正仁义"之"体用"划分引发的"不当以中正仁义分体用""仁义中正之分不当反其类"等质疑，朱子在为《太极解义》所作《附辩》中回应称，其所谓中为体、仁为用，并非形容未发性体的"中"以及普遍性的"专言"之"仁"，而是作为"礼"的"中"及与四德并立的"偏言"之"仁"（同上，第78页），如是才能建立起人事伦理价值与天道太极"体用"阴阳模式之间的完备对应。（见陈来，2018a，第48、89页）

总结以上讨论可以看到，借助朱子极为重视的张咏以公事论阴阳之说，我们总结出与"阴阳"相应之"体用"作为一事物之确定性与可能性因素的普遍意涵，以及二者在事物活动中相续呈现的模式。《太极解义》将天道之阳动与阴静，人心之动（感）与静（寂），"人极"之中、仁与正、义皆归于太极之"用行"与"体立"，一贯地遵循了上述"体用"意涵与模式。但讨论至此，仍有一个关键的疑难未能解决：我们究竟当在何种意义上理解隶属太极本体的"体"之确定性与"用"之可能性呢？朱子这里，太极本体即是无形抽象的天理，故其不可能如有形物一般具有形体之"体"与功用之"用"；太极本体自身又是永恒不变者，则其也不可能直接具备可变事物从"未定"到"已定"之发展环节意义上的"体用"。而解答这一疑难的线索，却恰可由朱子在回应有关其《太极图说解》"体立而后用有以行"主张的质疑时对"阴阳体用"之外的另一"体用"传统的引入提示出来。

二、"阴阳体用"与"理气体用"

朱子于《太极图说解》中既以太极"用行""体立"范围人道之"动""静"，复提出"体立而后用有以行"的主张，以为其在实践功夫论上用未发涵养功夫诠释、转化周敦颐"主静"之说张本。该主张同样引发争议，朱子之学友张栻、吕祖谦等举程颐"体用一源"之论质疑《解义》言先体后用为不当。实际上，从我们今日学术研究的视角来看，这一质疑存在明显的概念错置。伊川《易传序》所云"至微者理也，至著者象也，体用一源，显微无间"（《二程集》，第689页），反映的是一种"本体论"传统下的"理气体用"观，即以形上之理为"体"、为内在本质，形下之气及现实事物相应为"用"、为本质之外在表现。此与《太极解义》中源自"形质论"传统，以形下之阴、阳分别对应形上太极之"体""用"的"阴阳体用"观殊为不同。对两种不同的"体用"传统，朱子本是有明晰的分辨的。其在给杨方的书信中提到"熹向以太极为体，动静为用，其言固有病"（《朱子全书》第22册，第2072页），表明《太极解义》的初稿曾采用太极独为形上之"体"、阳动阴静皆为形下之"用"的"理气体用"模式。其后朱子盖因此种模式无法凸显图式左阳右阴、亭当均平的宇宙观结构而觉其"有病"，故改为定本的"阴阳体用"模式。不过有趣的是，朱子在《太极解义》定本之《附辩》中对"不可言体立而后用行"之意见的回应，却全未辨析两类"体用"。其论曰：

若夫所谓体用一源者，程子之言盖已密矣。其曰"体用一源"者，以至微之理言之，则冲漠无朕，而万象昭然已具也。其曰"显微无间"者，以至著之象言之，则即事即物，而此理无乎不在也。言理则先体而后用，盖举体而用之理已具，是为一源也。言事则先显而后微，盖即事而理之体可见，是为无间也。然则所谓一源者，是岂漫无精粗先后之可言哉？况既曰体立而后用行，则亦不嫌于先有此而后有彼矣。（《朱子全书》第13册，第78页）

在此节论辩中，朱子直接从"体用一源"出发立论，强调对于"体用"不可笼统认作"一源"而"漫无精粗先后"之分，并以"体用一源"之"先体而后用"证明自己"体立而后用行"之说的成立，而全然没有提及两命题中的"体用"实质上是在不同范畴下使用的。朱子对"理气体用"与"阴阳体用"的不加分判恰恰提示出，两类"体用"在朱子哲学中存在某种一致性。此种统合"形质论"与"本体论"思想传统的"体用"观念的一致性，正为解决有关太极"体用"之义的疑难指明了方向。

细考朱子的思想文本，我们会发现"理气体用"与"阴阳体用"之间的一致性首先在于：前者与后者一样可以纳入上文总结出的"未定"之可能性与"已定"之确定性这一"体用"观念的普遍内涵中。对此，我们可以在朱子晚岁作《周易本义》末附《周易五赞》之"理事体用"说中找到佐证。《五赞》之《警学》云：理定既实，事来尚虚，用应始有，体该本无。稽实待虚，存体应用，执古御今，以静制动。（《朱子全书》第1册，第167页）

这里朱子以"理"为"体"，"事"为"用"，显然是取小程"体用一源"之"本体论"范畴下的"体用"之意。《语类》中朱子解说此赞之意云："圣人作易，只是说一个理，都未曾有许多事，却待他甚么事来揍。"具体说来，所谓"理定既实"，是说"若论其理，则先自定，固已实矣"，即圣人作《易》，于卦爻之中蕴寓不变的、确定性的一般原理；"事来尚虚"，是说易占所面对的人间万事万变相对卦爻之定理，则是"虚"而未定、充满偶然性与可能性的。"用应始有，体该本无"则是说：人世事变作为可能之"用"，是形下世界的现实活动，故有形迹；而卦爻中的抽象形上原理作为确定之"体"该遍万事万物为其根本，自身则"无形迹之可见"。故学《易》之法，正在于"稽考实理，以待事物之来；存此理之体，以应无穷之用"，通过把握卦爻中确定不易的"理之体"，应对现实人生具有无穷变化可能的"事"之"用"。（黎靖德，第1656页）以上足以证明，"已定"之确定性与"未定"之可能性的概念意涵对于"理气"或"理事"意义的"体用"观念也是适用的。

基于"理气体用"与"阴阳体用"在"体用"内涵上的一致性，我们便可以进一步讨论朱子《附辩》中从"体用一源"出发为"体立而后用行"主张的辩护。需要注意的是，《太极解义》所云"体立而后用有以行"并非时间意义上的先后，因为与太极"体用"相应之阴阳动静是互为其根、循环无端的，正如朱子在《语类》中所说："其实那动以前又是静，静以前又是动"（同上，第2373页），动、静或"用行""体立"并无时间上的绝对先后关系。按照前引朱子《附辩》之意，"阴阳体用"范畴下"体立"之先于"用行"，实可归结于"理气体用"范畴下"体用一源"所现"言理则先体而后用"的逻辑顺序，即形上之理层次上"体"相对"用"的逻辑优先性。这一逻辑优先性具体来说就是"举体而用之理已具，是为一源也。"结合"体用"的普遍意涵可知，所谓"用之理"意指的是作为形下气化世界可能变化之"用"的形上根据的可能性之理。可见在朱子的理解中，"体用一源"之"先体而后用"，意味着天理在其永恒不变的"体"之确定性中内在蕴含着引发变化的"用"之可能性。正因如此，形上天理之"体"方足以构成形下气化世界阳动阴静、生生不已之"用"的根源与前提，此"体用"所以为"一源"。朱子于《太极图说解》中亦化用程子之"体用一源，显微无间"论述形上太极与形下阴阳的关系云："自其微者而观之，则冲漠无朕，而动静阴阳之理已悉具于其中矣"（《朱子全书》第13册，第72—73页），可证其意。由此可见，"理气体用"意义上的"体用一源"揭示出形上天理具备着一种"体中具用"、确定性中内在蕴含可能性的结构，此结构中"体"的逻辑在先既然能够决定"阴阳体用"意义上的"体立而后用行"，那么便不难推断出两类"体用"除概念内涵之外的另一方面根本一致性：阳动与阴静作为太极之"体立"与"用行"，实质上就是形上天理"体中具用"结构中理之确定性与可能性两层面在形下气化世界的依次呈现。对此，朱子发挥《太极解义》之意所作《太极说》一文中提供了明确的文本证据。朱子在文中说：

> 静者，性之所以立也；动者，命之所以行也。然其实则静亦动之息尔。故一动一静皆命之行，而行乎动静者乃性之真也。（《朱子全书》第23册，第3274页）

此段首句明显是将《太极解义·图解》释阴静、阳动一节的"〇之体""〇之用"分别置换为"性""命"而成。《语类》记载朱子门人叶贺孙表述"天""理""性""命"诸概念的关系，指出四者是对同一天理本体从不同角度出发的称谓，"命则就其流行而赋予物者言之，性则就其全体而万物所得以为生者言之"（黎靖德，第82页），得到了朱子的首肯。这表明，在朱子思想中"性"与"命"在"理气体用"的意义上分别指向着天理作为整全不变之"体"的根本确定性，以及其内在包容的引生气化流行之"用"的丰富可能性。而在"阴阳体用"的意义上，阴静为"〇之体所以立"，同时也是"性所以立"，表明其作为万物各成其性、形体已定的气化阶段，突出体现天理之整全、确定性之"体"在形下世界的定立；阳动为"〇之用所以行"，同时也是"命所以行"，表明其作为一气周流、万物方生未定的气化阶段，突出体现着天理所蕴可能性之"用"在形下世界的流行。当然，如果单纯站在"理气体用"的角度考察，则阴阳动静都属形下气运，故"皆命之行"，无非天理之可能性的发用；而动静背后的普遍本质根据"乃性之真"，即实有、确定的天理本体。

至此，通过讨论"阴阳体用"与"理气体用"在朱子思想中的一致性关联，我们终于将对于"何为太极之体用"这一疑难的索解向前推进了一步，即将与阴静、阳动相应的太极之"体用"还原至天理本体"体中具用"、确定性中蕴含可能性的自身结构中。这一进展也表明，有关太极"体用"问题的探究必须回归到对于太极天理本身内涵与特质的讨论中，即必须回答：太极作为抽象之理具有何种内涵，使其得以具备在"体"之确定性中蕴含"用"之可能性的内在结构？此结构中形上之理的确定性与可能性层面又为何能够历时相继地呈现于形下气运，形成阴阳动静循环不息的世界图景？上述疑难的最终释解，指向着"所当然"这一朱子对天理观念的重要界说。

三、理之"体用"与"所当然"

《语类》记载朱子晚年答门人有关何为"体用"的问题时曾反复强调："合当底是体"；"人只是合当做底便是体，人做处便是用"（黎靖德，第102页）。这里所说"合当底"，正是朱子思想中"理"观念的关键内涵——"所当然"。朱子以"所当然"释理之说所发甚早。其早年作《杂学辨》，已有"事事物物无不各得其理之所当然者"之论（《朱子全书》第24册，第3494页）；中岁以后所著《大学或问》，更明确从"所当然而不容已"与"所以然而不可易"（《朱子全书》第6册，第528页）两方面共同阐发格物所穷之理的意涵。朱子至晚年独以理之"所当然"义解说"体用"，绝非偶然，其缘由盖在于"所当然"义构成了对于理之"体中具用"、确定性中蕴含可能性之内在结构的极佳表达，由此也便敞开了通往太极"体用"之确凿含义的思想道路。

理之"所当然"义的上述特质，充分体现于朱子晚岁与其高足陈淳论"理之四义"的书信问答中。陈淳在绍熙初年给朱子的去信中提出了"理有能然，有必然，有当然，有自然"的主张，其中对"能然"和"必然"两义的阐发尤可留意。

> 理有能然，有必然，有当然，有自然处，皆须兼之，方于理字训义为备否？且举其一二：如恻隐者，气也；其所以能是恻隐者，理也。盖在中有是理，然后能形诸外为是事。外不能为是事，则是其中无是理矣。此能然处也。又如赤子之入井，见之者必恻隐。盖人心是个活底，然其感应之理必如是，虽欲忍之，而其中惕然自有所不能以已也。不然，则是槁木死灰，理为有时而息矣。此必然处也。（《朱子全书》第23册，第2736页）

陈淳论理之诸义，皆以人伦之理为例证。其以"能然"为"中有是理，然后能形诸外为是事"，即理本身具备能够引发现人的现实活动之"事"的可能性。而理所发用的可能性并非任意，其又有"必然处"，即对于一种必定如此的确定活动方向或趋势的规定。如作为"恻隐"之所以然的"仁"之理，便具备"不能以已"即不可遏制的根本、确定的倾向性，故在"赤子入井"的危难伦理情景下必能发用为人心之"惕然""恻隐"。由此可见，尽管并非直接关涉"体用"，但陈淳所述"理有能然，有必然"仍可看作对于理所禀具的"用"之可能性与"体"之确定性两层面要素的剖析。而且,正如天理"体中具用"的逻辑结构一样,"能然""必然"二者当中"必然"显然具备逻辑上的优先性,如"仁"之理为"所以能是恻隐者",可知其所"能"者"必"为"恻隐"而非其他,故理所蕴含的"能然"之可能性,实皆统摄于其"必然"的确定倾向之中,而为人之现实活动实现此倾向之可能。而朱子在答信中一方面赞许陈淳"此意甚备",对其关于理之"能然""必然"等义的阐说颇为认同,但又进一步提点他"且要见得所当然是要切处,若果得不容已处,即自可默会矣。"(同上,第2737页)这表明在朱子看来,理之"能然""必然"皆可统归于"所当然"这一核心意涵(见杨立华,2014年,第68—69页),"所当然"含具的"不容已"之意,正反映出理于"必然"之中蕴含"能然",于"不能以已"的确定倾向性之中内蕴"能为是事"之可能性的特质,这与朱子论太极天理之"举其体而用之理已具"的"体中具用"结构可谓密合无间。

因此,从兼具"必然"与"能然"的"所当然而不容已"之理观念内涵中,我们可以获得对于理之"体用"的更加深入明晰的认识:就"当然"之理而言,其"体"意味着不可遏制的、根本的确定倾向性,其"用"则意味着此确定倾向性中蕴含的现实活动之可能性。上述对理之"所当然"义的解析正揭橥出,尽管形上之理其"体"是确定不变的,但此确定性作为一种本质倾向性却自身具备积极、能动的特征,这正是理之"体中具用"内在结构的实质。另外需要注意的是,虽然前引朱子及陈淳之论"所当然"皆囿于"合当"或应然性的人世伦理范畴,但朱子思想中理作为"所当然之则"远非局限于人事,而具有更为普遍、客观的天道意义。朱子于

《大学或问》中即云："使于身心性情之德，人伦日用之常，鸟兽草木之宜，自其一物之中，莫不有以见其所当然而不容已，与其所以然而不可易者。"（《朱子全书》第6册，第527—528页）足证"所当然"之理不仅限于身心人伦，更遍在于天地万物。如果说人世"当然"之理构成了人之伦理生活的本质倾向性，那么就天道而言，"当然"之理则构成了具体化于万物生命的生生运化之普遍趋向性。《语类》记载朱子与其弟子辅广之间有关太极阴阳的一则问答，正涉及理之为"所当然"。

广曰："大至于阴阳造化，皆是'所当然而不容已'者。所谓太极，则是'所以然而不可易'者。"曰："固是。"（黎靖德，第415页）

显然，获得朱子赞许的辅广之论，是试图用朱子诠释"天理"的"所当然而不容已"与"所以然而不可易"来把握作为"阴阳造化"之根据的"太极"。如果引入"理气"意义上的"体用"观念来分析，则按其所说，《太极图》宇宙观中太极所导源之阳动阴静、五气顺布、万物化生的全部气化流行之"用"，根本上都是作为"所以然而不可易"者的天理之"体"所内蕴之"所当然而不容已"的普遍生生趋向在二气、五行、万物生命之中的具体实现。太极天理亦是"所当然"，便意味着形上学建构中作为万物万化之本源的太极，在价值论意义上同时具备着一种客观的"合当"性或应然性。就此我们方可理解朱子何以能在《太极图》诠释中将本源太极与《通书》中含具"纯粹至善"价值属性的"诚"观念统合，使"太极—诚"体作为"极好至善底道理""天地人物万善至好底表德"（黎靖德，第2371页），构成人世之价值应然性的客观基础。

从上述"体中具用"的理之"所当然"义出发，我们便有希望对何为太极之"体用"及太极如何能以"体立""用行"为阴、阳的问题，给出一个合理的解答。如前所论，太极作为"所当然"之理具备客观应然性的特质，这就意味着太极天理所蕴"当然"之倾向性与人世应然伦理类似，无法现成、直接地在形下世界呈现出来，而是非现成的、向来有待实现的，其实现必然要经历一个从尚未以特定样态实现进展至已经以特定样态实现的历时过程，此过程的前一阶段是"未定"而可能的，后一阶段则是"已定"、确定的。这无疑表明，作为本质倾向性的"所当然"之理的非现成性特质，决定了其所兼具的可能性与确定性因素必然在其实现活动中历时相继地呈现，这正是太极之理以"用行""体立"而成阳动、阴静两气化环节之相续不息的原因所在。就天道言，太极"用所以行""动而生阳"为生机显发、"继之者善"之时，万物资始初生，一气流行不定，天理"所当然而不容已"之普遍生生倾向尚未实现为事物的特定本性与形态，充满"用"之变化的可能性；太极"体所以立""阴而生静"为生机收敛、"成之者性"之际，万物走向成熟，各得太极之全"体"而成就其性，天理之"当然"倾向内蕴之可能性皆得限定，具体化地实现为万物之差异本性与形态，而确定不可更易。故太极自"用行"而"体立"、气运自阳动而阴静，构成了万物生命因天理所赋予之本质倾向从始到终、自生而成的完整历程。朱子于《语类》云："始处是生生之初，终处是已定之理"，且复引张咏"断公事，以为未判底事皆属阳，已判之事皆属阴"之说以证之，即谓此也。（黎靖德，第2386页）就人道而论，太极"用行"为"已发"之"动"，此时段心灵与物交接、思虑纷至，源于太极之性理之"合当"趋向发"用"为"情"而未得贞定，故呈现可能多变的状态；太极"体立"为"未发"之

"静",此时段心灵敛藏静寂、思虑不萌,性理之全体"合当"趋向于此方可在心灵中存具凝定,从而充分积淀、成就。朱子在其"中和新说"中阐述心之"未发"云:"方其静也,事物未至,思虑未萌,而一性浑然,道义全具"(《朱子全书》第21册,第1419页),正是此意。就圣人所定"中正仁义"之"人极"而言,则在圣人"行之也中""发之也仁"的道德活动中,源自"当然"天理的本质倾向不定于一端,富于具体化、情景化的调适应变,为太极天理可能性之"用行";而"处之也正""裁之也义"的道德决断中,"当然"之理实现为持守不移的坚定立场与原则,为太极天理确定性之"体立"。(《朱子全书》第13册,第75页)故朱子于《语类》云:"仁则是恻隐慈爱之处,义是裁制断决之事""中则无过不及,随时以取中;正则当然之定理"(黎靖德,第2384—2385页)。

循着以上思路,我们也可以更深入地理解朱子"体立而后用有以行"的主张。结合前文的讨论,"所当然"之理是"体用一源"的,其"用"之可能性皆为"体"之确定倾向中所具之"用",故"能然"皆以"必然"为逻辑前提,一切可能性说到底都是事物的现实活动实现天理所规定之本质倾向的可能性。反过来讲,如果理之可能性不朝向任何确定的实现状态,则其引发的气之活动将在无目标、无止境的运行中最终逸散以至于虚无,天地运化也将随之消歇、陷于停滞空寂,这种世界图景显然是不能成立的。故朱子在《语类》中说:"若无夜,则做得昼不分晓;若无冬,则做得春夏不长茂……如生物而无冬,只管一向生去,元气也会竭了。"又说:"四时有秋冬收敛,则春夏方能生长。若长长是春夏,只管生长将去,却有甚了期,便有许多元气!"(黎靖德,第

2384页）这些都表明，天道层面太极化生万物，必以秋冬时节生机收敛、万物成就之"体立"为前提，方可保证春夏时节生机彰显、万物萌动之"用行"的永续不息。由此推及人事，则亦必须以"未发""静"时对于性体之凝定积淀的操存涵养为根本，方可保证"已发""动"时的随事察识、应物之变能够一循定理，无有过失。这样，借助"体立而后用有以行"这一基于理之"当然"义、贯通天人的普遍逻辑，朱子成功揭示了周敦颐"主静"说作为"立体"功夫的意义，也将《太极图》诠释与其在理学心性论、功夫论领域的创见全面融合，为其"己丑之悟""中和新说"所确立的以静中涵养为本、持敬涵养与致知察识夹持并进的人世修养原则奠定了形上天道基础。

至此，我们终于能够为文章开头提出的关于朱子《太极解义》"体用"观念的疑难做出明晰的解答。所谓太极之"体""用"，归根结底是天理作为"所当然"自身含具的确定性（"必然"即本质倾向性）与可能性（"能然"即实现倾向之可能）两方面要素；而"所当然"的非现成性特质，决定了其"用"之可能性与"体"之确定性必定在天理的实现过程中呈现为"未定"与"已定"两个连续阶段，这就是太极"体立""用行"相继不已而成气运一静一动、一阴一阳之流行不息的实质。这样，朱子通过《太极图》诠释，将阴、阳这对古代宇宙观的基本观念归结为本源太极一理之"体""用"，将古代哲学对于阴阳之统一性问题的思考推进到了前所未有的理论高度之上，也为其彻底的"理一元论"哲学建构夯实了根基。

（作者系首都师范大学政法学院副教授）

参考文献

古籍：《易传》《太极图说》《通书》等。
钱穆：《朱子新学案（第一册）》，九州出版社，2011.
陈荣捷：《朱子新探索》，华东师范大学出版社，2007.
姜真硕：《朱子体用论研究》，北京大学博士论文，2000.
牟宗三：《心体与性体（上）》，吉林出版集团有限责任公司，2013.
杨立华：《体用与阴阳：朱子<太极图说解>的本体论建构》，载《哲学研究》第 10 期；2012.
《天理的内涵：朱子天理观的再思考》，载《中国哲学史》第 2 期；2014.
《朱子全书》，上海古籍出版社、安徽教育出版社，2010.
《邵雍集》，中华书局，2010.
张岱年：《中国古典哲学范畴要论》，载《张岱年全集》第四卷，河北人民出版社，1996
李震：《邵雍体用论的渊源、特色与定位》，载《中国哲学史》第 2 期，2020a.
《邵雍哲学的体用论》，载《哲学研究》第 9 期，2020b.
萧吉：《五行大义》，学苑出版社，2014.
李鼎祚：《周易集解》，中华书局，2016.
黎靖德编：《朱子语类》，中华书局，1986.
陈睿超：《周敦颐太极动静说新解》，载《中国哲学史》第 1 期，2017.
《论邵雍先天易学哲学的体用观念》，载《哲学动态》第 6 期，2018.
雷思温：《邓·司各脱论上帝与世界的偶然性》，载《哲学研究》第 1 期，2019.
陈来：《朱子<太极解义>的哲学建构》，载《哲学研究》第 2 期，2018a.
2018b：朱子《太极解义》的成书过程与文本修订，载《文史哲》第 4 期。
《张栻集》：中华书局，2015.
《吕祖谦全集》：浙江古籍出版社，2008.
《二程集》：中华书局，2004.
郭齐、尹波编校：《朱熹文集编年评注》，福建人民出版社，2019.

从邵雍到朱子："一分为二"说的演变与定型

◎李 震

内容摘要：邵雍提出"一分为二"说，对卦爻的来源给出了不同于前人的解释。与邵雍同时或稍晚的学者，以郑夬与张行成为代表，对邵雍易学主要采取卦变说的理解。这种解读并不切合邵雍易学的宗旨，也无法安顿太极本体的位置。朱子从其理本的哲学观念出发，对"一分为二"说作了成卦式的解读，较为恰当地澄清了邵雍易学的宗旨，更加清楚地界定了伏羲之易与文王之易、成卦与卦变的易学体系。自邵雍至朱子，成卦解读的确立标志着太极本体观与一元二体观在易学领域的形成。对邵雍成卦理论的继承在朱子自己的易学建构中也发挥了重要作用。

关键词：邵雍，朱熹，易学，一分为二，成卦。

北宋邵雍无疑是易学史上的重要人物。邵雍提出的"一分为二"的成卦理论，与先天方圆的易学图式，在相当程度上更新了传统易学的言说方式；后来，经过朱子的表彰、改造，更对此后的易学与理学造成了深远影响。

在《易学启蒙》中，朱子对"一分为二"说作了精当的解释，此乃人所熟知。但在朱子以前，这一学说的诠释其实经历了复杂的演变过程，含义发生了从卦变到成卦的转换，这段历史，则较少引起学者的注意。只有将这一"中间"史纳入研究的视野，"一分为二"说的含义才能获得完整的理解，邵雍与朱子易学的背景、面向与意义也才能得到贯通的认识。

一、邵雍的"一分为二"说

《观物外篇》记载了邵雍著名的"一分为二"说：

> 太极既分，两仪立矣。阳下交于阴，阴上交于阳，四象生矣。阳交于阴，阴交于阳，而生天之四象；刚交于柔，柔交于刚，而生地之四象：于是八卦成矣。八卦相错，然后万物生焉。是故一分为二，二分为四，四分为八，八分为十六，十六分为三十二，三十二分为六十四，故曰"分阴分阳，迭用柔刚，《易》六位而成章"也。十分为百，百分为千，千分为万，犹根之有干，干之有枝，枝之有叶。愈大则愈少，愈细则愈繁。合之斯为一，衍之斯为万。

从太极、两仪、四象、八卦之语可知，此段是对《系辞》"易有太极，是生两仪，两仪生四象，四象生八卦"的解释。从"八分为十六，十六分为三十二，三十二分为六十四"可知，此段不仅解释了八卦（三画卦）的形成，而且将八卦与六十四卦（六画卦）的形成置于统一的思路下，认为两者是同一种连贯方法的产物。自《易传》以降，迄于北宋，历代易学都是以取象说解释八卦之形成，以重叠说解释六十四卦之形成，按因象成卦的思路解释卦之来源。邵雍此说与前人的不同在于，既不将八卦与六十四卦的形成看作两事，而是打通为一，给出了连贯的方法；也不将卦之形成建立在象的基础上，而是以数代象，以推数成卦代替因象成卦。邵雍此说标志着易学史上的一个重要转变。

邵雍虽提出了"一分为二"的成卦方法，但文辞简约，语焉不详。作为一种易学体例的"一分为二"究竟何指，在邵雍论述中是不够明确的。这为后来的学者沿不同方向进行诠释留下了空间。自邵雍至朱子，一百余年间，"一分为二"的理论得到了多样化的展开。

二、两宋之际易学对"一分为二"说的诠释

早在邵雍在世时，时人对"一分为二"说已有论及。传统认为，较早论及此说者乃程颢。程颢评论邵雍数学，曾有"尧夫之数，只是加一倍法"之语。所谓"加一倍法"，按朱子的解释，即"一分为二"之义。不过，从《二程集》该段文字看，程颢对邵雍易数的评论是在"推历""知天"的语境下展开的；这样，加一倍法究竟是指"一分为二"的成卦原则，还是指邵雍历数中的某种体例，都还存在疑问。审慎地看，程颢此说尚难被确凿地视为"一分为二"说评论的开始。

较早与"一分为二"说有涉的论述，是郑夬卦变说。沈括《梦溪笔谈》载，与邵雍同时，江南人郑夬有一种独特的卦变说。其法如下：

乾坤大父母也，复姤小父母也。乾一变生复，得一阳；坤一变生姤，得一阴。乾再变生临，得二阳；坤再变生遁，得

二阴。乾三变生泰,得四阳;坤三变生否,得四阴。乾四变生大壮,得八阳;坤四变生观,得八阴。乾五变生夬,得十六阳;坤五变生剥,得十六阴。乾六变生未济,本得三十二阳;坤六变生归妹,本得三十二阴。乾坤错综,阴阳各三十二,生六十四卦。

邵伯温、朱震亦曾明文引及郑夬此法,而细节略有出入。据邵伯温,乾六变所得应为归妹而非未济,坤六变所得应为渐卦而非归妹。据朱震,生出六十四卦的不是乾坤,而是复姤;卦变至第五变生出夬剥即止,并不存在第六变。以理析之,邵伯温所记与沈括无本质不同,其间差别或仅系异文所致;而朱震之说则有实质区别,且更为合理,可视为对沈括记录的纠正或发展。无论如何,郑夬卦变说大体应即如上述。

郑夬此法实为邵雍先天卦变之变形。《观物外篇》有"乾为一"与"一生二为夬"两段关于所谓先天卦变的描述。(《邵雍全集》第3册,第1182—1183页)其法皆以乾卦为卦变之本,自上而下,或从五爻开始,每次使一爻变阴,依次得大有、小畜、履、同人、姤五卦;或从上爻开始,每次使一爻变阴,依次得夬、大壮、泰、临、复、坤六卦。最终变出六十四卦。由于所得卦数逐次倍增,这两种卦变也呈现出与"一分为二"相似的形式。两种卦变中,郑夬之法与后者异曲同工。按郑夬之法画出的图式,与大圆图十分类似,但内外方向需要对调,阴阳各爻需要尽换,诸卦顺序也要调整。潘雨廷先生对于郑夬卦变早有考察,指出郑夬之图与大圆图的区别在于内外观法不同,洵为有见。不过,如果考虑到诸卦卦象、卦名特别是卦序均已调换,郑夬若有易图,大概未必仍因邵雍之旧,而是可能更作新图,如上所论。

郑夬易学与邵雍的关系是宋代易学史上的一桩公案。其间原委，学者各有推测，此非本文所欲论。本文要指出的是，从内在理路上看，郑夬此说与邵雍易学确有十分密切的因缘；更具体地说，郑夬是从卦变的角度重述、发展了邵雍易学。郑夬此说可以代表同时代学者对邵雍易学的普遍认识。一个值得注意的现象是，两宋之际的易学学者，每每将卦变视为邵雍易学的特色，如前引沈括、朱震，以及较朱震稍晚的张浚、张行成，乃至更晚如程大昌、林栗、项安世等，在其易著中，皆以卦变解读邵雍之学。主体部分成于南宋中期以前的诸种易图学文献，虽未将郑夬式的卦变明确地归于邵雍，但也是在同样的语境中将此种卦变当作关注的重点。可以说，在与邵雍同时及稍后的学者看来，卦变乃是邵雍易学的一大宗旨。这种解读的流行一方面与郑夬有直接关系，观诸书所论卦变几乎皆出郑夬说即可知；另一方面也与时代学术的面貌有关，即当南北宋之际，卦变才是对于卦之来源的主流解释。成卦与卦变的区别，以及邵雍易学的特色，此时尚未得到深入认识。

郑夬之说代表了两宋之际学者解读邵雍易学的一种进路。此说虽然涉及"一分为二"，却只是"相关""近似"，未对《观物外篇》"一分为二"一段作直接的诠释。真正将先天卦变与"一分为二"相结合、提出另一种解读进路的，是南宋张行成。

张行成认为，《观物外篇》"一分为二"一段是论卦变。在对该段的注释中，张行成提出：

> 自一分至六十四凡六变，《先天图》阴阳之分数也。（《皇极经世观物外篇衍义》卷四，以下简称《衍义》，《景印文渊阁四库全书》第804册，第103页）

所谓"六变"，即指先天卦变。

在对《观物外篇》"一变而二，二变而四，三变而八卦成矣；四变而十有六，五变而三十有二，六变而六十四卦备矣"一段的注释中，张行成对先天卦变的步骤作了细致解说：

> 变而二者，得二卦也；二变而四者，得四卦也；故三变而八卦成。四变而十有六者，得十六卦也；五变而三十二者，得三十二卦也；故六变而六十四卦备。此《先天图》卦变也。重卦之变，自乾变坤，自坤变乾。从本卦之一，六变得三十二数，而成六十四卦。一变得一数，与本而成二卦；二变含三一变，得二数而成四卦；三变含五六七之三变，得四数而成八卦；四变含九至十五之七变，得八数而成十六卦；五变含十七至三十一之十五变，得十六数而成三十二卦；六变自然含五变之三十一变，得三十二数而成六十四卦也。（《衍义》卷三，《景印文渊阁四库全书》第804册，第96—97页）

所谓"六变得三十二数，而成六十四卦"，即前注"自一分至六十四凡六变"。在《易通变》中，张行成对其卦变立场做了更直接的表达：

> 乾为一，太极也。上爻当初变，得二类为两仪。五爻当再变，得四类为四象。四爻当三变，得八类为八象。三爻当四变，得十六类为十六象。二爻当五变，得三十二类为三十二象。初爻当六变，得六十四类乃成六十四卦矣。六十四卦实得八卦，余皆重卦之互变，故曰"《易》有太极，是生两仪，两仪生四象，四象生八卦"也。自坤为一，以当元气，其变亦然。

依张行成此说，《系辞》"《易》有太极"一段，与《观物外篇》"太极既分，两仪立矣"一段，都是对先天卦变的解释。这就无疑是将"一分为二"理解成了卦变问题。

张行成上述解读的实质，是以卦变为线索，将《观物外篇》"一分为二""一变而二""一生二"三段串联起来，认为三者都是对卦变的说明，而"一生二为夬"的先天卦变是此三段的蓝本。这种解读十分巧妙，不仅留意到了三段形式上的相似，而且对邵雍易学的宗旨给出了明确的解释。在对卦变主题的把握上，张行成较之郑夬，可谓更加鲜明而深入。

张行成的解读虽富新意，但却存在巨大的困难。张行成试图在"一生二"诸说之间建立起同一性，却不曾注意到，《观物外篇》对"一分为二"与"一生二"的表述其实并不相同：关于"一分为二"，邵雍则云"太极既分，两仪立矣"，是以太极为一；关于"一生二"，邵雍则云"乾为一""一生二为夬"，是以乾为一。对邵雍来说，太极是生成之本原，乾坤只是变化之开端，两者不能混同；而太极与乾坤既然不能混同，"一分为二"与"一生二"自然也就不能等量齐观。张行成试将诸说都作卦变处理，在文本解读上首先就难以自圆其说。此外，如《观物外篇》"阳上交于阴，阴下交于阳""天之四象""地之四象""八卦相错"等语原有明确所指，在行成此说中却尽皆无从落实，也是解释未能入榫的表现。

文本解读的困境是思想困境的折射。张行成的解释，从根本上错失了邵雍易学的宗旨。分析乾坤与太极之别可知，如果说"一生二"的乾坤卦变描述的是卦之转化，那么，"一分为二"的太极之说要探讨的则是更为根本的卦之形成，或者说是卦之转化何以可能的问题。形成与转化都是对于卦之来源的解释，但前者是自无形而至有象，后者只是有形存在间的变化，两者不能混同。邵雍以太极为标志，既言"太极既分"，又言"乾坤起自奇偶，奇偶生自太极"（《观物外篇》卷下，《邵雍全集》第3册，第1240页），就已明确表达出了追论卦之本原、乾坤之所从来的态度，而不再仅仅是讨论六十四卦内部的流转。张行成昧于此意，将成卦化归入卦变之中，这种理解上的错位是其混同乾坤与太极、解释不能浃洽的根源。明代熊过评价张行成此说，谓其"言变卦而昧于生卦，失本旨矣"，可谓深中要害。

纵观邵雍之世至南宋早期，当时学者基本是以卦变来把握邵雍易学的宗旨，其中又可以郑夬与张行成为代表分作两脉。郑夬借先天卦变立说，所述纯未超出卦变的范围；张行成就"一分为二"立论，是以卦变的形式容摄成卦的内容。两说各有特色，亦各有困难：郑夬之说只涉及先天卦变，并未处理"一分为二"的主题；张行成之说试图赋予一贯的主题，却不合邵雍原意。邵雍易学的宗旨，需要在卦变之外找寻更为贴切的阐释。

三、朱子对"一分为二"说的诠释

及至朱子，"一分为二"说的诠释终于发生了根本的变化。这一变化在朱子本人也经历了一个历史的过程。

朱子对邵雍易学的关注似不甚早。朱子进士以治《易》出身，对易学本较熟稔；但早年所学多主义理，对象数似无深入研究。朱子较早论及邵氏，是在乾道六至七年（1170—1171）。此时朱子有《六先生赞》之作，其中谈及邵雍；又论及邵雍四分之数与"《易》有真数"之说。至于谈及"一分为二"与《先天图》，似已晚至淳熙七年（1180）。是年朱子在信中，对程迥"两仪四象之说"表示认同，并提到"闽中前辈尝有为此说者，鄙意亦窃谓然，初未敢自信也，今得来示，斯判然矣"（《答程可久》，《文集》

卷四十四，《朱子全书》第21册，第1643页）。这正是指"一分为二"之法。淳熙十一年（1184），朱子第一次明确采用了"自一而二，自二而四，自四而八，以为八卦"（《答黄直卿》，《文集》卷四十六，《朱子全书》第22册，第2155页）的表述。淳熙十三年（1186）成书的《易学启蒙》，更对"一分为二"作了典范性的解读。此后，"一分为二"成为朱子晚年反复论说的主题。

由朱子与程迥书可知，朱子的这一解读，起初是受"闽中前辈"的影响。"闽中前辈"，可能指蔡氏。蔡元定编纂的《皇极经世指要》中，录有与朱子《伏羲八卦次序图》（小横图）形制极似而更见简朴《伏羲始画八卦图》与《经世衍易图》，两图盖即蔡氏易学之成果。朱子的"一分为二"说当即发源于此。立足于此种自下而上、逐爻生成的图式，朱子认为，邵雍"一分为二"是指《周易》由太极生出一阴一阳，然后从作为初爻的一阴一阳开始，每次在前一爻之上再画一阴一阳，直画至六爻满处，如此得出六十四卦。这种方法已是标准的成卦说，而与此前郑夬、张行成的卦变说有了根本不同。两者的区别在于：成卦说必有太极，以乾坤与诸卦为太极所生；卦变说却只归本乾坤，将乾坤看作是诸卦的来源。朱子指明了成卦的主题，重新揭示出作为六十四卦之根源的太极在邵雍"一分为二"说中的关键位置。这种慧识，与其理本论的哲学取向是一致的。

朱子的解读与横图有本质的联系。在朱子的时代，除横图外，圆图成卦图式也有流传：洪迈、林至、项安世有以圆图成卦之法；《周易图》有《六十四卦阴阳倍乘之图》；更早，北宋也有类似图式传世。但在朱子的论述中，横图几乎是其解释成卦的唯一途径，圆图罕与成卦问题发生关联。朱子坚持以横图形式解读成卦，一方面或是素所接受的传统使然,另一方面,更根本地,则是出于思想上的见解:在朱子看来,横图言生成之次序(故名《次序图》),圆图言周流之变化(故名《方位图》),成卦作为形成之事,必须在流行之先,因而只能归诸前者而非后者。这也是朱子一定要先画横图、再由横图折成圆图,而非直接以圆图同时包举成卦与流行的原因所在。

朱子对卦变并不陌生。《程氏易传》中的卦变问题朱子素有究心,朱震卦变对朱子也有影响,《周易本义》更有系统的卦变图之作。然而,朱子却终不曾以卦变解读"一分为二"。这大概未必是由于未见其说的缘故:郑夬卦变载于《易学辨惑》与朱震《周易卦图》,两书朱子盖皆有浏览;程大昌、林栗述及郑夬卦变,其书朱子也有所见闻。朱子不取卦变说解读"一分为二",在根本上是由其哲学取向决定的:对朱子来说,太极与阴阳、理与气的区分是如此自然且当然,以致面对邵雍"太极既分,两仪立矣"之论,朱子必然会将太极理解为本体,将乾坤理解为有象之物,采取成卦式的解读思路。反过来说,由于混淆太极与乾坤,"一分为二"的卦变式解读也势必难以在强调理气有别、太极不同于万物的朱子处取得认同。可以认为,即使没有传自"闽中前辈"与程迥的易说,朱子对邵雍易学也必然倾向于采取同样的解读,二者在这里仅仅起到了道夫先路的作用。

从邵雍到郑夬、张行成再到朱子,"一分为二"说的解读经历了从模糊到清晰、从成卦到卦变再到成卦的演变历程。这在易学上是一个成卦说逐渐形成的过程,在哲学上则是一个太极本体逐步确立的过程,或者说,是太极阴阳一元二体的世界观在易学领域建立的过程。这一过程是由邵雍初步完成:邵雍提出"一分为二",已经扫除了前人旧有的卦变说的哲学根基，初步划出了成卦与卦变的界限；但其定型与明晰，终究要到朱子手中才真正实现。如同对周张二程的重新阐明一样，朱子时隔一百年后的解读为邵雍哲学提供了清晰的形式。得益于朱子的阐扬，邵雍的易学最终以一种足够简明的形态参与到了理学世界观的建构过程中去。

除阐明"一分为二"说的成卦意义外，朱子对于邵雍易学的贡献还在于借此点出了成卦与伏羲之易的关系，以及一般性地讲出了成卦与卦变的区别。特别是后者，对于朱子自己的易学建构也产生了巨大的影响。朱子晚年反复讲"卦有两样生"，认为邵雍"先天后天之说最为有功"（《朱子语类》卷六十五，第1610页），就是认为邵雍成卦与卦变的区分建立起了统摄生成与变化的易学体系。在这一观念的指导下，朱子在自己的卦变说中也为成卦与卦变划出了分明的界限：朱子以伏羲卦序排布诸卦，而以文王卦爻辞之用组织卦变，这当中显然有伏羲之易与文王之易、成卦与卦变的体用之别。于此可以见出朱子对邵雍易学的继承与发展。其实，即使是朱子对邵雍易学的误解，如认为一卦各爻有则一时俱有，不存在时间性的过程，以及认为六爻之上仍可继续化生，也多是出于对成卦说的坚持。在这个意义上，朱子是将邵雍的成卦说在理的方向上做了进一步的发展，邵雍易学在朱子手中得到了更彻底的展开。

（作者系清华大学新雅书院助理教授）

罗钦顺对朱子"理一分殊"说的继承和发展

◎ 魏鹤立

在宋明理学发展的过程中,"理一分殊"一直是贯穿其中的一个重要命题。这个命题最早由程颐回答杨时的问题时提出,后来程门弟子对此亦有所论述,南宋的朱熹在此基础上将这一命题的理论内涵挖掘得更为深入、涉及的面向更为广泛。到了明代,心学逐渐主导了学术界的讨论,程朱一脉虽然仍有传承,但已逐渐式微。此时,罗钦顺力诋心学所谓的良知之学实为禅学,在与心学学者的辩论中,他对于传统的朱子学不仅有所继承,更是多有发明,其对于理一分殊这个命题的使用和改造当是最具代表性的一例。本文即从此历史脉络中出发,梳理罗钦顺对于"理一分殊"这个命题的不同用法,并力图结合罗钦顺的整个哲学框架,揭示他用此命题反驳异端之学、救正朱子之教的构想和努力。

一、朱子对"理一分殊"的阐发

"理一分殊"这个命题最早由程颐回答杨时的疑问时所提。杨时读了张载的《西铭》以后，觉得张载在其中所说的"乾坤父母、民胞物与"的思想虽然发明了圣人微意，但是却言体而不及用，更严重的是，他认为张载的这种讲法类似于墨家所说的兼爱思想。程颐为了解答杨时的疑问，他在《答杨时论西铭书》中明确区分了二者思想间的异同，按程颐所说，"《西铭》明理一而分殊，墨氏则二本而无分。分殊之蔽，私胜而失仁；无分之罪，兼爱而无义。分立而推理一，以止私胜之流，仁之方也。无别而迷兼爱，至于无父之极，义之贼也。子比而同之，过矣。且谓言体而不及用。"[1]程颐此处使用"理一分殊"这个命题，明显是仅限于伦理学的范围之内：此处的"理一"是指一个统一的道德规范或原则，"分殊"则是指在具体的道德实践中，针对着不同的对象，应该要有所区别对待而不能一视同仁。在程子之后，这个命题虽然也被其门人弟子所讨论，但大都是在程子原有的框架之内进行叙述，并无太多新的见解，比如朱子的老师李侗就曾对他说过"吾儒之学，所以异于异端者，理一分殊也。理不患其不一，所难者分殊耳。"[2]这种说法大体上还是接续程子的话头，并没有从更高的层面上来检视这一命题，真正将此命题发扬光大，使它成为理学中的一个核心概念，这个工作是由南宋的理学大家朱子所完成的。[3]

朱子把"理一分殊"这个命题与自己的哲学建构结合起来，既丰富了这个命题的内涵、使其更具有哲学性和思想性，而且大大扩展了这个命题的应用范围，让它从原有的伦理学领域扩散到天地间的万事万物，如此，"理一分殊"在理学内部的讨论中才逐渐变得重要起来。在朱子的哲学建构中，"理一分殊"本身是很重要的一部分，它既是一个具有总括性的命题，又是证明其它命题的工具或手段，因此，朱子常常在不同的场景和语境中使用这个命题，这就使得这一个原本意义单一的命题变成了一个具有多种面向、不同层次的复杂命题。正是因为朱子使用此命题时的多面性和复杂性，想要全面地把握朱子所说的"理一分殊"并非易事，陈来、景海峰、蒙培元、束景南等学者都尝试从不同的角度来揭示这一命题的意义：景海峰主张将"理一分殊"这个命题与孔子所说的"一贯之道"结合起来进行阐发，认为"理一"即是"一"，"分殊"即是"贯"，反对将"贯"摄归于"一"而提倡"贯"在"一"先；[4]蒙培元则认为朱熹在使用"理一分殊"的命题时，其核心指向是世界的统一性与多样性，他认为朱熹所说的"理一"是最高原理、是人类共有的最终价值，而不是最高实体；[5]束景南主要着手于朱子使用"理一分殊"时所表达的认识论指向，他认为朱子的"理一分殊"说体现在认识论领域就是要由"分殊"最后体认到"理一"。[6]

  "理一分殊"这个命题之所以变得如此重要并成为后来理学家讨论的重点，关键的转折点就在于朱子将这个命题进行了本体论面向的展开，如此这个命题才真正具有哲学性，并且与程朱一脉以天理论本体的思潮紧密结合起来。在朱子的哲学建构之中，"理"或"天理"在一定程度上确实是有着本体或本原的意味的，这也就意味着"理"与天地万物的生成是有紧密关系的，如此，朱子就不得不回答一个问题，即万物的生成需要"理"，那么万物生成以后至上的"理"与万物之间的关系究竟如何，万物的内部有没有"理"，如果有"理"的话那么万物内部的这个"理"与作为本体的至上之"理"有什么关系？这个问题其实是在哲学领域建构本体时必然会遇到的麻烦，即如何看待本体与现实世界中实际存在物之间的联系。朱子正是为了解决这一理论难题，于是引进"理一分殊"之说。

朱子使用"理一分殊"时所涉及的"理"大致有二义：其一是指本体层面的"理"，即"天理"；其二则是指物理层面的"理"，即"分理"。"一"本身有两种不同的指向：如果这个"一"是表示特殊的、个别的"一"，那么此"一"是华严宗"一多相摄"的命题所涉及的"一"，比如一根狮子毛、一滴海水；如果此"一"指的是普遍的、全体的"一"，那么它就是朱子所说的"理一"的"一"，这也是朱子的"理一分殊"与华严宗"一多相摄"的区别所在。[7]"分"这个字历来就有两种读法，陈荣捷在分析这一命题时曾指出程颐所说"理一分殊"的"分"并不是指"分开"，这里应该读去声，表示"义务、所得份、赋受"。朱子在使用该命题时两义都有用到：如果读成去声，那它表示本分、等分之义，这是在从本体论的层面谈论"理一分殊"；如果读成平声，那它表示分开、分散之义，这是从宇宙论的层面谈论"理一分殊"。关于"殊"，朱子的用法比较复杂，在其讨论中所"殊"的既可以是"理"，也可以是"物"。同时，"殊"亦有不同的类型：一种是"殊"之间并没有差别，这就如"月映万川"一样，不同江湖中的"月"并没有什么差别；另一种则是"殊"之间仍存在着差异，这就是朱子所说的"物散万殊"的情况。

通过朱子的诠释和运用，"理一分殊"才真正成为一个具有普遍性和思辨性的哲学命题。在朱子之后，这一命题亦成为理学讨论中的核心义理，诸家虽有所发，但亦多是在朱子所架起的框架内进行讨论，直到明中期罗钦顺的出现，才在实践和义理两方面对此命题有进一步的深化和阐发。

二、"理一分殊"论理气

罗钦顺是明中期一位著名的朱子学学者,他本人处于"理的哲学""心的哲学""气的哲学"相转换的时代,[8]在如此多元复杂思想的碰撞之中,他坚守朱子学的底线,对于当时流行的佛学和心学都提出了严厉的批评。同时,他也对朱子原有的哲学框架进行了某些修改和调整,所以杨儒宾认为他是"第一位在朱子学的藩篱内对朱子学的议题提出强烈质疑的朱子学学者"。[9]关于罗钦顺的思想架构,黄宗羲认为"先生之论心性,颇与其论理气自相矛盾",[10]他认为罗钦顺在讨论理气时超越了朱子理气二分的局限,但是在心性论方面却仍然秉持了朱子心性二分的理路,如此,罗钦顺论理气和论心性两部分是自相矛盾的,由此也会带来天人无法合一的悖谬。为什么罗钦顺的体系之中看起来会有这么大的漏洞?这可能与他既想发展朱子学、又想克服佛学和心学弊端的意图有密切关系,而想要进一步了解他思想中的这种矛盾所在,可以从他对"理一分殊"这个命题的认识和论述中入手。"理一分殊"在罗钦顺的思想体系中是一个重要的命题,它不仅是一个结论,更是一种工具,他在论述理气、心性、性善性恶等概念的关系时常常借用这一命题进行表述,下文即具体地分析罗钦顺如何用"理一分殊"表达他对于理气和人性的看法。

朱子使用"理一分殊"最重要的目的乃是证明最高的"理一"和天下万物间"分殊"之理在性质上并没有差别,而且"分殊"的理绝不会影响"理一"的完整性。这种描述"一理"和"万理"关系的用法在罗钦顺的体系之中也有所体现,他说:

此理之在天下，由一以之万，初非安排之力，会万而归一，岂容牵合之私？是故察之于身，宜莫先于性情，即有见焉，推之于物而不通，非至理也。察之于物，固无分于鸟兽草木，即有见焉，反之于心而不合，非至理也。必灼然有见乎一致之妙，了无彼此之殊，而其分之殊者自森然其不可乱，斯为格致之极功。[11]

罗钦顺认为天下间的"理"只是一个"理"，"理一"的理和"分殊"的理在本质上并没有什么不同，所以在"由一以之万"和"会万而归一"的过程之中并不需要外力的安排和牵合。在此需要注意的是，罗钦顺着重强调了外在的物理和人心中之理亦只是一个"理"，所以察身以后要推之于物、察物以后要反之于心，他通过这种反复的过程强调的无非是"分殊"之理中的一致之妙，即与朱子一样强调"理一"和"分殊"之间的互通关系。

虽然罗钦顺也使用"理一分殊"来强调"理一"和"分殊"的相同点，但他使用这一命题更重要的用法是描述理和气之间的统一性。罗钦顺在理气关系上对朱子的结构所做的最重要的调整就是反思理气二分、理能生气等说法，他的基本思路是在"气"之上来认识和体验"理"，如此的"理"就只是"气之理"，他说"理只是气之理，当于气之转折处观之""初非别有一物依于气而立、附于气以行"，[12]关于这一点，学界已经有很多论述了。本文想要说明的是，罗钦顺是如何运用"理一分殊"的命题将"理"收摄到"气"上进行认识的。

朱子在本体或本原层面使用"理一分殊"这个命题主要是想解释周敦颐的宇宙生成论，也就是前面所说的"太极—阴阳—五行—乾道成男、坤道成女—万物化生"的模式，他用"理一分殊"说明有一个统体的太极，万物化生以后则是物物有一太极。朱子在此层面对"理一分殊"的使用与他的理气论存在着内在的紧张，按他所说"自其末以缘其本，则五行之异本二气之实，二气之实又本一理之极，是合万物而言之，为一太极而已也"，既然阴阳二气本于一理之极，那么"气"和"理"就具有一定程度上的同质性，如此则怎么可以谈理气二分并以形而上下来区分理气呢？罗钦顺正是看出了这一点，所以他使用"理一分殊"的命题来纠正朱子的理气论也是就此处所论太极与阴阳的关系而发，关于二程和朱子对太极与阴阳二气关系的看法，罗钦顺做过一个非常简明扼要的对比说明：

> 或者因"易有太极"一言，乃疑阴阳之变易，类有一物主宰乎其间者，是不然。夫《易》乃两仪四象八卦之总名，太极则众理之总名也。云"易有太极"，明万殊之原于一本也，因而推其生生之序，明一本之散为万殊也。斯固自然之机，不宰之宰，夫岂可以形迹求哉？斯义也，惟程伯子言之最精，叔子与朱子似乎小有未合。今其说具在，必求所以归于至一，斯可矣。程伯子尝历举《系辞》"形而上者谓之道，形而下者谓之器""立天之道曰阴与阳，立地之道曰柔与刚，立人之道曰仁与义""一阴一阳之谓道"数语，乃从而申之曰："阴阳亦形而下者也，而曰道者，唯此语截得上下最分明。元来只此是道，要在人默而识之也。"学者试以此言潜玩精思，久久自当有见。

所谓叔子小有未合者，刘元承记其语有云："所以阴阳者道。"又云："所以阖辟者道。"窃详"所以"二字，固指言形而上者，然未免微有二物之嫌。以伯子"元来只此是道"之语观之，自见浑然之妙，似不须更着"所以"字也。所谓朱子小有未合者，盖其言有云："理与气决是二物。"又云："气强理弱。"又云：

"若无此气，则此理如何顿放？"似此类颇多。惟答何国材一书有云："一阴一阳，往来不息，即是道之全体。"此语最为直截，深有合于程伯子之言，然不多见，不知竟以何者为定论也？〔13〕

罗钦顺在此处发挥"理一分殊"的义理论证《易》里面讲"太极"是为了说明"万殊之原于一本也，因而推其生生之序，明一本之散为万殊也"，以此观点再去考察理气关系就绝不会把理和气分开看为二物。他认为明道虽然也讲形而上下的区别，但他所说的"元来只此是道"还是把太极与阴阳都统摄于道体；伊川则在"阴阳"前面加上"所以"二字，如此就把"阴阳"当作气而把"所以阴阳者"当作独立于"气"之外的"理"；朱子则进一步加深了伊川这种二分的谈法，其"理与气决是二物""气强理弱"等语都把理和气完全割裂开来了。

罗钦顺进一步指出，朱子之所以会认为"理与气决是二物"其实就是受到了周敦颐宇宙生成模式的影响，他说：

> 周子《太极图说》篇首无极二字，如朱子之所解释，可无疑矣。至于"无极之真，二五之精，妙合而凝"三语，愚则不能无疑。凡物必两而后可以言合，太极与阴阳果二物乎？其为物也果二，则方其未合之先各安在邪？朱子终身认理气为二物，其源盖出于此。愚也积数十年潜玩之功，至今未敢以为然也。〔14〕

周敦颐认为太极与阴阳"妙合而凝"，罗钦顺在此就"合"字发问，他认为"合"是表示几个不同的事物合成为一个事物，既然如此，在"合"之前这几个事物就必然是独立存在的。他认为周敦颐此处其实已经暗示了太极与阴阳在本质上是"二"而不是"一"，因此才会导致朱子后来"终身认理气为二物"。

既然已经找到了朱子理气二分的根源，罗钦顺就开始用"理一分殊"的原则来改造朱子的理气论。他认为作为"理一"的太极虽然在逻辑上拥有优先性，但是它并不能直接被认识或感受到，"理一"一定要通过"分殊"的彰显才能够发挥自己的作用，这也就是他所说的"理一也，必因感而后形，感则两也。不有两即无一"。〔15〕在这种基础上，"理一"和"分殊"或者"一"和"二"之间并不是截然对立、相互分离的独立存在物，而是紧密联系、相互渗透的一体之物，这种关系罗钦顺称之为"一而二、二而一"的存在。

> 神化者，天地之妙用也。天地间非阴阳不化，非太极不神，然遂以太极为神，以阴阳为化则不可。夫化乃阴阳之所为，而阴阳非化也。神乃太极之所为，而太极非神也。"为"之为言，所谓"莫之为而为"者也。张子云："一故神，两故化。"盖化言其运行者也，神言其存主者也。化虽两而其行也常一，神本一而两之中无弗在焉。合而言之则为神，分而言之则为化。故言化则神在其中矣，言神则化在其中矣，言阴阳则太极在其中矣，言太极则阴阳在其中矣。一而二，二而一者也。学者于此，须认教体用分明，其或差之毫厘，鲜不流于释氏之归矣。〔16〕

"神化"是中国哲学中一组常用的概念，"神"和"化"的关系也一直是历代哲学家所关注的要点，张载所说的"一故神，两故化"即是针对这个问题而发。在张载的体系之中，"神"和"化"并不是两个独立存在的事物，它们只是从两个不同的面向来描述同一个事物，其中"神"是描述这个事物的"存在"，"化"是描述这个事物的"运行"，如此则"言化则神在其中矣，言神则化在其中矣"。如果将这种"神化"模式与前文所论太极与阴阳的关系结合起来，则太极其实就是表示存主处的"神"，而阴阳则是表示太极运行处的"化"，如此，太极与阴阳就绝不会是各自存在的两个事物，而是从不同的面向对同一个事物进行描述，即"言阴阳则太极在其中矣，言太极则阴阳在其中矣"。虽然如此，太极与阴阳之间还是必有分矣，它们之间的区别又何在呢？罗钦顺认为这就是所谓的"体用分明"：如果仅仅只有"体"，其实它是根本无法被认识的，只有通过"用"的运行，"体"的本质才能够被彰显出来；另一方面，"用"不可能是由无自有、凭空发生的，"用"一定要依附于"体"之上，其作用才能发挥。通过在"一而二、二而一"这种层面上使用"理一分殊"这个命题，罗钦顺就将在朱子处所显现的太极与阴阳、理与气之间的罅隙缝合起来，如此的"太极"或者"理"就绝不是凌驾于万物之上、俯视一切山河大地的"理"，而是与气交融、必须于气上方能认取的"气之理"。

"理一分殊"这个命题自被伊川引入理学的讨论范畴之内，在理解"理一"与"分殊"这两端之上诸位理学家都有一个基本的倾向，即更加重视"分殊"：伊川引入此命题时就是要以"分殊"来说明张载的"民胞物与"并非墨子的"兼爱"；朱子早年受学于李侗时也被告知"理不患其不一，所难者分殊耳"，罗钦顺却特别标示出"理一"的重要性及其理论意涵。常与罗钦顺论学的朱子学者林希元曾说"理一分殊，理与气皆有之。以理言，则太极，理一也；健顺五常，其分殊也。以气言，则浑元一气，理一也；五行万物，其分殊也"，即理一分殊既可以在理上说，也可以在气上说。对此，罗钦顺回应说"究观高论，固是分明，但于本末精粗，殊未睹浑融之妙。其流之弊，将或失之支离。且天地间亦恐不容有两个理一，太极固无对也"，即理一分殊的"理一"只可以在理上说，这是要彰显出"理一"的特点。[17]类似的说法并非偶见，他还说过"宜更从天理上研究，方见得理一分殊"，[18]也曾言"仆言理一分殊最尽，只是说道体"。[19]由此可见，罗钦顺比较重视"理一分殊"中"理一"的理论意涵，而他强调"理一"是为了说明天理的存在，突显出作为道体的天理不可须臾离也。罗钦顺究竟是理本论者还是气本论者，是学界长期热议的一个话题，这种结论需要对罗钦顺的整个思想体系进行综合考量后方能论定，但是，从他对理一分殊的理解和诠释中，至少可以看出，他虽然反对理气二分，但并非认气为理，而是同样强调天理，他所谓的"理"，也不全然是分殊之理，而是"统体一太极""太极固无对"的"理一"。由此可见，将罗钦顺视为气本论的代表还是不够准确的，"理气是一""理气一物"才是较为精当的概括。[20]

三、"理一分殊"论心性

上文主要分析了罗钦顺如何用"理一分殊"的命题修正朱子的理气论，从而弥合朱子体系中太极与阴阳、理与气之间的罅隙，在这个层面上使用"理一分殊"其实仍然在朱子所开创的框架之内，罗钦顺对于这个命题在理论上的创新和贡献乃在于以此论心性、人性善恶之说。罗钦顺重视"理一"，但这并不表示他忽略"分殊"，他通过"分殊"说明格物的重要性，从而反对一种笼统的、模糊的、不加分别的理论系统，他经常从这个角度入手批评佛学和心学只知有"理一"而不知有"分殊"，他曾言：

所谓理一者，须就分殊上见得来，方是真切。佛家所见，亦成一偏，缘始终不知有分殊，此其所以似是而非也。其亦尝有言"不可笼统真如，颟顸佛性"，大要以警夫顽空者尔。于分殊之义，初无干涉也。其既以事为障，又以理为障，直欲扫除二障乃为至道，安得不为笼统颟顸乎？陈白沙谓林缉熙曰"斯理无一处不到，无一息不运，得此把柄入手，更有何事？"其说甚详，末乃云"自兹以往，更有分殊处，合要理会。"夫犹未尝理会分殊，而先已得此把柄，愚恐其未免于笼统颟顸也。况其理会分殊工夫，求之所以自学，所以教人，皆无实事，可见得非欲稍自别于禅学，而姑为是言邪？湛元明为改葬墓碑，并"合要理会"句亦不用，其平日之心传口授，必有在矣。[21]

佛学只从一个"心"入手，将山河大地全统在此一"心"之下，更不求在此"心"之下有何具体的差别，这就是仅仅执着于"理一"的"心"而不求理解"分殊"之"理"。罗钦顺对于佛学的主要批评就是集中在此"心"而发，他认为佛学在论"心"时只求"理一"而不讲"分殊"，这也就是他所说的"识心不识性""有见于心、无见于性"，如此，其结果只能是"笼统真如，颟顸佛性"。心学的弊端也与此相似，由"心"出发只期望追求一个"把柄"便能万事俱了，而不去做具体的"分殊"工夫，如此执着于空虚的"理一"，而不是如程朱一般由"分殊"的体认最终上升到"理一"，两者虽然都讲"理一"，但程朱的"理一"是实的、有内容的，而心学的"理一"则是没有内容物的笼统概念。

罗钦顺不仅指出佛学和心学都只是偏重于"理一"而不讲"分殊"，他还进一步以此命题阐发他对于心性问题的看法。朱子将理气二分后，其理论在人性方面的自然延伸就是"天命之性"和"气质之性"的对举，这种说法在张载时就已经出现，而朱子则以自己

的理气论为此种区分提供了形上的保障。罗钦顺以"理一分殊"的原则论"性",首先就是要反对这种二分法,他说:

> 理一分殊四字,本程子论《西铭》之言,其言至简,而推之天下之理,无所不尽。在天固然,在人亦然,在物亦然;在一身则然,在一家亦然,在天下亦然;在一岁则然,在一日亦然,在万古亦然。持此以论性,自不须立天命、气质之两名,粲然其如视诸掌矣。[22]

这段话的前半段罗钦顺是在肯定"理一分殊"这个命题所具有的普遍性,这个命题在原初时虽只运用于伦理学领域,但它其实是揭示了一般性的真理,所以可以从一身一时而推到天下万古。如此,这个命题当然也可以运用于性命问题的讨论之中,如此则不再需要将一"性"分为"天命、气质之两名",进一步而言:

> 但曰"天命之性",固已就气质而言之矣;曰"气质之性",性非天命之谓乎?一性而两名,且以气质与天命对言,语终未莹。朱子尤恐人之视为二物也,乃曰"气质之性,即太极全体堕在气质之中。"夫既以堕言,理气不容无罅缝矣。惟以理一分殊蔽之,自无往而不通。[23]

罗钦顺先说"天命之性"是"已就气质而言之",即只要谈到现实的人性,那么这种现实的人性就已经是受到气质影响的,不可能去寻求一个完全不受气质影响、纯洁无杂的"天命之性"。这其实也就是明道所说的"人生而静以上不容说,才说性时便已不是性也",从这一点来看,罗钦顺不承认有独立于气质之外的"天命之性"。但是,他从另一个方面又说,如果仅仅认为"性"只有"气质"的来源,这也是不妥当的,因为"性非天命之谓乎?"在此可以看到,罗钦顺虽然反对"天命之性"与"气质之性"的这种二分，但他还是接受理学中"天道性命相贯通"的基本预设。他所谓的"性""气质之性"中的"性"也当然的具有超越的意义，所以杨儒宾认为罗钦顺的"气质之性"乃是"气化为性，而不是性化为气"。[24]

通过以上分析可见，罗钦顺反对"天命之性"与"气质之性"的二分，绝不是取消"天命之性"而只谈"气质之性"，他是意图把"天命"与"气质"两者都收摄到一"性"中来，而其收摄的理论依据则是"理一分殊"。其实在朱子的体系之中也有类似的尝试，比如他说"气质之性，即太极全体堕在气质之中"，这就是想在"气质之性"中识取出"理一"的太极，但罗钦顺认为朱子用"堕"这种讲法还是会让人以为理气为二物，所以他要用"理一分殊"的原则来替换朱子的太极之"堕"。那么一"性"之中的"天命"与"气质"又是如何具体体现"理一分殊"的原则呢，罗钦顺分析这一点时说：

> 窃以性命之妙，无出"理一分殊"四字，简而尽，约而无所不通，初不假于牵合安排，自确乎其不可易也。盖人物之生，受气之初，其理唯一，成形之后，其分则殊。其分之殊，莫非自然之理；其理之一，常在分殊之中。此所以为性命之妙也。语其一，故人皆可以为尧舜；语其殊，故上智与下愚不移。圣人复起，其必有取于吾言矣。[25]

罗钦顺并不认为"性"中的"天命"是"理一""气质"是"分殊"，他说"盖人物之生，受气之初，其理惟一"，"理一"既体现在"人物之生"，也体现在"受气之初"。"成形之后，其分则殊"，这是指人在不同环境，所遇不同，就会导致"性"从"理一"走向分殊。如此，罗钦顺用"理一分殊"这个命题既贯彻了理学中"天道性命相贯通"的原则,又能够解释现实中所表现出来的人性的各种差异,如此"语其一,故人皆可以为尧舜;语其殊,故上智与下愚不移",他认为这是最全面的论"性"之法。

综合来看,罗钦顺的基本思路是用"理一分殊"将"天命"与"气质"统合在一"性"里面,那么在一"性"之中又如何区分"理一"和"分殊"呢?他基本还是按照时间顺序,以人是否"成形"作为分界点,人物之生时其理唯一,成形之后其分则殊。这其实还是没有完全突破"天命""气质"二分的范围,以"成形"为界点来对"性"进行区分这原本就是二分框架的产物。从这个地方可以看出,罗钦顺虽然有意识的想要突破二分的框架,并且已经在用"理一分殊"的原则处理"一性而两名"的问题,但是他始终找不到一个新的模式去安放"理一"和"分殊"这两端,这就导致他虽然想要将"天命"和"气质"两者结合起来,但是却找不到一个合适的模式将两者都进行安顿,于是他还是只能在旧有的框架之中谈"天命之性"与"气质之性"的结合。这种处理问题的方式使罗钦顺的理论既具有突破性,又不得不带有某些局限,所以他只能走到用"理一分殊"统合"天命之性"与"气质之性"这一步,却很难对于"天命之性"和"气质之性"这两者本身有更为深入的阐发和说明。

罗钦顺以"理一分殊"的原则论"性",在破除"一性而两名"的背景下,他对于与此"性"相关的一些对立概念也有了一种全新的解读模式,即把对立的存在改造为相互融通、有所联系的存在,从而把它们也收摄进"理一分殊"的原则之内。比如他论性之善恶时说:

"性善",理之一也,而其言未及乎分殊;"有性善,有性不善",分之殊也,而其言未及乎理一。程、张本思、孟以言性,既专主乎理,复推气质之说,则分之殊者诚亦尽之。[26]

此处把"性善"或性的统一性归之为"理一",把性的差异性归之为"分殊",如此"性善"与"性恶"这种看似对立的存在就被统合起来,以"理一分殊"论人性之善恶就既承认人性之中有先天的"善",又照顾到确实有先天或后天之"恶"的存在。

宋儒"天理人欲"的区分原本就建基于"一性而两名"和人性善恶理论的基础之上,既然"天命之性——气质之性""性善——性恶"之间的对立关系已经被打破,那么"天理人欲"间的这种严格把持当然也开始逐渐松动,罗钦顺评论宋儒"去人欲""遏人欲"之论时说:

> 先儒多以"去人欲""遏人欲"为言,盖所以防其流者不得不严,但语意似乎偏重。夫欲与喜怒哀乐,皆性之所有者,喜怒哀乐又可去乎?象山又言"天亦有善有恶,如日月蚀、恶星之类。"是固然矣,然日月之食、彗孛之变,未有不旋复其常者,兹不谓之天理而何?故人道所贵,在乎"不远而复",奈何"滔滔者天下皆是也"!是则循其本而言之,天人何尝不一?究其末也,亦安得而不二哉?[27]

罗钦顺的基本论点是将"欲"与"性"联系起来,"欲"既然与喜怒哀乐一样,都是在"性"之中、为"性"所固有的,那么它就当然具有存在的合理依据。宋儒在讨论"天理人欲"的关系时,多强调一种道德律则的制约性,此时的"人欲"自然也是道德语汇而不是生理语汇。罗钦顺按照"理一分殊"的原则进行延伸推论,"欲"源出于"性",而性又来自于"天",如此就将"欲"本身也放到了"天"之中,其结论自然就是"循其本而言之,天人何尝不一",这样就将原本对立的"天理"和"人欲"放到了同一个层面中来进行观察和思考。强调"天理"和"人欲"之间的联系和贯通,这当然并不是罗钦顺孤明先发,比如湖湘学派的奠基者胡五峰就曾说"天理人欲同体而异用,同行而异情",[28]但这种说法在当时毕竟不是主流,影响也有限。罗钦顺从自己的思想体系出发,符合逻辑地推出了"天人何尝不一"的结论,这在理学史对"天理人欲"问题的思考中是很重要的一个进步,不仅深刻影响了明清之际许多学者对天理人欲问题的思考,也在更为广泛的东亚儒学的范围内激起了大量讨论。

结　语

罗钦顺在朱子所创下的"理一分殊"哲学框架之中,对于这个命题在本体论和心性论方面都有所创新和发展:在本体论层面,他通过这个命题走出了"理气二分"的模式,从而倡导"理气一物",需要注意的是,"理气一物"并非是要取消"理一",而是倡导在体用的模式下"就气认理";在心性论方面,他从程朱理论的内部消弭了"天命之性"与"气质之性"间的尖锐对立,并由此合乎逻辑地推出了对于"人欲"在某种程度上的肯定,同时,他通过诠释"分殊"重新彰显了格物的必要性,从而对过于笼统颟顸的佛学和心学进行批判。这两点在后来明清之际的学术思潮中都有所反映和回响,罗钦顺站在朱子学内部对于朱子学所做的这些理论调整,既深刻影响了后世理学家对于朱子学的理解,也给即将到来的反理学思潮提供了某些思路。

（作者系中国社会科学院大学哲学院讲师）

注释

〔1〕程颢、程颐著，王孝鱼点校：《二程集》，中华书局，1981，第609页。

〔2〕黄宗羲原撰，全祖望补修，陈金生、梁运华点校：《宋元学案》，中华书局，1986，第1291页。

〔3〕杨立华认为"理一分殊"是道南学派一贯的主张，其学派传承为杨时传罗从彦、罗从彦传李侗、李侗传朱子，详情可参看杨立华：《宋明理学十五讲》，北京大学出版社，2015，第222页。

〔4〕景海峰：《理一分殊释义》，《中山大学学报（社会科学版）》2012年第3期。

〔5〕蒙培元：《朱熹关于世界的统一性与多样性——"理一分殊说"》，《北京大学学报（哲学社会科学版）》2008年第3期。

〔6〕束景南：《朱熹的"理一分殊"及其认识论指向》，《四川师范大学学报（社会科学版）》2006年第2期。

〔7〕陈来：《朱子哲学研究》，第117-118页。

〔8〕这个说法是钟彩钧援引山井涌的观点，详情可参考钟彩钧：《罗整菴的理气论》，《中国文哲研究集刊》1995年第6期，第199-200页。

〔9〕杨儒宾：《罗钦顺与贝原益轩——貌合神离的两种气论》，收入《异议的意义——近世东亚的反理学思潮》，台北台大出版中心，2012，第292页。

〔10〕黄宗羲著，沈芝盈点校：《明儒学案》，中华书局，2008，第1107页。

〔11〕罗钦顺著，阎韬点校：《困知记》，中华书局，2013，第4页。

〔12〕罗钦顺著，阎韬点校：《困知记》，第89页，第6页。

〔13〕罗钦顺著，阎韬点校：《困知记》，第6-7页。

〔14〕罗钦顺著，阎韬点校：《困知记》，第37-38页。

〔15〕罗钦顺著，阎韬点校：《困知记》，第17页。

〔16〕罗钦顺著，阎韬点校：《困知记》，第17-18页。

〔17〕罗钦顺著，阎韬点校：《困知记》，第196页。

〔18〕罗钦顺著，阎韬点校：《困知记》，第182页。

〔19〕罗钦顺著，阎韬点校：《困知记》，第207页。

〔20〕参见曾振宇：《理气一物：罗钦顺对程朱哲学的"接着讲"》，《山东大学学报（哲

学社会科学版）》2011年第2期；秦晋楠：《重思罗钦顺的"理只是气之理"——学术史与哲学史交织下的新理解》，《哲学动态》2019年第1期。

〔21〕罗钦顺著，阎韬点校：《困知记》，第53-54页。

〔22〕罗钦顺著，阎韬点校：《困知记》，第11页。

〔23〕罗钦顺著，阎韬点校：《困知记》，第10页。

〔24〕关于"气质之性"中的"性"是否具有超越的意义，详情可参看杨儒宾的分析和证明，杨儒宾：《罗钦顺与贝原益轩——貌合神离的两种气论》，收入《异议的意义——近世东亚的反理学思潮》，第302-303页。

〔25〕罗钦顺著，阎韬点校：《困知记》，第9页。

〔26〕罗钦顺著，阎韬点校：《困知记》，第9-10页。

〔27〕罗钦顺著，阎韬点校：《困知记》，第36页。

〔28〕胡宏著，吴仁华点校：《胡宏集》，中华书局，1987，第329-330页。